景崇毅 著

貨幣政策、融資約束與公司投資研究

長期以來，
中國經濟發展過程中存在一個明顯的異象
即金融資源在不同行業之間配置失衡導致某些行業資金充裕，
而同時其他一些行業缺乏資金。
造成這種現象的一個主要原因是資金並沒有流入實體經濟，
很多實體企業尤其是製造類企業面臨著不同程度的融資約束，
融資難成為影響這些企業發展的共同障礙。

財經錢線

目　錄

1　導論　1

    1.1　選題背景與意義　2

        1.1.1　研究背景　2

        1.1.2　研究意義　5

    1.2　研究思路及方法　7

    1.3　研究內容與結構安排　8

    1.4　創新之處　10

2　文獻綜述　13

    2.1　貨幣政策傳導渠道有效性　14

        2.1.1　貨幣政策的傳導渠道之爭　14

        2.1.2　貨幣政策傳導的有效性　16

    2.2　貨幣政策對公司投資的影響　21

2.3 融資約束對公司投資的影響　27
　　2.3.1 融資約束的度量之爭　27
　　2.3.2 融資約束對公司投資的影響分析　28
2.4 貨幣政策、融資約束與公司投資　35

3　理論基礎　39

3.1 公司投資理論　40
　　3.1.1 幾種經典投資理論簡介　40
　　3.1.2 關於「合意資本」的含義及相關研究　49
　　3.1.3 對幾種投資理論的總結和簡要評述　51
3.2 信息不對稱理論　54
　　3.2.1 信息不對稱的內涵　54
　　3.2.2 信息不對稱理論的產生和發展　55
　　3.2.3 金融市場中的信息不對稱問題　60
3.3 貨幣政策及其傳導機制理論　69
　　3.3.1 基本概念簡介　69
　　3.3.2 貨幣政策理論　76
　　3.3.3 貨幣政策的傳導機制理論　98
　　3.3.4 貨幣政策的傳導機制的實證分析　116

4　貨幣政策、融資約束與公司投資的理論分析　133

4.1 貨幣政策調控及對公司融資的影響　134
　　4.1.1 中國貨幣政策的調控歷程　134
　　4.1.2 中國貨幣政策調整對公司融資的影響分析　138

4.2 公司融資約束理論分析 142

 4.2.1 公司融資約束理論產生的背景及其內涵 142

 4.2.2 公司融資約束的機理分析 144

 4.2.3 公司融資約束的理論模型 153

4.3 貨幣政策、融資約束與公司投資規模的理論分析 159

 4.3.1 理論分析思路 159

 4.3.2 融資約束對公司投資規模影響的理論分析 161

 4.3.3 貨幣政策衝擊對融資約束影響公司投資規模的理論分析 162

4.4 貨幣政策、融資約束與公司投資效率的理論分析 164

 4.4.1 理論分析思路 164

 4.4.2 融資約束對公司投資效率影響的理論分析 166

 4.4.3 貨幣政策衝擊對融資約束影響公司投資效率的理論分析 169

5 貨幣政策、融資約束及公司投資規模的實證研究 173

5.1 理論分析及實證假說 174

 5.1.1 貨幣政策對公司融資約束影響的渠道 174

 5.1.2 貨幣政策對公司融資約束效應的差異性 175

 5.1.3 貨幣政策對公司融資約束影響的非對稱性 177

5.2 實證模型設計 179

 5.2.1 模型及變量說明 179

 5.2.2 樣本選取及描述性統計 183

5.3 實證結果分析 185

 5.3.1 假說1的檢驗 185

    5.3.2 假說 2 的檢驗 189

    5.3.3 假說 3 的檢驗 203

  5.4 穩健性檢驗 209

  5.5 本章研究結論 210

6 貨幣政策、融資約束及公司投資效率的實證研究 217

  6.1 理論分析及研究假說 218

  6.2 實證模型設計 220

  6.3 實證結果分析 221

    6.3.1 假說 4 的檢驗 221

    6.3.2 假說 5 的檢驗 226

  6.4 穩健性檢驗 234

  6.5 本章研究結論 235

7 研究結論與政策建議 241

  7.1 研究結論 242

  7.2 政策建議 247

  7.3 研究局限與展望 249

    7.3.1 研究局限 249

    7.3.2 研究展望 250

參考文獻 253

1
導　論

1.1 選題背景與意義

1.1.1 研究背景

　　長期以來，中國經濟發展過程中存在一個明顯的異象，即金融資源在不同行業之間配置失衡導致某些行業資金充裕（如房地產業），而同時其他一些行業卻缺乏資金（如製造業）。近幾年來廣義貨幣 M2 增發速度達到 17%左右，但金融資源配置不平衡導致實體經濟融資難度加大，融資成本高昂，信貸政策緊縮時情況更加突出。據有關數據顯示，2012 年中國「影子銀行」的規模達 27.88 萬億元左右，占 2012 年 GDP 的比重為 53.68%[①]，民間資金成為部分企業重要的資金來源，這實際上加大了金融系統風險，為國民經濟的健康發展埋下了隱患。2014 年全國規模以上工業企業實現利潤 6.47 萬億元，比上年增長 3.3%；同年中國商業銀行全年累計實現淨利潤 1.55 萬億元，同比增長 9.65%。這種發展不均衡的現象並非偶然，長期以來的情況均是如此。造成這種現象的一個主要原因是資金並沒有流入實體經濟，很多實體企業尤其是製造類企業面臨著不同程度的融資約束，融資難成為影響這些企業發展的共同障礙。對於中國實體經濟中存在的融資約束問題，可以從兩個層面來理解。一方面是資金「脫實向虛」，大量資金進入房地產業，實體經濟則缺乏充足的資金供給。從 2006 年開始，中國房地產行業呈爆炸式增長，毛利率曾長期維持在 30%以上；與此同時，製

---

　　① 陸岷峰. 金融支持中國實體經濟發展的有效性分析 [J]. 財經科學，2013（6）：1-9.

造業毛利率普遍下降，近年來僅能達到18%左右。兩者之間的巨大差異導致大量資金進入房地產行業，阻礙了實體經濟的正常發展。另一方面，金融機構對部分實體企業存在信貸歧視，包括「規模歧視」和「所有制歧視」[①]。「規模歧視」是指金融機構往往不願意為資金需求規模較小、頻次較高的中小企業提供信貸資金，也就是我們常說的中小企業融資難問題，產生這種現象的原因在於銀行處理信息的成本與貸款規模呈反比（林毅夫、李永軍，2001）[②]。「所有制歧視」則是指相對於國有企業，非國有企業從金融機構獲取所需信貸資金的難度更大，也就是說非國有企業往往存在嚴重的融資約束。其原因在於國有企業產權性質背後隱藏著國家擔保，即使出現不良貸款，對雙方當事人也很難有實質性的責任認定（張杰，2000）[③]。

2008年，國際金融危機爆發和世界範圍內的經濟週期波動對中國經濟造成巨大衝擊，加上金融市場缺乏流動性，很多企業資金鏈斷裂，融資難問題更加突顯。此時，政府採取了積極的財政政策和貨幣政策為市場注入資金，緩解企業的融資約束，以刺激宏觀經濟復甦。但最終結果是經濟出現局部過熱，房地產行業迅速進一步膨脹，實體經濟則相對萎靡。至2013年又緊縮銀根，限制信用額度，貨幣政策從穩健過渡到適度從緊，導致經濟逐步下滑。縱觀中國經濟週期波動與貨幣政策調整的歷程，可以發現中國貨幣政策對經濟的調節節奏缺乏政策預期性及科學決策過程，導致貨幣政策頻繁變動，國民經濟因此出現大幅波動。另外，貨幣政策並未充分考慮行業特性和公司特性，未曾考慮不同行業和公司對貨幣政策的反應存在差異性，從而

---

① 袁增霆，蔡真，王旭祥.中國小企業融資難問題的成因及對策——基於省級區域調查問卷的分析［J］.經濟學家，2010（8）.
② 林毅夫，李永軍.中小金融機構發展與中小企業融資［J］.經濟研究，2001（1）.
③ 張杰.民營經濟的金融困境與融資次序［J］.經濟研究，2000（4）.

导致货币政策的作用呈现明显的局部效应，无法在全社会范围内充分发挥。面对这些问题和困境，我们关注的问题是，货币政策发挥作用的内在逻辑和机理究竟是怎样的？公司财务决策尤其是投融资决策如何对货币政策做出反应？融资约束问题是怎样影响公司的财务政策安排的？本书试图对这些问题进行系统性的研究。

本书主要研究货币政策对公司投资的影响，试图搭建宏观经济政策与微观经营主体之间的桥梁，为货币政策的制定和调整提供可靠的微观经济基础和理论支持。传统的货币政策研究关注货币政策对实体经济的影响，往往采用累积数据分析货币政策与投资之间的关系，对这种关系的理解也仅仅停留在宏观层面，对货币政策发挥作用的微观机理缺乏深入研究。虽然目前国内外逐渐开始关注宏观政策的微观机理或者微观实体行为的宏观效果，但是还存在很多有待进一步完善的地方：首先，这些研究还比较零散，不成系统，需要纳入一个较完整的框架之中进行深入分析。其次，在某些重要观点上还存在争议。例如，新古典经济学认为，货币政策通过调整利率来改变公司的资金成本，进而改变投资项目的价值，使得某些原本没有投资价值的项目具有盈利性或者原本有投资价值的项目变得无利可图，从而达到影响公司投资支出的目的。但是，中国货币政策传递渠道的有效性及效率问题存在争议，很多学者认为起作用的主要为信贷渠道，利率渠道几乎没有发挥作用，也有学者认为实际利率对投资具有显著的影响，同时还有部分学者认为两者共同发挥作用，只是利率渠道暂时受阻，实施利率市场化改革才是解决货币政策传导问题的关键。最后，就研究深度和内容来看，大部分的研究关注公司的资本性投资支出，少有关注营运资本的投入对固定投资的影响，并且少有关注公司的投资效率问题，而投资效率与投资支出是两个不同的概念。本书基

於這些問題和背景，利用微觀公司數據探討貨幣政策對公司投資發揮作用的機理、過程及最終效應，以期為宏觀貨幣政策制定或調整提供必要的微觀基礎。

1.1.2 研究意義

本書的研究意義體現在理論和實踐兩個層面。就理論層面而言，其意義包含兩個方面：①有利於從微觀層面加深對貨幣政策傳導機制的認識和理解。貨幣政策的傳導渠道有效性問題在中國一直存在爭議，很多學者從宏觀經濟視角對此進行了研究，但缺乏微觀層面的證據支持。本書將宏觀貨幣理論與微觀公司財務理論有機結合，從公司融資約束的角度分析貨幣政策傳導渠道的有效性問題，並研究貨幣政策通過影響融資約束進而影響投資規模調整的機理和路徑，為加深對中國貨幣政策傳導機制的認識和理解提供支持。②拓展了公司財務研究範疇，有利於從全局的視角審視公司財務問題。以往研究公司財務問題時大多基於微觀經濟理論，例如公司理論、信息經濟學、委託代理理論等，對公司的投資、融資以及分配等微觀問題進行研究時，分析範疇僅局限於公司本身及利益相關者，限制了其研究的深入和擴展。本書從外部宏觀政策視角研究公司財務問題，分析貨幣政策調整影響公司外部融資環境，進而影響其融資約束，導致其調整投資規模，並對投資效率產生影響的機理及路徑，拓展了公司財務研究的視角和範疇。

從經濟的實踐層面來看，本書的研究意義體現在兩個方面：①有助於進一步理解中國貨幣政策的有效性及傳導渠道。中國貨幣政策的有效性究竟如何？該問題一直存在爭議。長期以來，中國市場經濟體制還不夠完善，貨幣政策充分發揮效應的外部市場環境並不十分完備，導致中國經濟發展長期依賴政府財政政策，即政府的大規模投資驅動。而僅僅通過財政政策或政府

投資的方式來刺激投資增長和經濟發展並不具有可持續性，長期來看並不利於形成健康的經濟增長模式。貨幣政策作為國民經濟發展的穩定器必然要發揮根本性的調節作用，這也是成熟市場經濟體為我們提供的重要啟示。本書擬從實證角度對此問題做出回答。中國貨幣政策的傳導渠道或傳導機制是怎樣的？大多數學者認為中國目前貨幣政策的主要傳導渠道是信用渠道，但是建立規範化的利率傳導機制才是提高貨幣政策有效性的主要方式（盛朝暉，2006；童穎，2005），推進利率市場化改革才是完善貨幣政策傳導機制的根本任務（宋立，2002）。因此，研究貨幣政策的傳導渠道和效率，以及貨幣政策對投資活動的作用路徑和強度，進而對經濟發展起到穩定和調節功能具有重要的現實意義。同時，中國政府積極推行利率市場化改革，其政策用意是使利率（資金價格）成為調節經濟活動的根本工具，指導企業做出理性的財務決策，從而提高貨幣政策的傳導效率，本書的研究將為深化金融體制改革提供必要的理論啟示。②有助於中國企業針對貨幣政策調整做出合理預期和反應，緩解融資約束，並能夠平抑經濟週期，保證經營活動順利平穩進行。貨幣政策的調整會影響企業的外部資金成本和資金供給狀況。當經濟過熱時政府往往會緊縮貨幣，此時具有融資約束的公司外部融資環境惡化，籌資難度加大，一些有價值的投資項目可能由於缺乏資金而被放棄。為了應對經濟週期帶來的經營波動，企業必須根據自身實際狀況針對貨幣政策調整做出及時反應，採取各種有效措施緩解可能加劇的融資約束，例如增持現金（祝繼高、陸正飛，2009；柳瞳，2013）、降低資產負債率以便能夠通過銀行信貸審批、利用商業信用緩解暫時性融資約束（陸正飛、楊德明，2011）、調節營運資本（於博，2014）等。本書研究將對企業緩解融資約束，調節經營波動產生指導意義。

1.2　研究思路及方法

　　本書研究的中心問題是貨幣政策傳導機制的微觀經濟分析，研究信息不對稱條件下（貨幣政策如何通過影響企業的外部融資環境，進而改變企業的融資約束來影響企業的投資規模及投資效率），為政府制定和調整貨幣政策提供一定的理論支持，同時為中國企業應對外部貨幣政策調整，緩解融資約束，擴大投資規模及提高投資效率等提供相應的啟示和應對策略。

　　基於該中心問題，本書首先系統回顧了貨幣政策傳導機制的理論文獻。為了分析貨幣政策的微觀傳導機理，本書詳細闡述了公司投資的相關理論以及公司融資約束的相關理論。在此基礎上，著重分析貨幣政策如何通過影響公司融資約束進而影響公司投資規模的內在機理。本書主要從利率渠道和信用渠道兩個角度進行分析，但不論何種渠道，貨幣政策調整都是通過首先改變企業外部融資環境，影響公司融資約束進而帶來投資支出的改變。該作用過程尤其強調了信息不對稱的重要影響，信息不對稱問題越嚴重的公司可能面臨的融資約束也更強烈，這類公司的固定投資對貨幣政策的反應也更為敏感。進一步地，本書將研究推向深入，繼續研究貨幣政策通過融資約束對公司投資效率產生影響的內在機理、實現路徑及主要特徵，這與以往的研究有所不同，古典經濟學認為公司的所有投資都是有效率的，但現實往往並非如此。最後結合本書研究結論和近年來實體經濟的現實狀況，分析了中國貨幣政策未來的調控重點和方向，以及企業應該如何應對融資約束造成的資金缺乏問題。

　　本書在已有研究的基礎上，採用規範研究和實證研究相結

合的方法對貨幣政策通過融資約束影響企業投資的問題進行研究。其中規範研究法主要利用信息經濟學和貨幣金融學理論，基於公司投資理論、融資約束理論、貨幣傳導機制理論等，結合中國金融市場改革背景，深入研究貨幣政策通過影響公司融資約束進而影響公司投資的內在機理及路徑方式；實證研究則主要利用面板數據模型以及用於解決內生性問題的 GMM 估計方法，基於 2004—2013 年中國上市公司的財務數據以及國家宏觀經濟的貨幣金融數據進行實證檢驗。

1.3 研究內容與結構安排

根據上述研究思路，本書圍繞主要研究主題分七章進行具體闡述，如圖 1-1 所示，結構安排如下：

第一章 導論。本章首先提出了本書所關注的主要問題，對研究的學術背景及現實經濟背景進行了詳細分析，在此基礎上從理論層面和經濟實踐層面闡述了本書的研究意義。然後分三個層次闡明本書的研究思路及內在邏輯路線，並簡要說明了本書採用的主要理論方法。

第二章 文獻綜述。本章對前人關於貨幣政策、融資約束及公司投資方面的文獻進行回顧和總結，包括貨幣政策傳導有效性、貨幣政策對公司投資的影響、融資約束對公司投資的影響等，並進一步明確了相關觀點和概念，如貨幣政策的傳導渠道之爭、融資約束的概念和內涵等，為後續研究打下良好的理論基礎。

第三章 理論基礎。本章從三個方面介紹與研究主題相關的理論基礎，包括公司投資理論、信息不對稱理論以及貨幣政

策傳導機制有效性理論，對這些理論的主要內容和特點進行了梳理和分析。

第四章　貨幣政策、融資約束與公司投資的理論分析。本章首先分析了中國貨幣政策調控特徵及其對公司融資的影響，然後分析了公司融資約束理論產生的背景及內涵，指出融資約束產生的機理是資本市場不完美或信息不對稱，從而導致了公司外部融資成本上升甚至無法完成融資，最後基於信息不對稱理論分析了貨幣政策通過融資約束影響公司投資規模和投資效率的內在機理、實現路徑及主要特徵，並做了相關的理論預測。

第五章　貨幣政策、融資約束及公司投資規模的實證研究。本章基於理論分析提出三個實證假說。第一個假說認為貨幣政策影響融資約束的渠道以信貸渠道為主，但利率渠道（實際利率）同樣會發揮作用，名義利率調整對融資約束無顯著影響。第二個假說認為貨幣政策對不同程度融資約束的公司的效應具有顯著差異性。第三個假說認為不同貨幣政策對融資約束的效應具有非對稱性，即緊縮效應大於擴張效應，同時設計了相應的實證模型並利用中國上市公司的面板數據進行了實證檢驗。

第六章　貨幣政策、融資約束及公司投資效率的實證研究。本章首先研究融資約束對公司投資效率的影響，然後對貨幣政策衝擊通過融資約束影響公司投資效率進行實證檢驗，包括融資約束本身的影響以及經濟週期的影響，並進行了相關的理論分析。

第七章　研究結論與政策建議。本章首先對本書的理論分析及實證檢驗結果進行簡要分析和總結，然後根據這些結論提出了一些政策方面的建議，最後根據本書的研究局限指出未來可能有價值的研究方向。

```
┌─────────────────────────────┐
│      第一章  導論            │
│ (選題背景及意義、研究思路和  │
│  方法、研究內容與結構安排、  │
│       預期創新點)            │
└─────────────┬───────────────┘
              ▼
┌─────────────────────────────┐
│     第二章  文獻綜述         │
│ (貨幣政策傳導有效性、貨幣政  │
│  策對公司投資的影響、融資約  │
│      束對公司投資的影響)     │
└─────────────┬───────────────┘
              ▼
┌─────────────────────────────┐
│     第三章  理論基礎         │
│ (公司投資理論、訊息不對稱理  │
│  論、貨幣政策傳導機制理論)   │
└─────────────┬───────────────┘
              ▼
┌─────────────────────────────┐
│ 第四章 貨幣政策、融資約束與  │
│      公司投資的理論分析      │
│ (貨幣政策、融資約束與公司投  │
│  資規模及投資效率的理論分析) │
└──────┬──────────────┬───────┘
       ▼              ▼
┌──────────────┐ ┌──────────────┐
│第五章 貨幣政策│ │第六章 貨幣政策│
│、融資約束及公 │ │、融資約束及公 │
│司投資規模的實 │ │司投資效率的實 │
│證研究         │ │證研究         │
│(貨幣政策、融資│ │(貨幣政策、融資│
│約束與公司投資 │ │約束與公司投資 │
│規模的實證分析)│ │效率的實證分析)│
└──────┬───────┘ └──────┬───────┘
       └──────┬─────────┘
              ▼
┌─────────────────────────────┐
│ 第七章  研究結論與政策建議   │
│ (研究結論、政策建議、研究局  │
│      限與未來展望)           │
└─────────────────────────────┘
```

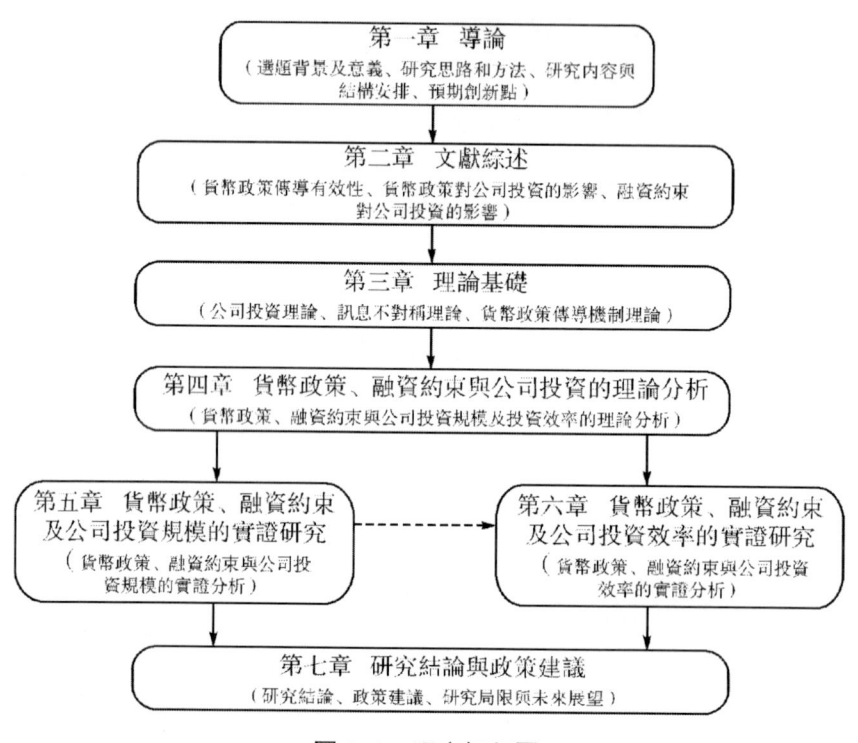

圖 1-1 研究框架圖

1.4 創新之處

本書有如下三個創新點：

（1）將貨幣政策、融資約束與公司投資規模及投資效率納入一個統一的框架中進行研究，進一步完善了貨幣政策影響公司投資的分析框架。本書以信息不對稱理論為基礎系統分析了貨幣政策調整通過融資約束影響公司投資規模，進而影響公司投資效率的內在機理、實現路徑及主要特徵。在宏觀貨幣政策

傳導理論與微觀公司投資理論之間建立起更加清晰全面、深入細緻的內在邏輯關係，從而擴展了學科理論的研究邊界。

（2）進一步拓寬了公司投資效率的研究範疇。本書從質的角度（投資效果）詳細論述了融資約束影響公司投資效率的內在機理，並從動態視角分析了貨幣政策調整（外部衝擊）影響公司融資約束並導致其投資效率發生變化的路徑和特徵，從而拓寬了公司投資效率的研究範疇。而以往研究關注更多的是公司非效率投資問題，表現形式為投資不足和投資過度，本質是實際投資規模偏離最優投資規模，其局限在於僅從量的角度、靜態的觀點來研究投資效率。

（3）從公司融資約束的角度解釋了中國貨幣政策的非對稱特性，並據此分析了信貸資源配置失衡導致效率損失的典型現象。以往研究大多基於經濟週期理論分析貨幣政策的非對稱特徵，缺乏對公司微觀層面的關注。本書從公司財務學的投融資角度出發，結合宏觀經濟學理論，深入分析了貨幣政策非對稱特性的微觀機理，能夠加深對中國貨幣政策特徵及公司財務決策行為的理解和認識，為中國貨幣政策的制定和調整提供理論支持，為公司的財務決策提供啟示。

2
文獻綜述

2.1 貨幣政策傳導渠道有效性

2.1.1 貨幣政策的傳導渠道之爭

貨幣政策傳導機制是指由中央銀行信號變化而產生的脈衝所引起的經濟過程中各仲介變量的連鎖反應,並最終引起實際經濟變量變化的途徑。自凱恩斯建立宏觀經濟分析框架以來,西方經濟學界就一直對貨幣政策的傳導渠道存在爭議。但主要的理論流派有兩大類別:貨幣觀和信用觀。傳統金融理論(凱恩斯和貨幣主義學派)認為貨幣政策主要通過貨幣渠道進行傳導,即通過調整利率水準來影響投資和產出。但該理論將金融市場具有完全信息作為基本假設,顯然與現實不符。而貨幣傳導的信用觀則考慮了市場信息的不完全性及金融市場的自身結構缺陷。它認為貨幣政策通過銀行信貸控制來影響投資規模,進而影響產出水準。實際上兩種觀點並不完全排斥和衝突,它們的主要差異來自於對債券和貸款的替代程度的認識不同。

貨幣傳導渠道是指通過調整利率水準影響投資和產出,中國學者對此問題進行了大量的實證研究。方先明等(2005)利用協整檢驗及 Granger 因果關係檢驗對中國貨幣政策的利率傳導機制進行實證分析,結果表明貨幣政策的利率傳導效率低下,但貨幣政策總體上是有效的,這說明貨幣政策的利率渠道嚴重受阻。因此推進利率市場化是提高中國貨幣政策利率傳導機制有效性的關鍵。尚煜、王慧(2008)利用彈性分析和時差相關係數分析方法討論了 1996 年以來利率調整對資產投資的影響,結果表明利率調整對投資總量及增長率的影響不顯著,且存在不對稱性。利率對投資缺乏敏感性導致中國貨幣政策的利率渠

道受阻。宋立（2002）深入分析了中國貨幣政策傳導渠道存在的問題，如利率渠道並未真正建立而信貸渠道又受到阻塞。他認為推進利率市場化改革是完善貨幣政策傳導機制的根本任務，但目前最為緊迫的卻是疏通已經受阻的信貸渠道，進而逐步形成較為完善有效的貨幣政策傳導機制。

就貨幣政策的信用觀來說，中國學者進行了更為廣泛的研究。王振山、王志強（2000）利用協整檢驗和 Granger 因果檢驗方法分年度和季度對中國貨幣政策進行實證分析，結果表明無論是 20 世紀 80 年代還是 20 世紀 90 年代中國的貨幣政策都以信用渠道為主要傳遞途徑，並強調應將信用總量作為貨幣政策的主要監控目標，而非貨幣的供應總量。路妍（2004）也認為中國貨幣政策的貨幣渠道受阻而未能發揮有效性，信用渠道是中國貨幣政策傳導的主要渠道，但是信用渠道也由於利率管制及銀行惜貸行為而產生扭曲。童穎（2005）分析了中國貨幣政策傳導效率低下的制約因素，並認為這些制約因素在短期內決定了信用渠道仍是中國貨幣政策的主要渠道，但長期來看，建立規範化的利率傳導機制才是提高貨幣政策有效性的主要方式。王欣（2003）通過實證分析認為，中國 1994—1997 年以及 1998—2003 年這兩個時期的貨幣政策渠道存在差異，前者以信用渠道為主，後者以貨幣渠道為主。王國松（2004）實證分析了通貨緊縮下中國貨幣政策傳導的信貸渠道問題，他認為通貨緊縮時期中國貨幣政策的傳導渠道出現新的特點，主要通過金融機構的「有價證券及投資」和「外匯占款」等信貸渠道為中國「積極的」財政政策以及匯率政策提供金融支持，從而推動經濟復甦。盛朝暉（2006）利用 Granger 因果關係檢驗對 1994—2004 年中國的貨幣政策傳導渠道效應進行實證分析，結果表明中國貨幣政策傳導機制中信用渠道占主導地位，而利率渠道的作用也逐漸開始發揮。趙振全、於震、劉淼（2007）利

用門限向量自迴歸（TVAR）模型研究了中國金融加速器效應問題。研究結果顯示中國的確存在金融加速器效應，表明信貸渠道不僅是中國貨幣政策傳導過程中的重要仲介，而且也是宏觀經濟波動性的主要來源。

然而，在中國，貨幣政策傳導的貨幣渠道和信貸渠道可能並非彼此獨立、互不相關，兩者可以相互並存和補充。周英章、蔣振聲（2002）利用向量自迴歸模型的 Granger 因果檢驗和預測方差分解分析方法對中國 1993—2001 年的貨幣政策傳導機制進行實證分析，認為目前中國的貨幣政策通過貨幣渠道和信用渠道共同發揮作用，但相比較而言，信用渠道占主導地位。同時也認為擴張性貨幣政策不應僅考慮貨幣總量，更要重視信貸總量的有效供給。田敏、邱長溶（2009）比較了貨幣渠道和信用渠道在貨幣政策傳導中的前提、效果及存在的問題，認為兩種渠道各有優缺點，只有將兩者有效結合起來才能發揮貨幣政策的良好效果。

2.1.2　貨幣政策傳導的有效性

在 1997 年之前中國貨幣政策仍以直接調控工具尤其是信貸控制與現金計劃為主導，1998 年後逐漸取消信貸規模控制計劃，而加速向間接調控的方式轉變。至此，無論是理論界還是實務界都十分關注貨幣政策傳導的有效性問題。然而，學術界對貨幣政策傳導的有效性研究結論存在很大差異，在一些關鍵問題上並未達成一致意見。以下首先評述關於中國貨幣政策無效及其原因分析的相關文獻；其次對另一種觀點即貨幣政策實際發揮了應有作用進行闡述和分析；最後一些學者發現中國貨幣政策並非單純無效或有效，而是具有一定的生效條件和背景，這就是貨幣政策的非對稱性，包括貨幣政策本身的非對稱性及經濟週期上的非對稱性，該問題同樣存在較多爭議和分歧。

國家計委宏觀經濟研究院課題組（2001）在《貨幣市場、利率與貨幣政策傳導有效性》[①] 一文中明確指出中國貨幣政策傳導存在的主要問題：一是貨幣政策作用的範圍較小，中央銀行對貨幣市場的調控不能有效地作用於實體經濟；二是貨幣市場主體相互割裂，參與者少，容量有限，難以形成對宏觀經濟的有效「衝擊」；三是貨幣市場工具種類少，利率市場化程度不高，發展層次較低等。文章特別指出，中國投資活動對貨幣市場利率的反應不夠敏感，在 1996 年以來連續 7 次降低利率的情況下，中國固定資產投資並沒有明顯增加，如 1996 年、1997 年分別比上一年下降 3 個及 5.7 個百分點，而 1998—2000 年的固定資產投資增長主要緣於政府投資驅動。由於央行對信貸利率實施管制政策，同時由於信貸資金主要被國有企業獲取，而國有企業特殊的產權性質及其「預算軟約束」[②] 問題導致貨幣政策的利率傳導渠道不能有效發揮作用。吳軍（2002）認為不能通過貨幣政策的獨立操作來擴張有效需求及支持經濟增長，中國貨幣政策正由「非中性」向「中性」轉變，但其對經濟金融的穩定作用仍不容忽視（貨幣主義學派）。趙平（2000）分析了中國 1998 年以來實施積極財政政策取得的良好效果以及貨幣政策作用受阻和效應遞減的現象，認為仍應實施積極的財政政策和穩健的貨幣政策相配合的模式來推動經濟增長。就貨幣政策失效的原因方面，裴平、熊鵬（2003）認為中國「積極」的貨幣政策表現欠佳的主要原因在於大量貨幣在傳導過程中「滲漏」到股票市場「漏鬥」和銀行體系「黑洞」，並未真正進入實體經濟循環之中，從而形成對貨幣政策的反制力量。許祥泰（2001）認為是中國經濟體制不完善、經濟結構內在不穩定性導致貨幣

---

　　① 國家計委宏觀經濟研究院課題組.貨幣市場、利率與貨幣政策傳導有效性 [J].宏觀經濟研究，2001（10）：37-41.
　　② 章貴橋，陳志斌.貨幣政策、預算軟約束與現金—現金流敏感性——來自 A 股上市公司 2003—2011 年的經驗證據 [J].山西財經大學學報，2013（8）：42-54.

政策傳遞鏈條拉長及扭曲，從而導致貨幣政策難以發揮應有作用。謝平（2000）通過理論及實踐分析認為貨幣政策對經濟擴張並不會產生實質影響，中國貨幣政策顯得「無所適從」的原因在於中央人民政府對貨幣政策的多目標約束，從而可能促使央行採取機會主義的手段而僅僅注重短期效果和表面效果，導致貨幣政策失效。童穎（2005）認為利率未市場化，資本市場及貨幣市場發展滯後是制約貨幣政策發揮效用的重要因素。徐亞平（2006）從理論和實證方面證明提高貨幣政策透明性能夠提高貨幣政策的有效性，這似乎有悖於傳統的理性預期理論。該文指出中國貨幣政策的透明指數僅為 2.5 分（滿分 8 分），並認為可以從目標透明性、決策透明性及預測透明性三個方面來進一步增強貨幣政策的透明程度，從而提高貨幣政策的有效性。譚旭東（2008）利用時間不一致模型來分析中國的貨幣政策有效性問題，結果表明貨幣政策的有效性與政策可信性之間存在顯著的正相關性。因此，要提高貨幣政策的有效性需強化政策的規則性、透明程度以及連貫性。邱力生（2000）認為中國貨幣政策傳導渠道梗阻的成因包括信用制度不完善、金融組織結構和產權制度不健全，從而導致中國貨幣政策效果並不顯著。殷波（2009）通過理論分析認為中國企業投資對貨幣政策系統性反應不足的原因是欠缺對投資時機效應和資產價格波動的考慮。因此要提高貨幣政策的有效性，需要密切關注企業和公眾的預期及信心，並仔細研究推出干預措施的時機和策略。劉金葉、高鐵梅（2009）基於結構向量自迴歸（SVAR）模型方法研究中國企業投資對財政政策衝擊的反應。結果表明財政政策對中國企業投資具有較明顯的擠出效應，導致貨幣政策效果不明顯。

　　但也存在一些不同的觀點，即認為貨幣政策的確發揮了作用，如張合金（2000）認為相對於 1998 年之後的財政政策，

1996年以來的貨幣政策對經濟發展同樣發揮了促進作用，如減輕了企業的財務負擔，促進了儲蓄對投資的轉化以及提高了企業的預期收益率等。同時，他認為影響貨幣政策有效性的主要障礙包括銀行及企業的經營機制不健全、金融市場不夠完善和發達。範從來（2000）則指出1996年以來的貨幣政策無效而財政政策才是治理經濟衰退的主要政策的觀點存在片面性，並從「流動性陷阱」的角度（如利率水準和流動性偏好）分析中國貨幣政策仍發揮作用的條件，貨幣政策仍是刺激經濟復甦的重要工具。吳菲魏、義俊（2000）從理論上分析降低存貸款利率應該對擴大投資具有顯著作用，但實證檢驗顯示該作用非常有限，他們認為可能的偏差原因在於所謂的「流動性陷阱」（高儲蓄動機）及投資機會缺乏等。但李廣眾（2000）利用1984—1997年的宏觀經濟數據實證分析說明了麥金農（Mckinnon）和肖（Shaw）所闡述的利率-投資關係在中國並不成立[1]，實際利率的降低有利於投資的增長，所謂的「流動性陷阱」在中國並不存在。實際利率對投資的作用部分地解釋了1996年以來的7次降低利率的實際效果。李斌（2001）通過實證檢驗也認為中國貨幣政策的實施效果是比較顯著的，而所謂的「流動性陷阱」猜想和判斷是缺乏可靠根據的。崔建軍（2003）認為長期以來中國貨幣政策實踐總體上是有效的，但由於經濟金融體制不完善以及宏觀政策操作過程中的深層矛盾，導致貨幣政策傳導機制不夠順暢。因此，深化金融體制改革是進一步提高貨幣有效性的關鍵。閆力等（2009）利用HP濾波法及VAR脈衝回應函數法對中國貨幣政策進行實證檢驗，發現中國貨幣政策總體是有效的，尤其是價格效應明顯大於產出效應；貨幣政策具有非對稱性的特點且存在時滯，緊縮效應強於擴張效應。作者認為

---

[1] ROUBINI N, SALA-I-MARTIN X. Financial repression and economic growth [J]. Journal of development economics, 1992, 39（1）: 5-30.

進一步明確貨幣政策目標及推進經濟金融體制改革是提高貨幣有效性的重要手段。

然而，一些學者發現中國貨幣政策並非單純有效或無效，而是存在一定的條件和背景，即貨幣政策具有非對稱性。黃先開、鄧述慧（2000）從宏觀經濟角度考察了中國貨幣作用機制，他們認為貨幣供給對推動中國經濟發展具有重要作用，其中貨幣供給M1對產出具有對稱性，而M2對產出則具有非對稱性，即正的貨幣衝擊強於負的貨幣衝擊，這與西方國家的情形正好相反。因此他們建議最優的貨幣政策應採用相機選擇的原則，而不必是單一規則。劉斌（2001）利用向量自迴歸模型識別貨幣政策衝擊並分析其有效性，認為貨幣政策對實體經濟具有短期顯著影響，而長期來看則影響甚微。陸軍、舒元（2002）採用兩步OLS方法考察了中國貨幣政策對產出的影響，發現未預期到的貨幣衝擊對產出的影響存在非對稱性，且負的衝擊強於正的衝擊，即緊縮效應大於擴張效應。這與黃先開、鄧述慧（2000）的結論相反，而與劉斌（2001）的結論趨於一致。劉金全（2002）則從貨幣供給增長率和實際（名義）利率角度論證了中國貨幣政策的有效性和非對稱性，即貨幣政策的緊縮效應強於擴張效應，並就造成這種非對稱性的原因進行了理論解釋及政策分析。齊志鯤（2002）認為商業銀行由於存在風險厭惡和信息不對稱而產生惜貸行為，造成信貸總量減少，限制了投資和需求增長，從而加劇經濟萎縮，最終導致央行的貨幣政策無法發揮作用。陳建斌（2006）從政策方向、經濟週期等多角度研究中國貨幣政策的非對稱性問題，研究發現，政策方向上的非對稱性體現為緊縮貨幣政策能夠有效影響產出，且在短期內影響顯著（即具有時間敏感性），而擴張性貨幣政策則對產出不具有影響；另外，貨幣政策效力不存在經濟週期上的非對稱性。

2.2 貨幣政策對公司投資的影響

根據傳統的經濟學觀點，貨幣政策制定者可以利用短期利率工具來影響資本成本，進而影響支出如固定投資、存貨及消費品等，然後需求的改變會影響產出水準。但是這種觀點存在兩個問題，一是在經驗研究中很難識別新古典理論所謂的資本成本變量。而實際上往往是一些非新古典因素如滯後產出、銷售收入或現金流等對支出具有重大影響（Blinder & Maccini, 1991; Chirinko, 1993; Boldin, 1994）[1][2]，很少發現具有資本成本效應的證據，利用 Tobin's q 方程來檢驗新古典模型也未取得明顯的成效。二是假定貨幣政策對短期利率具有非常強的效應，而對長期利率的影響就要弱得多。這個觀點令人困惑，因為貨幣政策明顯對長期資產購置具有重大影響，如房產或生產設備就會首先對長期利率變化做出反應。

這些矛盾或問題促使經濟學家思考是否存在信貸市場的信息不對稱或市場「摩擦」導致了貨幣政策效力無法充分發揮。Bernanke 和 Mark Gertler（1995）認為信貸渠道並不是一種獨立於傳統貨幣傳導渠道（利率渠道）之外的機制，而是一套豐富和擴充傳統利率效應的因素集合。因此，從某種意義上講，信貸渠道這個說法欠妥，它並不獨立，而僅僅是一種強化機制。根據信貸渠道理論，貨幣政策對利率的直接效應會被外部融資

---

[1] BLINDER A S, MACCINI L J. Taking stock: a critical assessment of recent research on inventories [J]. The journal of economic perspectives, 1991: 73-96.

[2] CHIRINKO R S. Business fixed investment spending: modeling strategies, empirical results, and policy implications [J]. Journal of economic literature, 1993: 1875-1911.

溢價的變化所強化。這個外部融資溢價的大小反應了信貸市場的不完美性，而信貸市場的不完美導致貸款人的期望收益與借款人面臨的成本之間產生差異。信貸觀點認為在調整貨幣政策時提高或降低利率會導致外部融資溢價朝相同方向變化。正是這種附加的額外效應使得貨幣政策對借貸成本的影響被放大了，並間接影響公司的外部融資能力。

　　Bernanke（1999）認為 1930—1933 年美國經濟大蕭條是銀行信貸能力緊縮和企業淨財富下降雙重效應的結果①。他指出，銀行在短時間內大量倒閉導致信貸資金銳減，而借款人的抵押資產縮水導致其外部融資能力下降或融資約束程度增大，限制其投資支出增加，使產出水準下降，而產出水準下降反過來又限制其淨財富水準增加，從而加劇經濟衰退的程度。Wojnilower（1980）認為信貸緊縮是導致經濟週期出現的主要原因②。信貸的增長從本質上講是由供給決定的，因此當貨幣政策趨於收緊時，信貸和總需求的顯著下降就會產生。Bernanke 和 Gertler（1989，1990）分析了借款人淨財富水準的變化如何影響投資支出及產出水準。當企業面臨外部衝擊時，如緊縮的貨幣政策，借款人會降低其淨財富水準，降低企業通過內部資金融資項目的能力並提高外源融資的成本，在存在信息不對稱的金融市場中，企業家支付的外源融資成本中包含「檸檬」溢價，甚至極端時候可能面臨嚴格的信貸配置，這顯著降低了企業的投資能力和投資效率，嚴重時可能引起投資崩潰。投資支出的減少會導致產出水準下降，產出水準下降引起下一期淨財富水準降低

---

　　① BERNANKE B S, GERTLER M, GILCHRIST S. The financial accelerator in a quantitative business cycle framework [J]. Handbook of macroeconomics, 1999 (1): 1341-1393.

　　② WOJNILOWER A M, FRIEDMAN B M, MODIGLIANI F. The central role of credit crunches in recent financial history [J]. Brookings papers on economic activity, 1980: 277-339.

並進一步限制其融資能力，從而將原始外部衝擊傳導並擴大至對整體經濟的影響。這即是著名的金融加速器效應。而Bernanke, Gertler 和 Gilchrist（1998）則進一步建立了一個包含不對稱信息和代理成本的動態一般均衡模型，用以解釋「小波動、大週期」之謎，並進行了實證檢驗。

　　貨幣政策對企業投資具有影響得到了很多文獻的驗證。Kashyap 等（1993）認為緊縮貨幣政策會減少貨幣供給，並影響企業投資支出。Hu（1999）認為貨幣政策通過影響債務融資成本來影響投資成本，進而影響企業的投資行為。Gaiotti 和 Generale（2001）基於投資現金流敏感性指標研究義大利企業，發現貨幣政策主要通過影響企業資本成本而影響企業的投資支出。Mojon 等（2002）利用德國、法國、義大利和西班牙的企業數據研究貨幣政策對企業投資的影響，他們也發現利率政策會通過影響資本成本對企業投資產生影響。

　　貨幣政策對企業投資的影響存在明顯的異質性。Gertler 和 Gilchrist（1994）通過對美國生產企業的研究發現當貨幣政策趨於緊縮時，小型企業遭受的損失更大。Hu（1999）的研究則顯示生產性企業的高資產負債率會導致較明顯的融資約束，進而降低實際投資支出，而且貨幣政策的從緊會顯著強化這種關係。Gaiotti 和 Generale（2001）發現貨幣政策的調整對小企業的影響更為顯著。

　　過去二十多年來，大量的研究者在傳統的固定投資模型中引入融資約束因素。這類研究有兩個步驟：首先，很多關於資本市場中存在信息不對稱和激勵問題的模型表明，在潛在投資機會保持不變的條件下，信息成本和公司內部資源（internal resources）會影響外部融資的影子成本（shadow cost）。其次，經驗研究旨在分離出信息成本和內部資源對投資的影響。這些研究的主要結論是：①其他條件保持不變時，投資與淨財富（net worth）及內部現金流（internal funds）顯著相關；②這種相關性對面臨資本市場不完美信息的公司來說顯得尤為重要。

關於內部現金流和投資決策之間的關係目前主要關注兩個大的方面：一是宏觀，另一個是微觀。所謂宏觀是指投資活動的週期性波動似乎難以被未來預期盈利及資本成本所解釋。這促使一些宏觀經濟學家去尋找導致小衝擊擴散的財務因素，這些因素與能夠很好解釋經驗數據的加速模型是吻合的。實際上，金融加速器（financial accelerator）這個詞常被用來形容金融市場的不完美性對原始衝擊的放大效應（Bernanke, Gertler & Gilchrist, 1999）①。一些經濟預測模型也關注過金融因素的放大機制（Eckstein & Allen Sinai, 1986）②。所謂微觀方面則主要涉及由於信貸市場信息不完美導致的後果。實際上，借款人和貸款人之間的信息不對稱問題會導致內外部融資成本產生差異。

現有模型的焦點集中於資本市場中的逆向選擇成本和產生市場摩擦的道德風險問題。由於對借款人投資項目的質量和風險不具備完美信息，逆向選擇導致資本市場中的外部融資成本和內部資金成本之間產生差異，這個差異實質上是一種「檸檬」溢價（lemons premium）。由於存在對管理層的激勵和監督成本，外部資金供給者要求一個更高的回報率來補償這種監督成本以及管理層在支配投資資金過程中潛在的道德風險成本。從這個意義上來說，如果投資項目的資金全部由經理層來提供，那麼該資金成本就不必包含反應道德風險的溢價部分。

基於 Almeida 等（2004）模型的實證結果顯示，寬鬆的貨

---

① BERNANKE B S, GERTLER M, GILCHRIST S. The financial accelerator in a quantitative business cycle framework [J]. Handbook of macroeconomics, 1999 (1): 1341-1393.

② ECKSTEIN O, SINAI A. The mechanisms of the business cycle in the postwar era [M] //The American business cycle: Continuity and change. Chicago: University of Chicago Press, 1986: 39-122.

幣政策可以減少現金變化與現金流的敏感性，從而降低了民營企業的融資約束。保持投資機會不變（q不變），成員公司比非成員公司具有更低的投資-現金流敏感性。流動性對非成員公司的投資非常重要，而對成員公司來說則無足輕重（Hoshi, Kashyap & Scharfstein, 1991）[①]。例如對於加拿大公司，有證據表明在保持q恆定時現金流對年輕公司、股權分散的公司以及非集團成員公司的投資具有更大的敏感性（Schaller, 1993）。對於美國公司，有證據表明每個融資約束組都表現出顯著的投資現金流敏感性，而非約束組則沒有（Gilchrist & Himmelberg, 1995）[②]。

　　研究貨幣政策對公司投資效率影響的國內文獻較少。大多數研究圍繞利率調整對上市公司投資效率的影響來展開。如趙君麗、吳建環（2004）利用事件研究法對高科技公司的投資對利率變化的反應進行了分析，結果表明兩者之間具有較為顯著的反向關係。趙玉成（2006）利用1998—2004年滬深上市生產性公司的數據分析利率、銷售增長率及現金流對公司投資率的影響，他發現投資率與利率呈較顯著的正相關性，一定程度支持了麥金農（Mckinnon）和肖（Shaw）所提出的「金融抑制理論」。但正如張西徵、王靜（2010）所指出的那樣，趙玉成（2006）一文存在的問題是直接利用政府政策利率代替公司實際債務利率，且未控制其他貨幣政策傳導渠道對公司投資的影響。因此，他們將公司債務利息率作為仲介變量，考察了公司投資率與政府政策利率之間的關係，結果表明這兩者之間呈負相關。

　　[①] HOSHI T, KASHYAP A, SCHARFSTEIN D. Corporate structure, liquidity, and investment: Evidence from Japanese industrial groups [J]. The quarterly journal of economics, 1991: 33-60.
　　[②] GILCHRIST S, HIMMELBERG C P. Evidence on the role of cash flow for investment [J]. Journal of monetary economics, 1995, 36 (3): 541-572.

這與凱恩斯學派的貨幣理論觀點相一致。寧宇新、薛芬（2012）基於 Richardson（2006）模型研究房地產上市公司投資效率（模型殘差），結論是國有上市公司的投資效率普遍低於民營上市公司，在緊縮貨幣政策期間也是如此，而緊縮貨幣政策對民營企業的影響更加顯著。

彭方平、王少平（2007）應用非線性光滑轉換面板數據模型研究了中國貨幣政策的微觀效應。結果表明中國貨幣政策總體上具有微觀有效性及傳導的非線性效應。這種非線性效應表現為不同利潤率區間的公司對貨幣政策的反應具有顯著差異。他們認為相對於現金流而言，公司投資支出對資本使用成本的敏感度更高，因此利率渠道在中國貨幣政策傳導過程中占主導地位。進一步地，彭方平、王少平（2007）認為國內很多學者對利率調控投資持懷疑態度是缺乏實證依據的，部分基於宏觀總量數據及 VAR 模型的研究也存在諸多弊端。他們基於 GMM 估計方法利用微觀面板數據模型對中國利率政策的微觀效應進行了研究。結果顯示貨幣政策會通過利率調整改變公司的資本使用成本，進而對公司的投資支出產生影響。他們認為中國貨幣政策的利率渠道的確發揮了作用，只是由於目前經濟金融體制存在局限性而表現得不夠暢通。張前程（2014）利用 SYS-GMM 動態面板方法研究了貨幣政策對企業投資的影響。結果顯示貨幣政策對企業投資的影響存在地區差異及產權性質方面的差異，即對民營企業投資的影響大於國有企業，且金融發展強化了這種影響。

2.3 融資約束對公司投資的影響

2.3.1 融資約束的度量之爭

一直以來，關於融資約束的度量在學術界存在較大的分歧。Fazzari 等（1988）通過理論分析和實證檢驗認為投資-現金流敏感性係數可以很好度量公司面臨的外部融資約束程度，且面臨的融資約束程度與投資-現金流敏感係數正相關。但 Kaplan 和 Zingales（1997）更細緻地考察了 FHP 所研究的公司，他們仔細檢查公司年度報告以觀察是否存在「融資約束的確是個問題」的相關陳述，以此重新考察了 FHP 樣本中的低股利公司（49家）。基於年報的陳述，他們將公司分為三類：不存在融資約束、可能存在融資約束、存在融資約束。他們發現三組公司中存在融資約束組表現出最低的投資-現金流敏感性，這與 FHP（1988）的理論存在矛盾。因此，Kaplan 和 Zingales（1997）宣稱投資-現金流敏感性不能為融資約束的存在性提供證據，並提出了 KZ 指標來測度公司面臨的融資約束。但 Hubbard R.G（1998）指出，KZ 的檢驗似乎難以支撐他們的結論。首先，很難精細區分融資約束程度，尤其是在如此小的樣本條件下。另外，KZ 所採用的分類標準也存在爭議，尤其是依賴於管理層關於流動性和經營問題的陳述來判斷其可能面臨的融資約束。KZ 聲稱如果公司在某個時點還可繼續投資則它就沒有面臨融資約束問題。該定義除了忽略融資約束可能存在的動態性之外，還忽略了資金用於除了固定投資（fix capital）之外的其他用途——如存貨、營運資本（working capital）或者用於抵禦內部現金流波動的預防性現金存量（precautionary cash stocks）。Almeida 等

(2004)採用現金變化與現金流敏感性來衡量公司的融資約束，國內學者如連玉君、程建（2007）等也基於此開展實證研究。Whited 和 Wu（2006）[①] 通過結構化的方法構造了 WW 指標，認為該指標比 KZ 指標更能描述公司存在的外部融資約束狀況。Hadlock 和 Pierce（2010）根據公司的規模和年齡構造了 HP 指標。

2.3.2 融資約束對公司投資的影響分析

在投資決策的經驗研究中強調資本市場的不完美性並不新奇，早期投資實證研究如 John Meyer 和 Edwin Kuh（1957）就已經強調了投資中融資約束的重要性。實際上，真實經濟活動的財務（融資）效應是在第二次世界大戰後才受到廣泛關注。從 20 世紀 60 年代中期開始，大多數實證論文開始將真實的公司決策（real firm decisions）從純粹的財務因素中分離出來。這方面一個傑出的啓蒙工作是由 Modigliani 和 Miller（1958）做出的，他們證明在某些特定條件下為公司固定資產投資制定的融資政策與融資結構無關。MM 中心思想是在無摩擦的資本市場中公司的融資結構不會影響其市場價值。因此，如果假設條件滿足，則基於股東財富最大化的公司決策如固定資產投資就獨立於如流動性、財務槓桿及股利分配等財務因素。這個基本準則為新古典投資理論奠定了基礎，即確定公司的最優資本存量時可以不用考慮財務（金融）因素（Dale Jorgenson，1963；Robert Hall & Jorgenson，1967）[②]。該理論強調公司所面臨的資本使用成本（user cost of capital），其影響因素取決於集中的證券市場，而不會依賴於公司特有的融資結構。由 James Tobin（1969）提出的

---

① WHITED T M, WU G. Financial constraints risk [J]. Review of financial studies, 2006 (2): 531–559.

② JORGENSON D W. Capital theory and investment behavior [J]. The American economic review, 1963: 247–259.

Q理論是對新古典投資理論的進一步發展，該理論主要被Fumio Hayashi（1982）所拓展①，他假定資本存量的調整成本是凸性的。投資機會可以被概括為公司資本存量的市場價值，在某些特定條件下，投資需求可以用資本存量的市場價值與其重置價值的比率來描述。很多經驗研究利用宏觀數據（aggregate）或公司層面數據（firm-level）對各種投資需求模型做了比較成功的檢驗，但基本上都未考慮財務因素的可能影響。

這些公司投資的經驗模型一般是針對所謂的「代表性公司」，即那些對集中的證券市場中的價格信息做出反應的個體。如果所有公司都有進入資本市場的平等機會，那麼公司之間只會因為投資需求不同而導致對資本市場中的成本和稅收變量反應產生差異。公司的融資結構與其投資決策無關，因為外部資金對內部資金具有完美的替代性。一般說來，在完美資本市場中，公司的投資決策是獨立於其融資條件的。儘管如此，學術界產生了另一個基於內外部融資並非完美替代的觀點的研究方向。根據該觀點，投資決策可能依賴於各種金融或財務因素，如內部資金的充裕程度（availability），對新債券和股票融資的難易程度，或者特殊信貸市場完善程度等。例如，公司可能因為存在融資層級（financing hierarchy）即內部資金相對於新債券或者股票融資具有成本優勢而使得內部現金流可能影響投資支出。在這種情形下，公司投資和融資決策會產生交互影響。

傳統公司投資模型中投融資決策不相關的結論可能適用於具有良好公眾預期的成熟公司。而對於其他公司，財務因素可能會產生重要影響，因為外部資本並非內部資金的完美替代，尤其是短期之內。這種不完美性主要體現為資本市場的信息不對稱問題。Akerlof（1970）提出的檸檬問題（lemons

---

① HAYASHI F. Tobin's marginal q and average q: a neoclassical interpretation [J]. Econometrica: journal of the econometric society, 1982: 213-224.

problem)①，使得外部融資的成本非常昂貴，甚至無法進行。正如 Myers 和 Majluf（1984）②，Greenwald, Stiglitz 和 Weiss（1984）在所謂「啄食理論（pecking order）」或「融資層級（financing hierarchy）」理論中所闡述的那樣，假定公司經理層擁有關於公司現有資產價值及新投資項目回報情況的完全信息（Mayers, 1984），但外部投資者卻不能準確辨別公司質量，當公司在耗盡全部內部資金並為實施盈利性項目融求外部資金時，他們只能將所有公司按平均水準看待。新股東需要一個溢價來購買相對較好公司的股票以抵消檸檬問題引起的損失。這個溢價會使得高質量公司管理層發行新股的成本高於利用已有股東內部資金的機會成本。結果就是股票融資的成本與來自現金流和留存利潤的內部資金成本之間產生極大的差異。對於債務融資而言，尤其是長期債務會產生代理問題。代表股東利益的經理人傾向於背離債權人利益，他們可能會放棄一些具有正淨現值的項目而接受一些負淨現值項目。進而他們會舉借新的債務，這會導致已有債務的風險增加而實際價值下降。債權人清楚其與股東之間的這種利益衝突，因此他們要求簽訂債務合同來約束管理層行為，尤其是在新債務借入方面（Smith & Warner, 1979）③。這類合同會重點約定目標債務/權益比率。債權人為緩解這種潛在的機會主義行為從合約角度提供一個次優的解決方案，因為它並非毫無代價，這種對財務靈活性（financial flexibility）的約束實際上限制了管理層對投資機會的把握，當內部資

---

① AKERLOF G A. The market for「lemons」: quality uncertainty and the market mechanism [J]. The quarterly journal of economics, 1970: 488-500.

② MYERS S C, MAJLUF N S. Corporate financing and investment decisions when firms have information that investors do not have [J]. Journal of financial economics, 1984, 13 (2): 187-221.

③ SMITH C W, WARNER J B. On financial contracting: an analysis of bond covenants [J]. Journal of financial economics, 1979, 7 (2): 117-161.

金耗盡時可能無法為盈利性項目融得所需資金。例如，當合同對營運資本有要求時，為項目投資提供的內部資金就會減少。因此，對營運資本的衝擊，如內部資金減少會使得債務融資在某個時點上的邊際成本非常高昂。債務市場信息不對稱也會導致出現股票市場那樣的扭曲。信息不對稱會增加新債務成本，甚至會導致信貸配給（credit rationing）。Jaffee 和 Russell（1976）[①] 證明當貸款人（lender）不能辨別借款人（borrower）的質量時，市場利率必定上升，信貸規模會被壓制。Stiglitz 和 Weiss（1981）[②]則認為均衡信貸配置源自於逆向選擇，此時檸檬理論就至關重要。由於存在信息不對稱，貸款人無法為好的借款人和壞的借款人在貸款合同中進行差別化定價。當利率上升時，由於增加了違約風險且借款人自身的期望利潤會下降，因此好的借款人會退出市場。均衡時，貸款人會設定一個保持超額信貸需求的利率。一些借款人會得到貸款，而另一些則會被配給信貸資金（Leland & Pyle, 1977; Myers & Majluf, 1984; Bernanke & Gertler, 1987）。

如果外部融資的成本較低，那麼利潤留存對公司投資的影響微乎其微甚至可以忽略。因此當內部資金出現波動時公司會選擇使用外部資金來平滑投資，而不會在意利潤分配政策如何。如果外部融資的成本是非常高昂的，那麼留存大量利潤並將其投資的公司可能並沒有低成本的外部資金來源，因此公司投資會受制於現金流的波動。FHP（1988）認為信息不對稱會導致融資約束，因此低股利政策是公司存在融資約束從而導致投資-現金流敏感性的證據。但也有研究如 KZ（1997, 2000）指出代理衝突使得自由現金流增加（低股利從而留存大量內部現金）

---

　　① JAFFEE D M, RUSSELL T. Imperfect information uncertainty and credit rationing [J]. The quarterly journal of economics, 1976, 90 (4): 651-656.
　　② STIGLITZ J E, WEISS A. Credit rationing in markets with imperfect information [J]. The american economic review, 1981, 71 (3): 393-410.

導致管理層過度投資，也會產生投資-現金流敏感性，即存在管理機會主義問題（Vogt，1994）[1]。

Gugler（2003）通過分析奧地利企業的所有權和控制權結構，將家族控制企業歸類為融資約束型、國家控制企業歸類為代理衝突型、銀行控制企業則為融資約束和代理衝突均無型，實證結果顯示家族控制企業和國家控制企業均具有較高的投資-現金流敏感度，而銀行控制企業的投資-現金流敏感度不顯著，從而說明融資約束和過度投資確實會導致顯著的投資-現金流敏感度。Pawlina和Renneboog（2005）採用與Gugler（2003）相類似的方法，對英國企業的融資約束和過度投資進行了分析。Gugler（2003）的方法也被應用於檢驗中國企業的投資-現金流敏感度（饒育蕾、汪玉英，2006；張中華、王治，2006）。

國內學者馮巍（1999）首先將內部現金流變量引入新古典投資需求模型，以檢驗在市場不完美的條件下內部現金流對公司投資決策的影響。結果表明內部現金流是決定企業投資的主要因素，而外部融資約束阻礙了資本的形成。新古典投資理論忽略了公司自身財務狀況對投資支出的影響，這對正確理解貨幣政策效力的不對稱性提供了基礎。何金耿、丁加華（2001）通過實證研究認為公司留存高額現金的主要動機不是「融資約束」，而是由於管理者存在機會主義傾向（委託代理衝突）。因此，股利發放率高低是管理機會主義的結果，並不能代表公司面臨的信息成本的高低。這也說明債務融資及股利發放沒有發揮應有的治理功能。梅丹（2005）實證研究了中國上市公司固定投資的影響因素，包括長期投資機會、短期投資機會、資產負債率及內部現金流。她將樣本按照規模劃分為大小兩類公司，實質上也是考察基於投資-現金流敏感性的融資約束問題。結果

---

[1] VOGT S C. The cash flow investment relationship: evidence form U. S. manufacturing firms [J]. Financial management, 1994, 23 (2): 3-20.

支持經典投資理論在中國的適用性。連玉君、程建（2007）基於面板 VAR 模型構造了新的投資機會衡量指標——基準 Q，該指標不依賴於股價信息，能夠避免 Tobin's q 的衡量偏誤，並利用 Vogt（1994）模型檢驗信息不對稱和代理成本對投資-現金流敏感性的影響。結果表明上市公司的投資支出仍然對現金流非常敏感，該敏感性可能源於信息不對稱和代理問題的共同作用。張中華、王治（2006）則在一個綜合模型框架下分析了內部現金流對企業投資行為的影響，他們也認為中國企業投資對內部現金流是敏感的，尤其是在自由現金流比較充裕的情況下更是如此。因此，融資約束理論與自由現金流理論並不互相排斥，可以共同對企業投資產生作用。連玉君、蘇治（2009）基於 Chrinko 和 Schaller（1995）[①] 的異質性隨機前沿模型，構造了「投資效率指數 IEI」，並對融資約束條件下的企業投資效率進行定量測算。他們的結論是：內部現金流可以緩解融資約束，且可以降低融資不確定性。股權融資和債權融資都可以緩解融資約束，且債權融資會增加融資不確定性（債務懸置效應，Myers，1977），而股權融資則對融資不確定性無顯著影響。

鄭江淮等（2011）則實證檢驗了股權結構差異是否導致了企業投資的融資約束程度差異。結果顯示，非國有控股公司投資支出與現金流和 Tobin's q 顯著相關，表明其不存在明顯的外部融資約束；而國有控股公司投資支出與 Tobin's q 的關係並不顯著，表明其投資行為可能更多基於國家政策或社會負擔，在資本市場的融資來源較少，存在外部融資約束。趙卿（2012）基於 Hadlock（1998）[②] 的方法，利用中國上市公司特有的股權

[①] CHIRINKO R S, SCHALLER H. Why does liquidity matter in investment equations?［J］. Journal of money, credit and banking, 1995：527-548.

[②] HADLOCK C J. Ownership, liquidity, and investment［J］. The rand journal of economics, 1998：487-508.

結構數據，實證研究發現投資-現金流敏感度隨控股股東的現金流權的增加而下降，但隨控制權和現金流權的分離程度擴大而上升，驗證了控股股東由於現金流權而導致的「激勵效應」以及由於控制權而導致的「塹壕效應」，因此該結論實質上否定了信息成本導致的「融資約束」假說，而支持現金流的代理成本引起過度投資的理論。支曉強、童盼（2007）實證考察了管理層業績報酬敏感度對投資-現金流敏感性的影響。研究表明兩者之間的確存在一定的非線性關係，且這種關係受到產權結構的影響，即隨著業績報酬敏感性的提高，國有控股公司的投資-現金流敏感性先提高後降低，非國有控股公司的投資-現金流敏感性則是先降低後提高，說明前者是信息不對稱問題起主導作用，而後者是基於代理成本問題。

還有一些學者從現金-現金流敏感性的角度來研究融資約束對公司投資的影響。如李金（2007）基於 Almeida 等（2004）[①]的模型研究了現金-現金流敏感性，結果表明現金-現金流敏感性可以表示公司的融資約束程度，且兩者的關係為正相關，文章試圖從盈利能力和償債能力角度解釋這種相關性。連玉君等（2008）採用 GMM 方法控制內生性偏差，發現融資約束公司表現出強烈的現金-現金流敏感性，從而支持了融資約束假說。他們認為章曉霞和吳衝鋒（2006）及李金等（2007）的研究中忽視了現金流與投資機會的內生性問題，使參數估計有偏差，並導致結果不合理。

[①] ALMEIDA H, CAMPELLO M, WEISBACH M S. The cash flow sensitivity of cash [J]. The journal of finance, 2004, 59 (4): 1777-1804.

2.4 貨幣政策、融資約束與公司投資

前面我們已經討論了融資約束產生的原因（包括信息不對稱及代理成本問題），以及公司自身財務狀況如內部現金流或淨財富水準對投資產生的影響，但是卻沒有或很少關注外部環境衝擊尤其是貨幣政策對企業融資活動的影響。

一般來說，公司以產品市場和要素市場為媒介與外界產生交流和聯繫。靳慶魯等（2012）分析了產品市場競爭對企業投資效率的影響，結果表明企業所在行業的產品市場競爭狀況會緩解企業內部的代理問題，從而提高投資效率。關於要素市場，Wurgler（2000）分析了金融市場對企業投資效率的影響。他認為金融市場摩擦會增大企業資本調整成本，從而降低投資-投資機會敏感度。金融發展水準的提升一方面可以幫助治理企業內部的代理問題，另一方面通過股價傳遞信息可以緩解企業投資者與企業的信息不對稱問題，從而提高資本配置效率。Hennessy等（2007）則通過在企業的資本調整成本中引入股權融資成本，分析了股票市場融資約束對投資效率的影響，結果表明越依賴於股權融資的企業其股權融資邊際成本越高，從而投資-投資機會的反應敏感度越低。然而與美國不同，中國的金融體系以銀行信貸為主導，Allen等（2008）也指出中國的股權融資市場雖然發展很快，可是與銀行信貸相比，其規模和資源配置的作用還非常有限。

葉康濤、祝繼高（2009）基於 2004—2007 年中國上市公司季度數據研究了貨幣緊縮政策對信貸資源配置結構及效率的影響，結果表明高成長性公司在貨幣擴張階段較易獲取信貸資源，

而在緊縮性貨幣政策時卻受到明顯的融資約束。產生這種情形並非由於高成長性公司的投資機會減少或融資需求降低，而是由於貨幣緊縮階段信貸資源更多傾向於成長性較低的國有企業和勞動密集型企業，為維持國有企業經營及穩定就業等政治性目標（非經濟效率目標）提供必要保障。因此，緊縮貨幣政策實質上降低了信貸資源配置效率。祝繼高、陸正飛（2009）則研究了不同貨幣政策條件下融資約束對企業現金持有的作用機制。他們發現企業持有的現金水準會隨著貨幣政策的變化而做出調整，以緩解未來可能的投資所帶來的融資約束問題，即擴張時減少現金持有而緊縮時增加現金持有，而且具有不同成長性的公司增持現金的途徑存在差異（高成長性公司利用經營活動及籌資活動，而低成長性公司則主要通過籌資活動）。隋姍姍、趙自強、王建將（2010）研究了緊縮貨幣政策下中國上市公司的投資效率，結果表明未發行短期融資券的公司受到更強的融資約束，具有更低的投資－現金流敏感性，這與 Kaplan 和 Zingales（1997）的結論是一致的，與國內一些學者如魏鋒（2004），郭建強、白銳鋒（2007）所得出的結論也基本類似。他們還指出，發行融資券的公司有利於抑制過度投資，提高投資配置效率。陸正飛、楊德明（2011）指出貨幣政策的機制在於通過改變融資成本及融資規模來影響企業投資行為，並從商業信用的角度來探討貨幣政策的影響機制。他們認為在寬鬆貨幣政策時期商業信用可以用買方市場理論來解釋，在緊縮貨幣政策時期則符合替代性融資理論，即企業往往會通過商業信用來緩解面臨的外部融資約束。不論是買方市場理論還是替代性融資動機都是基於供應商相對於銀行的信息優勢。張西徵、劉志遠、王靜（2012）基於面板向量自迴歸技術研究貨幣政策影響公司投資率的雙重效應，即需求效應和供給效應。他們指出，貨幣政策傳導過程中需求效應和供給效應共同發生作用，且存

在非對稱性，低融資約束公司的需求效應大於供給效應，而高融資約束公司的供給效應大於需求效應。陳豔（2012）也通過實證分析認為經濟危機及貨幣政策是影響企業投資行為的重要因素，寬鬆的貨幣政策能夠緩解企業面臨的融資約束，從而促進投資支出增加。靳慶魯、孔祥、侯青川（2012）考察了貨幣政策對民營企業融資約束和投資效率的影響。他們指出，寬鬆的貨幣政策可以降低民營企業的融資約束，但對投資效率的效應還依賴於投資機會，當其面臨較好投資機會時可以提高投資效率（表現為投資與盈利能力之間具有更強的敏感性），而投資機會較差時則會降低投資效率（投資-盈利能力敏感性更低）。龔光明、孟澌（2012）基於製造業上市公司數據的研究認為貨幣政策通過影響公司外部融資約束對公司投資率產生顯著影響，而且影響的強度隨貨幣政策的趨緊程度而增強。喻坤、李治國等（2014）指出國有企業和非國有企業的投資效率差異由兩種效應共同作用產生：一是國有企業本身導致的效率低下，二是政府對國有企業的信貸扶持而損害非國有企業效率。貨幣政策會顯著影響這種差異性，對高融資約束的非國有企業的影響尤為明顯，但高現金持有水準和高 ROE 能夠更好緩解貨幣衝擊帶來的融資約束問題，從而縮小兩者之間的投資效率差異。

錢燕（2013）基於動態面板數據模型研究了貨幣政策對中國 A 股上市公司的投資行為的影響，結果表明緊縮的貨幣政策提高了公司的投資-現金流敏感性，增加了融資約束程度，從而導致投資率下降。另外，貨幣政策對公司投資具有異質性特點，表現為緊縮貨幣政策對非國有公司、小規模公司及擔保能力低的公司影響大於國有公司、大規模公司及擔保能力強的公司。徐濤（2007）首次研究了中國貨幣政策的行業效應。結論顯示不同行業對貨幣政策的反應存在差異，而行業財務狀況（如資產負債率及流動資產比率）及行業特徵（規模如大中型企業的

比例、性質如是否為投入品生產行業）是產生這種行業效應的主要原因。因此在制定貨幣政策時必須考慮不同行業的反應差異。朱新蓉、李虹含（2013）利用面板向量自迴歸模型方法分行業考察貨幣政策與企業貨幣資金及投資現金流之間的關係，結果顯示 13 個行業的資產負債表傳導渠道基本有效，但整體呈現非對稱性及部分行業低效率問題。

3
理論基礎

3.1 公司投資理論

3.1.1 幾種經典投資理論簡介

　　Jorgensen（1971）對固定資本投資（investment in fixed capital）的相關經濟研究文獻進行了詳細綜述。Meyer 和 E. Kuh（1957）於 1957 年做了一個類似綜述，而一個始於 20 世紀 60 年代的更詳細的綜述則是由 R. Eisner 和 R. H. Strotz（1963）做出的。Jorgensen（1971）主要關注單一公司或行業對投資支出時間序列（time series of investment expenditures）的近期研究。文獻的起始點是由 H. B. Chenery（1952）及 L. M. Koyck（1954）提出的柔性加速投資模型（flexible accelerator model of investment）。這類模型主要關注投資過程的時間結構（time structure）。合意的資本水準（desired level of capital）是由長期因素所決定的①。資本存量的改變是通過一個服從幾何分佈滯後函數形式（geometric distributed lag function）轉變為實際投資支出。這種合意資本存量設定形式是其他大量理論關注的主題，其他理論也贊同這種柔性加速機制的有效性。

　　早期公司投資研究，尤其是 John Meyer 和 Edwin Kuh（1957）已經強調了投資中財務因素的重要性。實際上，財務因素對真實經濟活動多方面的影響在 20 世紀五六十年代受到了廣泛的關注。從 20 世紀 60 年代中期開始大多數研究卻將公司決策與金融因素隔離開來。Modigliani 和 Miller 為這類研究提供了理

---

　　① 關於合意資本的論述，詳見 3.1.2 節。

論基礎，其中心思想是在某些特定條件下如完美資本市場中公司的融資結構不會影響其市場價值。因此，一旦 Modigliani-Miller 假設條件成立，以股東財富最大化為目標的公司決策就獨立於諸如內部流動性、槓桿比率及股利支付等財務因素之外。

這個一般性結論為 Jorgenson 及其他人發展的新古典投資理論奠定了基礎，該理論認為公司在跨期最優化問題（intertemporal optimization）的求解中可以不用考慮融資因素，公司面臨由集中的證券市場所決定的資本成本，該成本不會依賴於公司特殊的融資結構。新古典投資理論形成以來，大量基於總體及公司層面數據的經驗研究在未考慮融資因素的可能影響的情況下，較為成功地驗證了各種投資需求模型的效果。以下簡要介紹幾種投資理論的發展過程，並做簡要評述。

1. 投資的加速理論

Chenery（1952）[①] 和 Koyck（1954）提出投資行為的柔性加速模型（flexible accelerator model），該模型主要關注投資行為的時間結構，假定是一些長期因素決定了公司的合意資本需求（desired level of capital），而大多數其他投資理論也贊同這種由合意資本變化轉化為實際資本支出的加速機制的有效性。柔性加速機制通過引入置換投資（replacement investment）及設定合意資本形式而成為一種較為完整的投資理論（Kuznets, 1961）[②]，並得到宏觀及微觀方面的實證支持，如 Jorgenson（1963），Meyer 和 Kuh（1957）的實證研究證明了這種理論良好的解釋能力。而各理論流派關於合意資本存量的設定形式卻存

[①] CHENERY H B. Overcapacity and the acceleration principle [J]. Econometrica: journal of the econometric society, 1952: 1-28.

[②] KUZNETS S. Quantitative aspects of the economic growth of nations: vi. long-term trends in capital formation proportions [J]. Economic development and cultural change, 1961, 9 (4): 1-124.

在分歧，在 Chenery（1952）和 Koyck（1954）的實證研究中合意資本存量水準被假定為與產出成比例，這種投資理論被稱為產能利用（capacity utilization）理論，其核心觀點是高水準的投資支出往往是由高比率的資本產出比率（ratio of output to capital）所驅動的。

設 K 是實際資本水準，K^+ 是合意資本水準。資本水準以合意和實際之間差異的某個比例調整到期望合意水準。

$$K_t - K_{t-1} = (1 - \lambda)(K_t^+ - K_{t-1}) \qquad 式（3.1）$$

作為一種選擇，實際資本水準可以用過去所有合意資本水準的加權平均數來表示。

$$K_t = (1 - \lambda) \sum_{r=0}^{\infty} \lambda^r K_{t-r}^+ \qquad 式（3.2）$$

將後一種柔性加速形式視作分佈滯後函數，它將實際資本水準和過去的合意資本水準聯繫起來。這種柔性加速模型是對 J. M. Clark（1917）提出的加速模型的一種修訂。在加速模型中，調整系數 $1-\lambda$ 被視為 1，因此實際資本等於合意資本，則淨投資是合意資本之間的差異。

$$K_t - K_{t-1} = K_t^+ - K_{t-1}^+ \qquad 式（3.3）$$

Clark 加速模型中合意資本與產出成比例或相互均衡。然而，調整系數 $1-\lambda$ 等於 1 的假設被很多檢驗所拒絕[1][2]。

如果引入合意資本水準和置換投資模型（model of replacement investment），那麼柔性加速機制可能成為一種較為完善的理論。會計理論認為，資本水準的變化等於總投資減去置換投資。柔性加速模型只解釋了資本的變化，卻沒有定義總投

---

[1] CHENERY H B. Overcapacity and the Acceleration Principle [J]. Ecornometrica, Jan. 1952, 20 (1): 1-28.
[2] KOYCK L M. Distributed lags and investment analysis [M]. North-Holland, Amsterdam, 1954.

資。選擇置換投資模型非常重要，因為置換投資在總投資支出中起著支配性作用，至少在總量水準上是這樣。幾何死亡率分佈（geometric mortality distribution）在經驗研究中被廣泛採用。這種分佈的置換投資與實際資本存量成比例變化（Hickman, 1965; Jorgenson, 1963; Jorgenson, 1965）。這種假設下，資本存量變化可以表示為：

$$K_t - K_{t-1} = A_t - \delta K_{t-1} \qquad 式（3.4）$$

式（3.4）中，A_t 是總投資，δ 是常數置換率。將置換幾何模型和淨投資的柔性加速模型結合起來考慮，可以得到新的投資支出模型：

$$A_t = (1 - \lambda)(K_t^+ - K_{t-1}) + \delta K_{t-1} \qquad 式（3.5）$$

需要說明的是，以上模型（3.5）中置換投資的調整係數等於1，總投資的調整速度比淨投資要快得多。

Chenery（1952）及 Koyck（1954）的柔性加速模型與 Clark 的嚴格加速模型（rigid accelerator）關於合意資本水準的設定是一樣的，都是與產出成比例變化。在其他投資行為模型中，合意資本水準依賴於產能利用率、內部資金和外部融資成本，以及其他變量。描述並評價如何選擇合意資本水準的決定因素顯得尤為重要。

Chenery（1952）及 Koyck（1954）的柔性加速模型中，投資過程的時間結構設定為幾何分佈滯後函數。實際資本是含幾何權重的合意資本的分佈滯後函數。這個特徵被 Chenery 所修改使得合意資本與滯後產出（lagged output）成比例。通過比較不同滯後的擬合優度來決定最佳的滯後數。Koyck 修改了幾何分佈滯後函數使得第一個權重作為一個獨立參數來決定。

$$K_t = \alpha K_t^+ + (1 - \alpha)(1 - \lambda) \sum_{r=0}^{\infty} \lambda^r K_{t-r-1}^+ \qquad 式（3.6）$$

最後，投資模型對置換投資的處理存在差異。如果置換與資本存量成比例變化，那麼投資品的死亡率分佈就是幾何形態的。資本存量的變化等於總投資減去固定比例的資本存量，因此資本存量就是過去總投資的加權和。

$$K_t = \sum_{r=0}^{\infty} (1-\delta)^r A_{t-r} \qquad 式（3.7）$$

置換投資與資本存量之間的均衡要求對基於幾何死亡率分佈的資本存量進行科學度量。另外，資本品獲取與資本的時間租金之間的二元性要求在資本成本中考慮折舊因素。

2. 投資的期望盈利理論

另外一種投資理論則認為合意資本與利潤成比例。正如 Tinbergen（1939）評論道：「說投資受制於盈利期望幾乎是確定的真理。」另一個問題是，投資率可能受到資金供給的約束，當產能面臨極度壓力時可能不得不尋求外部資金來源，極端情況下融資約束時時刻刻都在發生作用，當內部現金耗盡時資金成本會變得高度無彈性。這兩種理論都是針對剛性加速模型（rigid accelerator theory）而提出來的，剛性加速理論中投資僅僅與產出的變化有關。這種理論已被 Kuznets（1935），Tinbergen（1938），Chenery（1952），Koyck（1954）和 Hickman（1957）[1]等人的實證檢驗所否定。

很多學者對產能利用和期望盈利投資理論進行了比較研究。Kuh（1963）[2] 認為加速銷售模型（acceleration sales model）優於內部現金流及盈利模型。Grunfeld（1960）在柔性加速模型中引入利潤變量，發現在給定資本存量的情況下，利潤與投資的

---

[1] HICKMAN W B. Corporate bonds: quality and investment performance [J]. NBER Books, 1957.

[2] KUH E. Capital stock growth: a micro-econometric approach [M]. Elsevier science & technology, 1963.

偏相關性並不顯著。通常我們認為期望盈利會導致投資支出增加，但他們的結論表明利潤並非期望盈利的好的代理變量。Grunfeld 建議利用未來利潤折現值減去未來資本增量成本來度量期望盈利性，而不是利用已實現的利潤。Grunfeld 的理論裡合意資本與證券市場中公司的市場價值成比例，他將 Koyck（1954）的分佈滯後形式引入 Tinbergen 的盈利模型中，發現已實現利潤並不是期望盈利的充分測度變量。這意味著應該重新評估之前關於投資支出決定因素的經驗研究。

3. 投資的流動性理論

Grunfeld 和 Kuh 已經通過實證證明已實現利潤並非盈利期望的良好度量。Kuh（1963）指出期望盈利假設不能也不應該與銷售水準或產能加速假設相悖。期望盈利的一個可選代理變量是稅後淨利潤，另一個是營業利潤，這兩個指標都與銷售水準有高度的相關性。在保留盈利模型的基本設定條件下，選擇可用於投資的內部現金流作為盈利性的測度。該投資理論的基本假設是當內部現金流被耗盡時資金供給問題會迅速突顯而影響投資。這種理論被稱作投資的流動性理論（liquidity theory of investment）。

4. 新古典投資理論

最優資本累積的新古典理論被認為是剛性加速模型的正式替代。Tinbergen，緊接著 Roos（1958，1943），Klein（1950，1951）[1] 都檢驗過基於新古典理論的投資模型。在該理論中，最優資本可能受到諸如利率及相對價格等重要因素的影響。Tinbergen（1939）檢驗了五組數據，結果僅在一組中發現顯著

---

[1] KLEIN G. Comparative studies of mouse tumors with respect to their capacity for growth as「ascites tumors」and their average nucleic acid content per cell [J]. Experimental cell research, 1951, 2 (3): 518-573.

的利率效應，Klein（1950，1951）也報告了負面結果。在這些新古典理論的檢驗模型中，幾乎沒有關注資本成本、所得稅等變量的度量問題。更重要的是，沒有任何檢驗對從合意資本變化到投資支出的過程設定一個合適的滯後結構形式。Jorgenson（1963，1965），Jorgenson 和 Stephenson（1967）重新闡釋了基於新古典資本累積理論的投資行為。他們的研究表明新古典投資理論可以成為產能利用理論及期望盈利理論的替代。

新古典投資理論基於資本累積的最優時間路徑，實質上它是一種關於資本成本的理論。該理論最初是由 Modigliani 和 Miller（1958）所提出的。MM 理論中資本成本獨立於公司融資結構或股利政策，而這與構成投資的流動性理論基礎的資本成本觀點形成鮮明對比。在投資的流動性理論中，資金供給曲線在內部資金被耗盡之前是水準的，而在耗盡這一點會突然變得垂直。投資決策的資本成本應為股權回報率與債務回報率的加權平均。股權回報有很多種度量方式，Jorgenson 和 Siebert（1968）考慮了兩種情形：一是包含資本收益（capital gains），因為資本性收益也被認為是投資回報的一部分，這種理論被稱為新古典Ⅰ；二是不包含資本收益，因為資產的資本性收益被認為只是暫時性的，這種理論被稱為新古典Ⅱ。

Jorgenson 等人建立的新古典投資模型假定企業的目標是追求最大的淨現值，最優資本存量取決於產出水準和資本成本[①]，它是基於規模報酬不變及給定產出條件下推導出來的。最優資本存量與實際資本存量之間存在差距，這種差距會形成實際資本存量趨向最優資本存量的投資過程，關鍵問題是設置最優資本存量（或合意資本存量）的表達形式。產出水準的增加或資

---

① 原文獻中為資本使用成本（user cost of capital），其影響因素（financial component）取決於集中的證券市場，而不會依賴於公司特有的融資結構。這與 MM 的經典觀點保持一致。

本成本的降低都有助於該投資過程的實現。但是早期的新古典投資理論有不少的缺陷，如給定外生產出從而能夠決定最優資本存量的設定就與完全競爭市場不一致。該理論自身是無法決定最優投資率的，相反它依賴於一種特設的存量調整機制（ad hoc stock adjustment mechanism），通過投資分佈函數引入某些種類的調整成本（adjustment costs），設定關於淨投資的分佈滯後函數來計算得到最優的投資率。在這種模型的設定中，由於改變資本存量存在調整成本，在每一特定時刻公司的資本存量都是給定的。公司在每個時刻能夠控制的只是投資率，而不是資本存量。對早期新古典理論的這種修正是由 Jorgenson 所提出的。

5. 投資的 q 理論

凱恩斯（1936，p.151）最先提出，如果投資者認為資產的價值大於其重置成本（價格），那麼他們會具有很強的投資動機。Grunfeld（1960）在某種程度上利用了這個觀點，該觀點最終被 Tobin 和 Brainard 深入闡釋（Tobin，1969；Tobin & Brainard，1968，1977），實質上托賓 Q 理論是新古典投資理論的進一步發展。Tobin's q 是資產的市場價值與重置成本的比率。托賓 Q 理論剛提出時僅僅是一個理論構想，並沒有具體的分析模型。正式的模型經由一系列文獻提出和分析，如 Andrew Abel（1980），Lucas 和 Edward Prescott（1971），以及 Mussa（1977）等人證明通過成本調整函數及最優化行為可以建立起投資與邊際 q[①] 之間的關係。Gould（1968），Treadway（1969）及 Lucas（1967）等人在新古典投資模型中引入資本存量的調整機制，即加入投資成本函數，發現改進的新古典投資模型與托賓 Q 理論幾乎等價（Lucas，Prescoot，1971）。因此，一直以來，這個概

[①] 邊際 q 等於增加一單位資本的未來邊際收益折現值與其價格的比率（Chirinko，1993）。

念的應用與新古典理論很相似，即投資被看作是邊際 q 的函數。Fumio Hayashi（1982）拓展了托賓 Q 理論並推導出可靠的實證模型①，他假定資本存量的調整成本是凸性的。投資機會可以被概括為公司資本存量的市場價值，在某些特定條件下，投資需求可以用資本存量的市場價值與其重置價值的比率來描述。很多經驗研究利用宏觀數據或公司層面數據對各種投資需求模型做了比較成功的檢驗，但基本上都未考慮公司自身財務因素的可能影響。由於邊際 q 是無法觀測的，所以在實證研究中往往利用平均 q 作為替代。但是正如 Hayashi（1982）所指出，平均 q 要完美替代邊際 q 必須滿足四個條件：①產品和要素市場必須是競爭性市場；②生產技術及調整成本必須是線性齊次；③資本是同質的；④投資決策獨立於融資決策。

　　Tobin（1969，1977）認為投資率是 q 的函數，而 q 是指公司追加投資品的市場價值與其重置價值的比率。該理論背後實際上也存在某種形式的調整成本。如果一個公司可以任意調整其資本存量，則它將持續增加或減少其資本存量直到 q 等於 1 為止。同時，Tobin 的理論中生產函數的作用是不明確的。

　　現在大家逐漸認識到加入調整成本後的修正新古典投資理論與 q 理論實質上是等價的。Lucas 和 Prescott（1971）首先認識到這個問題，雖然他們未曾明確指出與托賓 Q 理論的聯繫。隨後 Abel（1977）指出最優投資率是 $q-1$ 等於邊際調整成本時的比率，只是其分析主要基於 Cobb - Doouglas 生產技術。Yoshikawa（1980）得到了與 Abel 相同的結論，但其模型是以靜態期望（static expectations）為特徵。Hayashi（1982）將兩種投資理論融入一個公司現值最大化的一般模型，並得到最優投資率是 q 的函數。結果表明投資函數形式獨立於生產函數及公司

---

　　① HAYASHI F. Tobin's marginal q and average q: a neoclassical interpretation [J]. Econometrica: journal of the econometric society, 1982: 213-224.

產出的需求曲線。所有這些結論都得自於對 PMP（Pontryagin's Maximum Principle，龐特里雅金極大原理）的簡單應用。

由於 q 是不可觀測的，因此 q 理論（或修正後的新古典理論）不具備操作性。此處的 Q 實際上是邊際 q，它是追加一單位投資的市場價值與其重置價值的比率。我們所能夠觀測到的是平均 q，名義上等於已有資本存量的市場價值與其重置價值的比率。基於托賓 Q 理論的一些實證研究中往往採用平均 q 作為邊際 q 的代理變量，如 Furstenberg（1977）。Hayashi（1982）推導了邊際 q 與平均 q 之間的確切關係。如果公司是一個具有不變規模報酬的價格接受者（price-taker），則邊際 q 等於平均 q；如果公司是價格制定者（pice-maker），則由於存在所謂的壟斷租金（monopoly rent）而使得邊際 q 低於平均 q。Hayashi（1982）還說明了如果考慮稅收和折舊抵稅因素時這種關係將會如何發生變化。與公司投資決策相關的邊際 q 應該反應包括公司稅率、投資稅扣除及折舊方式等方面的稅收準則。Hayashi（1982）將這個 q 叫作調整後的 q。

3.1.2 關於「合意資本」的含義及相關研究

合意資本水準的決定因素可以被劃分為三類：①產能利用（capacity utilization）。可以用產出/產能比率、產出產能之差、產出變化、銷售減去銷售最大值（S-Smax）等來表示。②內部融資。可用內部現金流、流動資產、借債能力及增加的應付稅金等來表示。③外部融資。可以用利率、回報率、股票價格以及公司市場價值等來表示。

在大多數研究中產能利用看起來是一個決定合意資本的顯著因素。包括 Andsern 的銷售減去銷售最大值，Bourneuf 的行業生產 FRB 指數與 McGraw-Hill 產能指數之差，還有 Evans 採用的 Wharton School capacity index。實際產出水準可能被視為產能

利用的一種度量，可能包含資本存量。包括 Kuh 採用的平抑後銷售（deflated sales），Hickman 的總產品，Resek 的行業生產 FRB 指數變化，Eisner 採用的平抑銷售變化。

只有 Meyer-Glauber 產能利用的度量（即行業生產 FRB 指數與 McGraw-Hill 產能指數之比率）不是合意資本的有效決定因素，這與 Bourneuf 的結論是矛盾的。Eisner 對單個公司的時間序列研究中，平抑銷售的變化不是顯著的決定因素，這與其關於行業時間序列的研究結論也是矛盾的。

在規模報酬不變的條件下，資本累積的最優策略決定勞動產出率和資本產出率，而且公司的增長率獨立於其規模。Hymer 和 Pashigian（1962）對美國 1,000 家大型製造企業的資產增長率進行研究，其結論是資產增長率獨立於公司規模。這意味著公司相對規模的分佈隨時間呈穩定狀態。

除了產能利用外，其他決定合意資本的因素被分為兩類：內部融資和外部融資。在大多數模型中與內部融資相關的變量都不是合意資本的顯著決定因素（產出因素往往是顯著的）。Anderson 和 Evans 採用的現金流變量並不是投資的顯著決定因素（Anderson, RED；Evans, L）。但在 Meyer-Glauber 模型中該變量卻是唯一顯著的因素（T-V），兩個研究的結論是相互矛盾的。Kuh 對單個公司的時間序列研究提供了基於銷售的模型與基於現金流的模型的直接比較，結論是基於銷售的模型更優。Anderson 採用的其他內部融資變量如政府債券存量、增加的應付稅金及借債能力都不顯著。Resek 的借債能力也不顯著。

與外部融資相關的變量中，利率在 Anderson 和 Resek 的模型中是決定合意資本的顯著因素。但在 Evans 和 Meyer-Glauber 的模型中則不太顯著。Resek 模型中股票價格指數是高度顯著的變量，Meyer-Glauber 模型中該指數的變化率則是不顯著的。除了 Meyer-Glauber 模型，度量外部融資成本的變量比度量內部融

資的變量具有更重要的影響。但是，外部融資變量的作用或影響一定弱於產出變量。外部融資似乎僅僅在 Anderson 和 Resek 模型中才是顯著的變量，而產出是高度顯著變量。

Grunfeld 關於單個公司投資的研究並沒有將產出或產能利用作為合意資本的可能決定因素來考慮。該模型中，合意資本與公司市場價值成比例變化。Grunfeld 研究的另一模型與市場價值模型是等效的。合意資本的確定取決於利率、利率與公司市場價值的乘積。該乘積與其他投資模型中的產出具有相似的作用。由利率與公司市場價值的乘積來表示的產出是合意資本最顯著的決定因素。由利率表示的外部資金成本也是顯著的但其作用明顯要低於產出。與此相似，Eisner 模型中利潤（profits）相當於產出，而回報率（rate of return）則度量了外部融資成本。

總體結論是，內部融資變量是合意資本顯著的決定因素，它們代表產出水準。如果產出和現金流都被包含進來，那麼僅僅有一個是顯著的決定性因素。實證證據認為產出優於現金流，也支持了 Kuh（1963）的結論。

3.1.3 對幾種投資理論的總結和簡要評述

1. 一個簡要的總結

過去幾十年關於投資行為的經驗研究的起始點是 Chenery 和 Koyck 提出的柔性加速模型。該模型被不斷發現的新的經驗證據所修正和拓展，但其基本觀點得到了重要的實證支持。合意資本被長期的因素所決定，合意資本的變化通過分佈滯後函數被轉換成投資支出。該模型在論及的所有研究中為淨投資提供瞭解釋。

投資行為的其他模型在合意資本的決定因素上存在顯著的差異。基於各自的實證效果，現有的經驗證據為各種競爭性假設提供了豐富的理論解釋。首先，真實產出（real output）是決

定投資支出的最重要的單一因素。作為一種競爭性投資模型，Tinbergen 和 Klein 的利潤或流動性模型（profits or liquidity mode）的解釋能力要更差一些。投資的第二個重要決定因素是資金可獲性（availability of finance）或融資難易程度。引入財務因素（financial considerations）及產出變化因素（variations in output）促使對 Chenery and Koyck 的柔性加速模型進行重大修正。

有兩種方式可以將財務因素引入投資支出模型：一是內部資金或流動性，二是外部資金或資本成本。這兩種模型分別來自於 Duesenberry 和 Meyer, Kuh, Modigliani 和 Miller 的金融理論。經驗證據支持 MM 理論。給定產出水準和外部資金成本，內部流動性並不是投資的重要決定因素。

經驗研究對柔性加速模型的第二個改進和拓展是引入了置換需求。大多數實證文獻中都採用基於幾何死亡率分佈的置換投資。這些模型對於衡量資本存量和相關的租金價格提供了很好的啟示。在許多文獻中，資本存量是以一種不同於幾何死亡率分佈的方式來度量的。

Chenery 和 Koyck 採用幾何分佈的滯後函數來表示投資過程的時間結構。實證證據顯示估計的平均滯後呈現大幅的向上偏畸。Anderson, Hickman, Jorgenson 和 Siebert，以及 Jorgenson 和 Stephenson 採用的分佈滯後函數估計的投資決定因素與實際支出之間的平均滯後為 1.5~2 年，這種平均滯後存在行業和公司之間的差異，當然，在同一公司的不同項目之間也存在差異。

在投資行為的研究中目前最重要的問題是將投資過程的時間結構整合進技術現狀（representation of technology）。Lucas（1967），Uzawa（1969）和 Treadway（1969）提出了資本耐用品模型（durable goods model of capital）以及考慮內部調整成本函數的生產模型。這些技術模型可以通過分佈滯後投資函數來逐

漸逼近。另一個重要的問題是投資財務因素的時間結構問題。Bischoff（1971）指出真實產出及資本成本可以在投資支出決定因素中區分出滯後結構（separate lag structure）。

從一般意義上講，投資研究中最重要的開放性問題是引入不確定性。以 MM 金融理論為基礎的很多近期投資文獻實際上已經考慮了某些方面的不確定性。一個更完整的整合需要同時考慮生產、投資、融資政策以及證券價格。這個宏偉的目標在現有經濟理論及技術範圍之內是可以實現的。過去幾十年投資行為的研究已經從不同決定因素的單純比較發展到生產行為理論解釋。投資研究是發展和檢驗新的生產模型和金融模型的一個重要領域。

2. 一個簡要的評述

Jorgenson 和 Siebert（1968）[1] 對幾種公司投資模型進行了比較分析，他們的基本結論是新古典投資理論優於基於產能利用（capacity utilization）或盈利預期的投資理論，而這三種理論又優於基於內部現金流的投資理論。新古典投資理論分為兩種類型，一種包含了資本收益，另一種不包含資本收益，不論包含與否，新古典投資理論對於公司投資行為的解釋能力都要優於其他的競爭理論，而其中包含了資本收益的模型似乎要更好一些。他們利用 15 家大型製造業公司的數據進行了驗證。Fazzari，Hubbard，Petersen（1988）對此評論道：「撇開該結果不說，Jorgenson 和 Siebert 偏好新古典理論的原因在於其符合 MM 一般性結論，即公司投資決策獨立於其融資政策。」然而，

---

[1] JORGENSON D W, SIEBERT C D. A comparison of alternative theories of corporate investment behavior [J]. The american economic review, 1968: 681-712.

Elliott (1973)[①] 基於一個較大樣本 (184) 的研究則逆轉了 Jorgenson 和 Siebert (1968) 的排序，他們認為在大樣本測試中流動性模型 (liquid model) 是最優的。

正如 Fazzari, Hubbard, Petersen (1988) 所評論的那樣，Elliott 認為對於大多數的公司而言，財務因素對投資的影響是非常顯著的，而 Jorgenson-Siebert 認為僅僅強調現實因素 (real factors) 的模型更適合於知名的成熟公司。這兩種觀點本質上並不矛盾，在一定條件下都能成立，問題在於基於代表性公司假定得出的結論並不能解釋所有公司的投資行為。因此，不必過分關注財務因素是否對總體意義的投資更為重要，或者強調財務因素的投資模型是否更適合總量數據，或者它是否比僅包含現實變量 (real variables) 的模型具有更好的預測能力。

3.2 信息不對稱理論

信息不對稱理論是信息經濟學研究的一個重要分支，一直以來就備受學術界的普遍關注，它是對古典經濟學的重要補充和發展。

3.2.1 信息不對稱的內涵

古典經濟學認為，市場在亞當·斯密「看不見的手」的作用下會達到自然均衡狀態，但前提條件是交易雙方或多方的信息是完全的，所有參與者都具有完全共享的公開信息。然而，

[①] ELLIOTT J W. Theories of corporate investment behavior revisited [J]. The American economic review, 1973: 195-207.

在實際的交易中，交易各方的信息往往不是充分且完備的，也就是說信息存在不對稱現象。信息不對稱是信息經濟學最核心的概念，是激勵機制設計的重要基礎。

所謂信息不對稱是指交易雙方對某個事件的知識、信息或事件發生的概率或概率分佈瞭解程度不同，可能包括的情況有：一方知道而另一方不知道，或者一方知道得更多而另一方知道甚少，或者存在隱藏信息或隱藏行動而無法驗證，即使能夠驗證，也需要花費巨大的經濟成本。信息不對稱理論是由美國經濟學家斯蒂格利茨、阿爾克洛夫和斯彭斯正式提出的。該理論認為：市場中賣方比買方擁有更多關於商品的各種信息，掌握更多信息的一方可以通過向信息匱乏一方傳遞可靠信息而在市場中獲益；交易中擁有信息較少的一方會努力從另一方獲取信息；信號顯示在一定程度上可以彌補信息不對稱的問題；信息不對稱是市場經濟的弊端，要想減少信息不對稱對經濟產生的危害，政府應在市場體系中發揮強有力的作用。

3.2.2 信息不對稱理論的產生和發展

哈耶克（1945）認為，人的決策基於給定的信息，決策的質量取決於人們掌握信息的完整性和準確性。他明確指出市場中的信息是分散的、不完全的，而非傳統經濟學認為的那樣充分和完備。阿羅－德布勒（Arrow Dbeeru，1965）在其演講稿《風險承擔理論之見解》一文中，正式引入了「信息不對稱」的概念。1970 年，阿克羅夫（G. Akerlof）發表經典論文《次品問題》[1]，系統論述了信息不對稱問題對市場造成的後果，他指出市場上交易雙方掌握的信息往往存在很大差異，賣方比買方

---

[1] AKERLOF G A. The market of lemons quality uncertainty and the market mechanism [J]. The quarterly journal of economics, 1970, 84 (3): 488-500.

擁有更多的信息，而買方在價格既定的情況下無法區分商品的質量優次，其逆向選擇行為會最終導致市場交易減少甚至逐漸消失。這就是信息不對稱理論中非常著名的「檸檬」問題。自此，學術界開始對信息不對稱理論進行系統性研究，例如，阿羅（Arrow）、赫什雷弗（Hirshleifer）、斯彭斯（Spence）、格羅斯曼（Grossman）、斯蒂格利茨（Stigliz）等多位經濟學家對這一理論進行了廣泛研究，並應用於經濟學的各個領域，包括勞動力市場、保險市場、金融市場以及公司微觀決策過程等。學術界逐漸提出一些較有影響力的衍生理論，如「逆向選擇」「道德風險」「市場信號」顯示以及「委託－代理」理論等。斯賓塞（Spneec，1973）就曾指出，市場仲介可以選擇和使用某種信號顯示來減少或抵消「逆向選擇」效應，這種效應成功的可能性以及有效性取決於信號使用成本。

張維迎（1996）對基於信息不對稱理論的「委託－代理」問題進行了分類闡述，將其劃分為五種模型：隱藏行動的道德風險模型、隱藏信息的道德風險模型、逆向選擇模型、信號傳遞模型和信息甄別模型，如表 3-1 所示。

表 3-1　信息經濟學關於委託-代理問題的模型分類

	隱藏行動	隱藏信息
事前		3. 逆向選擇模型
		4. 信號傳遞模型
		5. 信息甄別模型
事後	1. 隱藏行動的道德風險	2. 隱藏信息的道德風險

資料來源：張維迎. 博弈論和信息經濟學 [M]. 上海：上海人民出版社，1996.

信息不對稱從時間上可以劃分為事前信息不對稱和事後信息不對稱。事前信息不對稱是指交易雙方在交易之前對某事件

或商品的信息掌握程度不同，這種信息不對稱會導致逆向選擇。所謂逆向選擇是指交易之前由於某一方隱藏信息或知識而迫使交易另一方為了保證自身利益而對交易造成損害，它實際上是一種事前機會主義行為。事後信息不對稱是指交易過後雙方對某事件的信息掌握程度不同，這種信息不對稱會導致道德風險問題。所謂道德風險是指交易之後某一方為了最大化自身利益而隱藏行動並會損害交易另一方的利益的行為，它實際上是一種事後機會主義行為。信息不對稱從另一個維度可以劃分為隱藏行動和隱藏信息。研究不可觀測行動的模型稱為隱藏行動（hidden action）模型，研究不可觀測知識的模型稱為隱藏知識（hidden knowledge）模型或隱藏信息（hidden information）模型。

信息經濟學文獻中，常常將博弈中擁有私人信息的參與人稱為「代理人」（agent），不擁有私人信息的參與人稱為「委託人」（principal）。據此，信息經濟學的所有模型都可以在委託人-代理人的框架下進行分析，不同模型的基本特徵可以簡單概括如下：

①隱藏行動的道德風險是指交易發生後代理人的行動是無法直接觀測的，能夠觀測的僅僅是由代理人的行動和自然狀態共同作用而產生的一個結果，委託人只能根據該結果來設計一個激勵合同來激勵代理人從其自身利益出發選擇對委託人最有利的行為，典型例子是雇主和雇員的關係：雇主不能觀測到雇員是否努力工作，但可以觀測到雇員的任務完成得如何。因此，雇員的報酬應該與其完成任務的情況有關。

②隱藏信息的道德風險是指委託人可以觀察到代理人的行動，但無法觀察自然狀態的信息，代理人根據自然的狀態來選擇行動，委託人需要設計激勵合同激勵代理人在給定狀態下選擇對委託人最有利的行動（如真實地報告自然狀態），典型的例

子是企業經理與銷售人員之間的關係：銷售人員（代理人）知道顧客的特徵，企業經理（委託人）不知道；經理設計的激勵合同是要向銷售人員提供刺激以使後者針對不同的顧客選擇不同的銷售策略。

③逆向選擇模型是指代理人知道自己的類型，但委託人不知道（因而信息是不完全的），委託人和代理人簽訂合同。一個典型的例子是賣者和買者的關係：賣者（代理人）對產品的質量比買者（委託人）知曉更多的知識或信息。

④信號傳遞模型是指代理人知道自己所屬類型，但委託人無法知曉（因而信息是不完整的），代理人為了表明自己所屬類型會選擇某種特有信號，委託人根據此信號與代理人簽訂相應合同。典型的例子是雇員利用教育背景（學歷學位）作為信號向雇主（委託人）傳遞能力信號，雇主根據該信號確定工資水準。

⑤信息甄別模型是指代理人知道自己的類型，委託人不知道（因而信息是不完全的），但委託人瞭解代理人分為幾種類型及其相應特徵，因此可以設計多個合同供代理人選擇，代理人可以根據自己所屬類型選擇適合自己的合同和相應行動，典型的例子是保險公司與投保人的關係：投保人知道自己的風險，保險公司不知道。因此，保險公司針對不同類型的投保人制定了不同的保險合同，投保人根據自己的風險特徵選擇其中一個保險合同。

信號傳遞模型和信息甄別模型是逆向選擇模型的特例，或者更確切地講，信號傳遞和信息甄別是解決逆向選擇問題的兩種不同的（但相似的）方法。

上述五種不同類型的模型對應不同的交易環境，其中每一種模型又是對許多不同但類似環境的概括。表3-2列舉了不同類型的應用例子。

表 3-2　　　　　　　　不同類型的應用舉例

模型	委託人	代理人	行動、類型或信號
隱藏行動道德風險	保險公司 保險公司 地主 股東 經理 員工 債權人 住戶 房東 選民 公民 原告/被告 社會	投保人 投保人 佃農 經理 員工 經理 債務人 房東 住戶 議員或代表 政府官員 代理律師 罪犯	防盜措施 飲酒、吸菸 耕作努力 工作努力 工作努力 經營決策 項目風險 房屋修繕 房屋維護 是否真正代表選民利益廉潔奉公 是否貪污腐化 是否努力辦案 偷盜的次數
隱藏信息道德風險	股東 債權人 企業經理 雇主 原告/被告	經理 債務人 銷售人員 雇員 代理律師	市場需求/投資決策 項目風險/投資決策 市場需求/銷售策略 任務的難易/工作努力 贏的概率/辦案努力
逆向選擇	保險公司 雇主 買者 債權人	投保人 雇員 賣者 債務人	健康狀況 工作技能 產品質量 項目風險
信號傳遞和信息甄別	雇主 買者 壟斷者 投資者 保險公司	雇員 賣者 消費者 經理 投保人	工作技能/教育水準 產品質量/質量保證期 需求強度/價格歧視 盈利率/負債率/內部股票持有比例 健康狀況/賠償辦法

從表 3-2 可以看到，儘管每種模型討論的問題不同，但同一種交易關係可能涉及多個（甚至全部）模型討論的問題。比如說，在雇主與雇員的關係中，如果雇主知道雇員的能力但不知道其努力程度，問題就是隱藏行動的道德風險問題；如果雇主和雇員本人在簽約時都不知道雇員的能力，但雇員本人在簽約後發現了自己的能力（而雇主仍然不知道），問題就是隱藏信息的道德風險問題；如果雇員一開始就知道自己的能力而雇主不知道，問題就是逆向選擇問題。如果雇員一開始就知道自己的能力而雇主不知道，並且，如果雇員在簽約之前就獲得教育證書，問題就是信號傳遞問題。相反，如果雇員是在簽約後根據工資合同要求去接受教育，問題就是信息甄別問題。

值得注意的是，因為經濟學家不是先提出「建立『信息經濟學』」後再發展不同的模型，恰恰相反，信息經濟學只是相繼發展的不同模型的簡單概括，因此，在文獻中，上述五種模型並沒有嚴格的定義。比如說，在許多經濟學家看來，隱藏信息的道德風險模型和信息甄別模型與逆向選擇模型是一回事。Myerson（1961）建議將所有「由參與人選擇錯誤行動引起的問題」稱為「道德風險」，所有「由錯誤報告信息引起的問題」稱為「逆向選擇」。許多經濟學家並不認為信號傳遞和信息甄別有什麼區別，因而「信號傳遞」一詞被用來表示這兩種情況。

3.2.3 金融市場中的信息不對稱問題

1. 金融市場中的逆向選擇和道德風險

信息不對稱是金融市場的一個重要特徵，是指交易一方對另一方缺乏充分的瞭解，並影響其在交易中做出正確的決策。例如，股東很可能不完全瞭解公司經理的誠信程度，也難以對公司的經營狀況有更加深入和更多的瞭解，從而導致逆向選擇和道德風險問題。

逆向選擇是在交易之前出現的信息不對稱問題，對於金融市場而言，潛在的不良貸款風險來自那些積極尋求貸款的人。因此，最不可能還錢的人往往就是最希望達成某筆借貸交易的人。因為逆向選擇增加了貸款發生風險的可能性，貸款人可能決定不發放任何貸款，即使市場上的確存在風險很低的貸款機會。

　　道德風險是在交易之後發生的信息不對稱問題，由於借款人從事了與貸款人意願相背離的活動，增大了貸款違約的可能性，導致貸款人承擔了較大的風險。例如，一旦借款人取得貸款，由於使用的是別人的錢，他就可能會冒比較大的風險（其收益可能很高，但虧損的風險也很大）。由於道德風險降低了貸款歸還的概率，貸款人可能做出不貸款的決定。

2. 逆向選擇問題的解決辦法

　　如果證券購買者（或貸款人）可以區分好公司和差公司，就會為好公司發行的證券支付足額的價值，好公司也願意在這一市場中發行證券。證券市場就可以順利地將資金融通給具有最佳生產投資機會的好公司。問題是如何區分好公司或差公司呢？此處簡要介紹幾種解決金融市場中的逆向選擇問題的方法。

（1）信息的私人生產與銷售

　　解決金融市場中逆向選擇問題的辦法，就是向資金供給方提供資金需求方有關投資機會或投資規劃的詳細信息，或者資金需求方的詳細情況，從而消除信息不對稱。向貸款人提供這類資料的一種方式是，由私人公司收集、生產區分好公司與差公司的信息，並將其銷售出去。在美國，標準普爾、穆迪與價值線等公司的主要業務就是收集公司有關資產負債表和投資活動的詳細信息，出版這些數據並將其賣給訂購方（個人、圖書館以及參與證券交易的金融仲介機構等）。

　　然而，由於「搭便車」問題（free rider problem）的存在，

私人的信息生成與銷售體系並不能完全解決逆向選擇問題。當一些人免費利用了其他人付費獲取的信息時，「搭便車」問題就出現了。「搭便車」問題意味著私人部門銷售信息只能部分地解決逆向選擇問題。比如，甲剛剛購買了可以判斷公司好壞的信息，且他認為所購買的信息是物有所值的，因為甲可以通過購買價格被低估的好公司的證券來彌補獲取信息的成本。然而，精明的投資者乙（搭便車者）看到甲買了某一證券後也跟著購買該證券，雖然他並沒有購買任何信息，但他仍然可以在不花費成本的情況下選擇到好公司的證券。如果很多投資者都採取乙相同的策略，那麼被低估的好證券的需求會迅速增加，從而推動其價格立即攀升到其真實價值水準。由於搭便車者的存在，甲再也無法買到有投資價值的證券，因此他也不會再購買任何信息。如果其他投資者達成同樣的共識，私人公司和個人就無法銷售足夠的信息，來補償其收集和生產信息的成本。私人公司從銷售信息中盈利能力的降低，將使得市場中生產的信息越來越少，於是，逆向選擇仍然會繼續干擾證券市場的有效運行。

（2）旨在增加信息的政府監管

免費「搭便車」問題的存在，阻礙了私人市場生產足夠的信息來消除導致逆向選擇的全部信息不對稱問題。政府干預能使金融市場得益嗎？例如，政府可以生產幫助投資者區分公司好壞的信息，並將其免費提供給公眾。然而，這種解決方法要求政府發布有關公司不利的信息，從政治角度講，這一做法是很難行得通的。第二種方法（美國及很多其他國家都採用這種方法）是政府對金融市場予以監管，鼓勵公司披露其真實信息，從而使投資者能夠區分好公司和差公司。美國的證券交易委員會（Securities and Exchange Commission, SEC）以及中國的證監會等就是這樣的政府機構，它要求發行證券的公司必須進行獨立審計，即由會計師事務所證明該公司遵守標準會計準則，並

且要定期公開有關銷售、資產和收益的信息。然而，我們從美國的安然公司破產事件與世通公司財務舞弊，以及中國的銀廣夏、德隆集團等財務造假事件可以看到，信息公開要求並不總能得到有效實施。

(3) 金融仲介

私人信息生產體系只能緩解但無法消除金融市場中的逆向選擇問題。那麼，在信息不對稱的情況下，金融機構能否促進資金流向具有生產性投資機會的人那裡呢？正如二手車市場中的二手車交易商一樣，金融仲介機構在金融市場上扮演著相似的角色，可以在很大程度上避免逆向選擇問題。銀行等金融仲介機構是生產有關公司信息的專家，因而可以區分信用風險的高低。於是，它可以從儲戶手中獲取資金，並放貸給好的公司。由於銀行能夠將資金大部分都放貸給好公司，因此其貸款的回報率要高於向儲戶支付的利息率。銀行所賺取的利潤為信息生成活動提供了動機。

銀行具有從信息生成中獲利的能力，一個重要因素就是，銀行主要是發放私人貸款，而非購買在公開市場上交易的證券，從而可以避免「搭便車」問題。由於私人貸款不能交易，其他投資者無法通過觀察銀行的行為來抬高貸款的價格，導致銀行從信息生成中無利可圖。銀行作為仲介機構，由於主要持有非交易貸款，因而成功地減少了金融市場上的信息不對稱問題。

這裡的分析可以解釋另外一個重要事實，即發展中國家銀行的重要性更為突出。我們已經知道，如果有關公司的信息質量較好，信息不對稱的狀況就會得到緩解，企業發行證券就會更加容易。與工業化國家相比，發展中國家私人企業的信息更加難以獲取，因此，證券市場的作用就被弱化，而銀行等金融仲介機構發揮著更為重要的作用。這一分析的結論就是，銀行的作用會隨著企業信息獲取難度的下降而下降。在過去的20年

中，全球的信息技術得到突飛猛進的發展，這意味著銀行等金融機構在貸款發放方面的作用在逐步降低，這與實際情況完全相符。

逆向選擇問題也可以解釋為什麼大公司更有可能通過證券市場這樣的直接途徑獲取資金，而不是通過銀行和金融仲介機構等間接途徑來融資。公司的知名度越高，市場可以獲取的有關它的業務活動的信息就越豐富，因此投資者相對比較容易評估該公司的質量，確定它是好公司還是差公司。由於投資者較少擔憂著名公司的逆向選擇問題，因此更願意直接投資於這類公司的證券。對逆向選擇的分析意味著在證券發行企業中，存在一個啄食順序，於是，我們可以解釋一個客觀的事實：公司的規模越大，運轉越良好，就越有可能通過發行證券來籌集資本。

(4) 抵押品與淨值

只有當借款人無法歸還貸款，導致違約，使得貸款人遭受損失時，逆向選擇才會干擾金融市場的有效運行。抵押品作為借款人違約事件發生時交由貸款人處置的財產，由於減少了違約時貸款人的損失，因而降低了逆向選擇的危害。如果某一貸款人中的借款人違約，貸款人可以通過出售抵押品，並利用銷售所得資金來彌補貸款的損失。例如，如果你無法履行住宅抵押貸款的支付義務，貸款人就可以取得你的住宅的所有權，將其拍賣，用拍賣所得來償付貸款。由於有抵押品的擔保，貸款人更願意發放貸款，並且由於抵押品降低了貸款人的風險，使得借款人更容易獲得貸款，而且可能得到一個十分優惠的貸款利率，因此，借款人也願意提供抵押品。信貸市場上逆向選擇問題的存在可以解釋為什麼抵押品是債務合約的一個重要特徵。

淨值（net worth，又叫淨財富，或權益資本）是公司資產與負債之間的差額，與抵押品發揮著相似的作用。如果公司淨值較高，即使它所從事的投資活動出現了虧損，導致在債務償付

上發生違約，債權人仍可以取得公司淨值的所有權，並將其出售，利用銷售所得款項來彌補貸款的損失。此外，公司的初始淨值越高，違約的概率就越小，因為該公司擁有可以清償貸款的資產作為緩衝。因此，尋求貸款的公司的淨值越高，逆向選擇的問題就越不嚴重，貸款人就越願意發放貸款。這一分析可以解釋我們經常聽到的一句感慨：「只有不需要錢的人才能夠借到錢。」

3. 道德風險問題的解決辦法

(1) 金融仲介

在解決道德風險問題時，金融仲介機構有能力避免「搭便車」問題，這進一步說明金融仲介的重要性。風險投資公司就是有助於緩解由委託-代理問題導致的道德風險的一類金融仲介機構。風險投資公司通過聚集合夥人的資源，並利用這些資金幫助具有潛力的企業家啓動其新事業。在提供風險資本的同時，風險投資公司會在新企業中佔有一定的股份。由於收益與利潤的核實對於消除道德風險非常重要，風險投資公司通常會在企業的管理層（如董事會）中派駐自己的人員，以便於對公司的業務活動有更全面的瞭解。如果風險投資公司向某企業提供啓動資金，該企業的股份不能轉讓給除了風險投資公司之外的其他人。因此，其他投資者無法獲得免費「搭便車」的機會。這一安排的結果是，風險投資公司就可以享受其核實活動的全部利益，因此，有足夠的動機來減少道德風險問題。風險投資公司在高科技行業的發展過程中發揮了十分重要的作用，從而促使就業、經濟增長與國際競爭力的提升。

(2) 淨值和抵押品

如果借款人的淨值很高，或者他抵押給貸款人的抵押品價值很高，自身就處於得失攸關的狀況之中，道德風險問題即違背貸款人意願行事的誘惑就會大大減少，原因在於借款人自身也可能遭受重大損失。如果借款人的淨值或抵押品價值較高，

就意味著一旦投資失敗，他將遭受較大的損失，因而可能就不會從事那些以犧牲貸款人利益為代價的冒險活動。比如，李麗準備開一家冰激凌店或投資研究設備（研究冰激凌的配製），需要的資金為10萬元，但僅能夠貸款1萬元，需要自己投入9萬元。現在，如果李麗無法研製出低熱量低脂肪的冰激凌，她的損失就會十分巨大，即9萬元的淨值，因而她會謹慎權衡這項風險很大的投資，結果很可能是投資於冰激凌店這一更加穩定的投資項目。因此，如果李麗將更多的自己的資金投資於新企業中，即新企業的風險與李麗本人有著十分密切的聯繫，貸款人更可能願意向她發放貸款。

高淨值和抵押品可以避免道德風險的發生，一種解釋是它實現了債務合約的激勵相容（incentive compatible），即將借款人和貸款人的動機統一起來。借款人淨值或抵押品價值越高，就越有動力按照貸款人希望的方式行事，債務合約的道德風險就越小，而企業或家庭借款就更加容易；相反，如果借款人淨值或抵押品價值較低，道德風險就會比較嚴重，借款就會變得比較困難。

（3）限制性條款的監督和執行

在李麗開冰激凌店投資的例子中，如果貸款人能夠確認李麗不會投資於風險高於冰激凌的項目，那麼向她發放貸款就是可行的。貸款人可以通過將限制公司活動的規定（限制性條款）寫進債務合約，確保借款人將貸款人發放的資金用於貸款人希望的目的。通過監督李麗的投資經營活動，確認她是否遵守和執行限制性條款，如果她不能遵守執行，貸款人可以強制其遵守執行，從而確保她不會犧牲貸款人的利益去冒險。限制性條款可以限制不合貸款人意願的活動，鼓勵符合貸款人意願的活動，從而減少道德風險問題。實現這個目的的限制性條款通常有如下四類。

第一类：限制違背貸款人意願的行為的條款。用於降低道德風險的限制性條款可以禁止借款人從事與貸款人意願相違背的活動，如投資於風險較高的項目。一些條款規定借款人只能用作特定活動的融資，如購買特定的設備或存貨。其他則限制借款公司從事特定的風險較高的業務活動，如收購其他企業。

第二類：鼓勵符合貸款人意願的行為的條款。限制性條款可以鼓勵借款人從事與貸款人意願一致的活動，提高貸款清償的概率。一類限制性條款要求家庭中提供主要收入來源的成員購買人壽保險，一旦該人死亡，則可用保險清償抵押貸款。企業的這類限制性條款集中於鼓勵借款公司保持較高的淨值，因為較高的淨值可以減少道德風險問題，降低貸款人蒙受損失的可能性。典型的這類限制性條款規定借款公司必須保有與其規模相對應的某類資產的最低金額。

第三類：保持抵押品價值的條款。由於抵押品是對貸款人重要的保護措施，限制性條款可以要求借款人保持抵押品的良好狀態，並確保其由借款人佔有。一般公司或個人都會遇到這樣的限制性條款，比如，汽車貸款合同往往要求車主購買最低金額的車損險和盜搶險，且在貸款清償前，禁止變賣汽車。類似地，住宅抵押貸款的借款人也必須為住宅購買足額的保險，而且在住宅被變賣前必須償付抵押貸款。

第四類：提供信息的條款。限制性條款往往還規定借款公司需定期提供有關其業務活動的信息，例如季度會計報表和收入報告，以便於貸款人監督公司以減少道德風險。這類限制性條款還規定貸款人有權在任何時候對公司帳簿予以審計和檢查。由此，我們可以理解為什麼債務合約常常會對借款人行為規定非常多的限制性條件。

4. 小結

金融市場的信息不對稱導致了逆向選擇和道德風險問題，

干擾了金融市場的有效運行。解決這些問題的辦法包括：①私人信息生產和銷售；②旨在增加金融市場信息的政府監管；③債務合約中抵押品和淨值的重要性以及監督和限制性條款的使用。通過以上分析可以得到一個重要的結論：可交易證券（如股票和債券）存在的免費「搭便車」問題意味著金融仲介機構（尤其是銀行）在企業融資活動中的作用比證券市場更為重要。對逆向選擇和道德風險後果的經濟學分析有助於解釋金融體系的基本特徵，並可以解釋金融市場中的幾個重要事實，如表 3-3 所示。

表 3-3　　　　　信息不對稱問題與解決辦法

信息不對稱問題	解決辦法	解釋的事實
逆向選擇	私人信息的生產和銷售 旨在增加信息的政府監管 金融仲介 抵押品和淨值	1, 2 5 3, 4, 6 7
股權合約中的道德風險 （委託-代理問題）	信息生產：監督 旨在增加信息的政府監管 金融仲介 債務合約	1 5 3 1
債務合約中的道德風險	抵押品和淨值 限制性條款的監督和執行 金融仲介	6, 7 8 3, 4

註：解釋的金融事實如下：
1. 股票不是外部融資最重要的來源；
2. 可流通證券不是融資最主要的來源；
3. 間接融資比直接融資更重要；
4. 銀行是外部資金最重要的來源；
5. 金融體系受到高度監管；
6. 只有規模較大、運轉良好的公司才能進入證券市場融資；
7. 抵押品在債務合約中十分普遍；
8. 債務合約具有許多限制性條款。

3.3 貨幣政策及其傳導機制理論

3.3.1 基本概念簡介

1. 理解貨幣

(1) 貨幣的概念

經濟學家將貨幣（或稱為貨幣供給，money supply）定義為在產品和服務支付以及債務償還中被普遍接受的媒介。由紙幣和硬幣組成的通貨顯然符合這一定義，是貨幣的一種類型。當我們談到貨幣時，往往指的就是通貨（currency，紙幣和硬幣）。然而，僅僅將貨幣定義為通貨也顯得過於狹窄了，如支票也可以用於支付，儲蓄存款也可以迅速轉化為通貨或支票，也可以發揮貨幣的功能。因此，也許並不存在一個唯一的而且精確的貨幣或貨幣供給的定義。另外，貨幣還經常被用作為財富的同義詞，這使得事情變得更加複雜。如我們說「甲非常富有，他有很多錢」，可能的意思是，甲不僅有很多通貨和大筆存款餘額，還有股票、債券、4輛轎車、3棟房子和1塊土地等。雖然用通貨指代貨幣過於狹窄，但這種慣常用法又太寬泛了。經濟學家將通貨、活期存款和其他用作支付物的貨幣形式與財富進行了區分，財富（wealth）是指用於價值儲藏的各項財產總和，它不僅包括貨幣，還包括債券、普通股、藝術品、土地、家具、汽車和房屋。

(2) 貨幣的功能

在任何經濟社會中，貨幣的主要功能都包括三項：交易媒介、記帳單位和價值儲藏。在幾乎所有的市場交易中，以通貨或支票形式出現的貨幣都是交易媒介，也就是說，貨幣被用來

購買產品和服務。運用貨幣作為交易媒介，節省了產品和服務交易的時間，因而促進了經濟效率。貨幣一方面大大縮短了產品和服務交易的時間，另一方面使得人們可以專門從事他們所擅長的工作，從而促進經濟效益的提高。總之，貨幣是經濟社會中至關重要的東西，它可以大大降低交易成本，鼓勵專業化和勞動分工，因而它是經濟順利運行的潤滑劑。貨幣的第二個作用是可以作為記帳單位，也就是說，它可以作為經濟社會中價值衡量的手段。在易貨經濟中，如果貨架上有 1,000 種不同的商品，購物將非常困難，假設 500 克雞肉的價格是 2,000 克黃豆，500 克魚肉的價格是 2,500 克西紅柿，那麼我們很難說清是雞肉便宜還是魚肉便宜。要方便價格比較，每種商品的價簽上就應該標註 999 個不同的價格，這大大增加了購貨的交易成本。因此貨幣作為記帳單位，可以大大減少我們需要瞭解的價格數目，從而節省了交易成本。隨著經濟日益複雜，貨幣的這種功能的重要性也日益顯著。貨幣的第三個功能是價值儲藏，即跨越時間的購買力的儲藏。價值儲藏可以將購買力從獲得收入之日起儲蓄到支出之日。貨幣的這種功能十分有用，因為大部分人並不希望在收入之日就立即將其全部花掉，而是更願意等到我們有時間和意願時再去消費。貨幣作為價值儲藏手段並非獨一無二的，任何資產如貨幣、股票、債券、土地、房屋、藝術品以及珠寶等都可以用來儲藏財富。在價值儲藏方面，以上很多資產甚至比貨幣更有優勢，持有人可以獲得比貨幣更高的利息，或者可以享受升值的好處，或者享受住宿之類的服務。那麼人們為什麼還願意持有貨幣呢？答案是流動性（liquidity），即某一資產轉化為交易媒介的便利程度和快捷程度。由於貨幣本身就是交易媒介，無須轉化就可用於交易，因此它是流動性最強的資產。其他資產轉化為貨幣的過程都需要支付交易成本，例如出售房屋必須支付給經紀人佣金，或者為了盡快得到急需

的資金而不得不接受較低的交易價格。因此，雖然貨幣不是一個十分有利的價值儲藏手段，但人們還是願意持有它。

(3) 貨幣的計量

貨幣可以被定義為在產品和服務支付中被普遍接受的任何東西，這意味著貨幣是以人們的行為來定義的。一種資產之所以成為貨幣，是因為人們相信它在支付中可以被其他人接受。那麼如何來準確計量貨幣呢？

在美國及一些發達國家，利用 M1 和 M2 來計量貨幣總量，M1 叫狹義貨幣，M2 叫廣義貨幣。M1 是最狹義的貨幣指標，它包括流動性最強的資產，即通貨、支票帳戶存款與旅行者支票，其中的通貨只包括非銀行公眾所持有的紙幣和硬幣，ATM 與銀行金庫中的現金則不包括在內；旅行者支票只包括非銀行機構所發行的旅行者支票；活期存款既包括不付息的企業支票帳戶，也包括銀行發行的旅行者支票；其他支票存款項目包括所有其他的可以開具支票的存款，特別是居民所持有的升息的支票帳戶。這些資產都可以直接作為交易媒介，因此顯然屬於貨幣。在中國，M1 包括流通的現金（也被稱為 M0）、企業活期存款、機關團體部隊存款、農村存款以及個人持有的信用卡存款等。M2 是在 M1 的基礎上增加了一些流動性不及 M1 的資產，包括能夠簽發支票的一些資產（貨幣市場存款帳戶和貨幣市場共同基金份額），以及其他能以較小成本迅速轉化為現金的資產（儲蓄存款、小額定期存款）。小額定期存款是面值低於一定金額的定期存單，只有在固定到期日償付才不必支付罰款；儲蓄存款是指可以在任意時候存入或提取的非交易存款；貨幣市場存款帳戶類似於貨幣市場共同基金，但是是銀行發行的；貨幣市場共同基金份額是居民據此可以簽發支票的零售帳戶。在中國，M2 指的是在 M1 的基礎上增加城鄉居民儲蓄存款、企業存款中具有定期性質的存款、信託類存款以及其他存款。

我們無法準確判定哪種指標能夠真實計量貨幣,一個合理的考慮是,探究這些指標的走勢是否一致。如果一致,那麼將其中任何一種貨幣計量指標作為預測未來經濟發展和貨幣政策執行的依據與其他指標就無甚差別。對於既定的政策制定者而言,無法把握準確的貨幣定義也就無關緊要。然而,如果不同指標的走勢不一致,那麼一種指標對貨幣供給的判斷就與其他指標存在較大的分歧,這往往使得政策制定者在選擇正確的行動方案時面臨十分尷尬的境地。根據以往經驗,M1 和 M2 的走勢並不總是一致,而且有時候差距還很大,因此,對於政策制定者和經濟學家來說,選擇哪種貨幣計量指標來計量貨幣總量的確是關係重大。

2. 理解利率

(1) 利率的含義

利率是經濟中最受關注的變量之一。在經濟學家眼中,到期收益率是對利率最精確的度量,當經濟學家使用利率一詞時,他們指的往往就是到期收益率。而通俗來講,利率是債權債務關係中債務人支付的利息與本金的比率。現在考察最為簡單的債務工具形式,即普通貸款。在這種貸款中,貸款人向借款人提供一定數量的資金(即本金,principal),借款人在到期日(maturity date)必須償還本金,並額外支付利息。這個利息與本金的比率就是利率,這是最簡單形式的利率(單利)。如你向銀行貸款 10,000 元,期限 2 年,到期償還本金 10,000 元,且額外支付利息 2,000 元,則利率(單利)為 2,000÷2÷10,000×100%=10%。當然,如果銀行在計算利息時,按複利計算,即第 1 年產生的利息計入第 2 年計算利息的本金,那麼此時實際支付的利息總額為 10,000×10%+(10,000+1,000)×10%=2,100(元)。

(2) 實際利率和名義利率

上面所討論的利率沒有考慮通貨膨脹因素，忽略了通貨膨脹對借款成本的影響，因此準確地講，應當稱為名義利率（nominal interest rate）。名義利率與實際利率（real interest rate）不同，後者根據預期物價水準的變動（通貨膨脹）做出調整，因此能夠更加準確地反應真實借款成本。這種實際利率經過了預期價格水準變動的調整，因此稱為事前的實際利率（ex ante real interest rate）。事前實際利率對於經濟決策至關重要。當經濟學家談及「實際利率」時，往往指的是這種實際利率。根據實際價格水準變動調整的利率稱為事後實際利率（ex post real interest rate），它表示事後以不變價來衡量的投資者的效益。

以歐文·費雪（Irving Fisher）（20世紀一位偉大的貨幣經濟學家）命名的費雪方程式給出了關於實際利率的更準確的定義。費雪方程式表明名義利率 i 等於實際利率 i_r 加上預期通貨膨脹率 π^e，即

$$i = i_r + \pi^e \qquad \text{式 (3.8)}$$

重新排列各項，就可以發現實際利率等於名義利率減去預期通貨膨脹率，即

$$i_r = i - \pi^e \qquad \text{式 (3.9)}$$

要理解這個定義，我們先考慮下面的情況，如果銀行發放了利率為5%（$i=5\%$）、期限為1年的普通貸款，銀行預期這1年中價格水準會上升3%（$\pi^e=3\%$）。由於發放這筆貸款，在這1年末，以不變價（real terms）來衡量，即按照所能購買的實際產品和服務來計算，銀行多得2%。因此，以不變的產品和服務來衡量，銀行賺取的利率為2%，即 $i_r=5\%-3\%=2\%$。即銀行發放這筆貸款的實際利率為2%。一般說來，實際利率越低，借款人借入資金的動力就越大，貸款人貸出資金的動力就越小。

名義利率和實際利率的區分十分重要，原因在於實際利率反應了真實的借款成本，是反應借款動力和貸款動力的良好的

指示器。它還能很好地傳達信用市場上發生的事件對人們的影響程度。經驗證據表明，名義利率和實際利率通常不是同向變動，例如在20世紀70年代美國的名義利率很高，但實際利率卻非常低，甚至經常為負。如果按照名義利率的標準來判斷，你可能認為由於借款成本較高，這一時期信用市場的銀根很緊。然而，實際利率的估計值卻表明你的判斷是錯誤的，按照不變價衡量，借款成本非常低。

3. 理解中央銀行職能

中央銀行，是國家最高的貨幣金融管理組織機構，在各國金融體系中居於主導地位。國家賦予其制定和執行貨幣政策，對國民經濟進行宏觀調控，對其他金融機構乃至金融業進行監督管理的職能，地位非常特殊。

從表面上看，中央銀行職能問題是金融理論中的常識性問題，但實際上此問題在中外金融理論界似乎並沒有形成共識。據不完全統計，關於中央銀行職能的表述至少有以下六種：

①中央銀行是「發行的銀行」「政府的銀行」「銀行的銀行」[1]。這是中央銀行職能一般的、傳統的歸納。作為「發行的銀行」，就是中央銀行獨占貨幣的發行權；作為「政府的銀行」，無非是中央銀行管理國庫，有為政府服務的義務；作為「銀行的銀行」是說中央銀行是特殊的金融機構，它是「最後貸款人」，有維護商業銀行體系安全、穩定的責任。應該說這種傳統的表述準確地反應了中央銀行的業務特徵。

②中央銀行的職能有五個：政策功能、銀行功能、監督功能、開發功能和研究功能[2]。這種表述可能始於香港大學的饒餘慶教授，饒先生在1983年由中國社會科學出版社出版的《現代

---

[1] 林與權，陶湘，李春. 資本主義國家的貨幣流通和信用 [M]. 北京：中國人民大學出版社，1980：193.

[2] 饒餘慶. 現代貨幣銀行學 [M]. 北京：中國社會科學出版社，1983：104.

貨幣銀行學》中率先對中央銀行的職能做出了這種新的概括。隨後，國內不少的貨幣銀行學和中央銀行學教科書都沿用此說。

③中央銀行的職能有三個：政策職能、服務職能、管理職能[1]。這種表述是受了饒餘慶先生《現代貨幣銀行學》的影響，不過其概括更為簡潔而已。

④中央銀行有兩個主要的職能：「一是控制貨幣數量與利率，二是防止大量的銀行倒閉」。這是托馬斯·梅耶等美國經濟學家的觀點。他們在兩大職能後又加了一個「尾巴」，說中央銀行還有一些「日常的職能」。這種「日常的職能」是指中央銀行有為商業銀行等金融機構和政府服務的義務。

⑤中央銀行的職能包括8個方面：獨占貨幣發行、為政府服務、保存準備金、最後融通者、管製作用、集中保管黃金和外匯、主持全國各銀行的清算、檢查和監督各金融機構的業務活動[2]。這一觀點是由劉鴻儒教授歸納的。給人的感覺是具體、明晰，比較全面、準確地概括了中央銀行的業務。由於劉鴻儒教授曾長期擔任中國人民銀行副行長，具體參與領導中國的金融體制改革，因而其觀點大行其道，基本上被作為制定中央銀行法的依據。

⑥《中華人民共和國中國人民銀行法》中明確規定，中國人民銀行履行11條職責：依法制定和執行貨幣政策；發行人民幣、管理人民幣流通；按照規定審批、監督管理金融機構；按照規定監督管理金融市場；發布有關金融監督管理和業務的命令和規章；持有、管理、經營國家外匯儲備、黃金儲備；管理國庫；維護支付、清算系統的正常進行；負責金融業的統計、調查、分析和預測；作為國家的中央銀行，從事有關的國際金

---

[1] 周升業，曾康霖. 貨幣銀行學 [M]. 成都：西南財經大學出版社，1993：271；張亦春，江曙霞，高路明. 中央銀行與貨幣政策 [M]. 廈門：廈門大學出版社，1990：60；盛慕杰. 中央銀行學 [M]. 北京：中國金融出版社，1989：63.

[2] 劉鴻儒. 漫談中央銀行與貨幣政策 [M]. 北京：中國金融出版社，1985：4.

融活動；國務院規定的其他職責①。應該說，中國人民銀行法全面、細緻、明確地對中央銀行的職責做出了法律規範。

需要說明，上述六種表述中，有的叫中央銀行的職能，有的叫中央銀行的功能，中國人民銀行法中則稱為中央銀行的職責。在中文中，職能、功能、職責是近義詞，差別不大，不影響問題的討論。

3.3.2 貨幣政策理論

1. 貨幣數量論

由古典經濟學家在19世紀和20世紀初發展起來的貨幣數量論，是一種探討名義總收入如何確定的理論。因為該理論同時還揭示了在總收入規模既定情況下所持有的貨幣數量，所以它也是一種貨幣需求理論。該理論最重要的特點是它認為利率對貨幣需求沒有影響。

美國經濟學家歐文·費雪在他1911年出版的那本頗有影響力的《貨幣的購買力》（*Purchcasing Power of Money*）一書中，對古典數量論做了最清晰的闡述。費雪試圖考察貨幣總量 M（貨幣供給）與經濟體所生產出來的最終產出和勞務的總支出 $P×Y$ 之間的聯繫，其中 P 代表物價水準，Y 代表總產出或總收入（總支出 $P×Y$ 也可以看作經濟體的名義總收入或名義生產總值）。貨幣流通速度（通常簡稱為流通速度）連接了 M 和 $P×Y$，是指一年當中，1元貨幣用來購買經濟體所生產的產品和服務的平均次數（即貨幣週轉率）。流通速度 V 可以更精確地定義為總支出 $P×Y$ 除以貨幣數量 M，即

$$V = \frac{P \times Y}{M} \qquad \text{式（3.10）}$$

---

① 中國人民銀行條法司. 中華人民共和國中國人民銀行法 [M]. 北京：中國法制出版社，1995：2.

例如，假設某年名義生產總值（$P \times Y$）為10萬億元，貨幣數量為2萬億元，那麼貨幣流通速度就是5，它表示在購買經濟體中的最終產品和服務時，每1元的鈔票平均被使用5次。公式兩邊同時乘以M，就可以得到交易方程式（equation of exchange），從而構建了名義收入與貨幣數量和流通速度之間的聯繫：

$$M \times V = P \times Y \qquad \text{式（3.11）}$$

交易方程式（3.11）說明，貨幣數量乘以該年貨幣被使用次數必定等於名義收入（即該年花費在產品和服務上的名義總量）。實際上，歐文·費雪首先運用經濟體中交易的名義價值PT表達了交易方程式：$MV_T = PT$，其中P為每一項交易的平均價格，T為一年中所完成的交易數量，V_T（$=PT/M$）為貨幣的交易流通速度。因為交易量T的名義量難以測量，所以數量論用總產出Y來表達，如下所示：假定T與Y成比例，即$T = vY$（其中v是一個比例常數）。用vY代替費雪交易方程式中的T，就可得到$MV_T = vPY$，這就是以上交易方程式的等價形式，其中$V = V_T/v$。

由此可見，以上交易方程式（3.11）僅僅是一個恒等式，即由定義所表明的一種正確關係。它們並不說明當貨幣供給M變動時，名義收入$P \times Y$就會同向變動，因為M的增加可能被V的下降所抵消，因而$M \times V$（繼而$P \times Y$）保持不變。如果要把交易方程式（一個恒等式）轉化為表達名義收入決定機制理論的公式，就需要瞭解決定貨幣流通速度的各個因素。

歐文·費雪認為，貨幣流通速度是由經濟中影響個體交易方式的制度決定的。假如人們就像今天一樣，使用記帳方式或信用卡來交易，那麼在購買時就會使用較少的貨幣，則由名義收入所產生的交易就可以使用較少的貨幣（相對於$P \times Y$，M下降），則流通速度（$P \times Y$）/M上升；相反，如果購買時可以十

分方便地使用現金或支票（兩者都是貨幣）進行支付，則由同樣規模的名義收入所產生的交易就需要使用較多的貨幣，從而貨幣流通速度就會下降。費雪認為，由於經濟體制中的制度和技術特徵只有在較長時間裡才會對流通速度產生影響，所以在正常情況下，貨幣流通速度在短期內都相當穩定。

費雪認為貨幣流通速度在短期內相當穩定，將交易方程式轉化為貨幣數量論（quantity theory of money），該理論認為，名義收入僅僅取決於貨幣數量的變動：當貨幣數量 M 翻番時，$M \times V$ 也翻番，從而名義收入的價值 $P \times Y$ 也一定翻番。為了解釋其機理，我們假定貨幣流通速度為 5，期初的名義收入為 5 萬億元，貨幣供給為 1 萬億元，如果貨幣供給翻番，增加到 2 萬億元，那麼根據貨幣數量論，名義收入也將翻番，增加到 10 萬億元（5×2 萬億元）。

古典經濟學家（包括費雪）認為工資和價格是具有完全彈性的，所以他們相信，在正常年份，整個經濟體生產出來的總產出 Y 總是維持在充分就業水準上，故在短期內也可以認為交易方程式中的 Y 是相當穩定的。因此，貨幣數量論表明，由於 V 和 Y 都是常量，所以在短期內如果 M 翻番，P 也必定翻番。在我們的例子中，如果總產出是 5 萬億元，貨幣流通速度為 5，則 1 萬億元的貨幣供給意味著物價水準等於 1，因為此時名義收入正好是 5 萬億元。當貨幣供給翻番為 2 萬億元，物價水準也必須翻番為 2，因為 2 乘以 5 萬億元等於 10 萬億元的名義收入。對於古典經濟學家來說，貨幣數量論提供了對物價水準變動的一種解釋：物價水準的變動僅僅源於貨幣數量的變動。

因為貨幣數量論說明了在總收入數量既定前提下所持有的貨幣數量，所以實際上它是一種貨幣需求理論。為了理解其中的緣由，可以在交易方程式的兩邊同時除以 V，那麼方程式被改寫成：

$$M = \frac{1}{V} \times PY \qquad \text{式 (3.12)}$$

式（3.12）中，名義收入 $P \times Y$ 即 PY，當貨幣市場均衡時，人們持有的貨幣數量 M 就等於貨幣需求量 M^d，因此可以用 M^d 代替方程式中的 M。用 k 代表 $1/V$（由於 V 是常量，$1/V$ 也是常量），可以將該方程改寫為：

$$M^d = k \times PY \qquad \text{式 (3.13)}$$

因為 k 是常量，所以由既定水準的名義收入 PY 所支持的交易規模決定了人們的貨幣需求量 M^d。因此，費雪的貨幣數量論表明：貨幣需求僅僅是收入的函數，利率對貨幣需求沒有影響[1]。

費雪之所以得出這一結論，是因為他相信人們持有貨幣僅僅是為了進行交易，而沒有多大的自由來選擇所希望持有的貨幣數量。貨幣需求取決於：①由名義收入水準 PY 所支持的交易規模；②經濟體中影響人們交易方式的制度因素，這種交易方式決定了貨幣流通速度，進而決定 k。

古典經濟學家之所以會得出名義收入取決於貨幣供給的變動的結論，是因為將流動速度 PY/M 視為常量[2]。那麼將貨幣流通速度視為常量是否合理呢？實際上，即使在短期內，貨幣流通速度的變動也可能相當劇烈，因而不能將其視為常數。例如，美國在 1950 年之前的貨幣流通速度的波動就非常之大，也許這反應了這一時期經濟狀況極其不穩定的事實，在這段時期內發生了兩次世界大戰和大蕭條（在經濟出現衰退的年份裡，實際

---

[1]　在費雪利用他的數量論方法來完善貨幣需求時，以阿爾弗雷德·馬歇爾和 A. C. 庇古為首的英國劍橋大學的一些古典經濟學家得到了相似的結論，只不過推導方法略有差異。他們認為人們持有貨幣是因為貨幣的兩種特性，即作為交易媒介和財富存儲手段的作用，從而推導出該公式。

[2]　實際上，如果反應交易技術變化的流通速度能夠以一個不變的速率增長，數量論仍然成立。因此此處更確切的不變的貨幣流通速度概念應該是貨幣流通速度沒有向上以及向下的波動。

的貨幣流通速度下降，或者至少是增長率下降）。1950 年以後，貨幣流通速度的波動趨向緩和，然後各年間貨幣流通速度增長率的差異仍然很大。例如，1981—1982 年，M1 流通速度（GDP/M1）變化的百分比為-2.5%，而 1980—1981 年，M1 流通速度的增長率為 4.2%。6.7%的差異表明，如果貨幣流通速度的增長率與 1980—1981 年相同，名義 GDP 就會比應當達到的水準低 6.7%[①]。流通速度的下降足以解釋 1981—1982 年發生的嚴重的經濟衰退。1982 年以後，M1 流通速度的波動更為劇烈。在研究人員對貨幣需求進行實證研究時，這一事實常常讓他們感到十分迷惑。1982 年以後，M2 流通速度一直都比 M1 流通速度更穩定，結果導致美聯儲在 1987 年放棄 M1 指標，開始更集中於 M2 指標。但是 20 世紀 90 年代初期 M2 流通速度的不穩定，又使得美聯儲在 1993 年 7 月宣布放棄這一指標，它認為包括 M2 在內的任何貨幣總量指標都不能作為可靠的貨幣政策指標。

在大蕭條之前，經濟學家並沒有意識到，在嚴重的經濟緊縮時期貨幣流通速度將會下降。在美國大蕭條之前的時期，很容易看到這一事實，為什麼古典經濟學家卻沒有發現呢？非常遺憾的是，在第二次世界大戰前，還沒有準確的國內生產總值和貨幣供給的數據（戰爭之後，政府才開始著手收集這些數據），因而經濟學家無法認識到他們將貨幣流通速度視為常量這一觀點是錯誤的。然而，在大蕭條的年份裡，貨幣流通速度的下降並非常量。這解釋了為什麼在大蕭條之後，經濟學家開始探討影響貨幣需求的其他因素，而這些因素也有助於解釋貨幣流通速度的波動。

[①] 如果採用 M2 的流通速度可以得到類似的結論。1981—1982 年，M2 的流通速度（GDP/M2）的百分比變動為-5.0%，而 1980—1981 年的增長率為+2.3%，二者之間 7.3%的差異意味著，如果 M2 增長率保持與 1980—1981 年相同，則名義生產總值就會比應達到的水準低 7.3%。

2. 流動性偏好理論

約翰・梅納德・凱恩斯（John Maynard Keynes）在 1936 年出版的著名的《就業、利息和貨幣通論》一書中，摒棄了古典學派將貨幣流通速度視為常量的觀點，提出了一種強調利率重要性的貨幣需求理論。他將他的貨幣需求理論稱為流動性偏好理論（liquidity preference theory），該理論提出了這樣的問題：為什麼人們會持有貨幣？凱恩斯假定貨幣需求的背後存在三個動機：交易動機、預防動機和投機動機。

（1）交易動機

古典理論假定人們之所以持有貨幣，是因為貨幣所具有的交易媒介職能可以用於完成日常交易。遵循這一古典傳統，凱恩斯強調貨幣需求的這一組成要素主要取決於人們的交易規模。因為他認為這些交易與收入成比例，所以與古典經濟學家的觀點一致，他假定貨幣需求的交易部分與收入成比例。

（2）預防動機

凱恩斯還認為，人們之所以持有貨幣，不僅是為了完成當期交易，而且還用來預防意料之外的需求，這一認識使得凱恩斯超越了古典分析的框架。例如，你一直想買一套時髦的音響，在途經一家商店時，恰好發現你想要購買的商品正在減價 50% 出售。此時，如果你持有為預防諸如此類事件發生的貨幣，就可以立即購買，否則你就只能坐失良機。此外，當你遇到意想不到的支出，比如汽車或房屋的大修理，或者生病住院，預防性貨幣持有也可以馬上派上用場。

凱恩斯認為，人們意願持有的預防性貨幣餘額的數量主要取決於人們對於未來交易規模的預期，並且這些交易與收入成正比。因而，他假定出於預防動機的貨幣需求規模與收入成比例。

（3）投機動機

假如凱恩斯的理論僅僅停留在交易動機和預防動機上，則

收入將是決定貨幣需求的唯一重要因素，那麼凱恩斯的研究也就不能大大豐富古典理論的內容。但是，凱恩斯認為人們持有貨幣還因為貨幣是財富儲藏手段。他將持有貨幣的這一理由稱為投機動機。因為他認為財富與收入密切相關，所以貨幣需求的投機部分與收入相關。但是，凱恩斯更加仔細地分析了人們為儲藏財富而持有的貨幣數量的因素，尤其是利率。

凱恩斯將可用來儲藏財富的資產分為兩大類：貨幣和債券。接著他提出下面的問題：為什麼人們會決定以貨幣而非債券的形式持有財富呢？分析思路是這樣的，假如持有貨幣的預期回報率大於持有債券的預期回報率，則人們就願意持有貨幣。凱恩斯假定貨幣的預期回報率為零，因為他所處的年代與今天不同，當時大多數支票存款沒有利息收入。而對於債券來說，其預期回報來自於兩個部分：利息收入和預期資本利得。當利率上升時，債券價格將會下降。如果預期利率上升，則債券價格下跌，從而資本利得為負，即出現資本損失。假如預期利率大幅度上升，資本損失足以超過利息收入，則債券的預期回報率將變為負值。在這種狀況下，人們更願意用貨幣來儲藏財富，因為它的預期回報率更高，它的零回報超過了債券的負回報。

凱恩斯假定，每個經濟個體都認為利率會趨於某個正常值（該假定在今天看來不甚合理）。如果利率低於這一正常值，則經濟個體預期未來債券利率將會上升，將遭受資本損失。於是，個體將願意以貨幣而非債券的形式儲藏財富，從而導致貨幣需求增加。當利率超過正常值時，貨幣需求會發生什麼變化呢？一般來說，人們將預期未來利率趨於下降，債券價格趨於上升，可以獲得資本利得。利率越高，人們就越有可能預期持有債券的回報率為正，從而超過持有貨幣的預期回報率。因此，人們將更願意持有債券而非貨幣，從而導致貨幣需求會非常低。根據凱恩斯的推理，我們斷言：利率上升導致貨幣需求下降，所

以貨幣需求同利率水準負相關。

(4) 綜合動機

凱恩斯在將持有貨幣餘額的三種動機綜合起來推導貨幣需求方程式的時候，對名義數量和實際數量進行了嚴格的區分。貨幣的價值應該用它能夠買到的東西或商品來衡量。例如，假設經濟中所有的價格都上漲了一倍（即物價水準上漲了一倍），那麼同樣數量的名義貨幣所能購買到的商品數量，只相當於原來的一半。因此，凱恩斯推斷人們要持有的是一定數量的實際貨幣餘額（real money balances，實際值表示貨幣數量）。他的三種持幣動機表明，這一數額與實際收入 Y 以及利率 i 有關。凱恩斯的貨幣需求方程式被稱為流動性偏好函數（liquidity preference function），該函數表明實際貨幣需求餘額 M^d/P 是 i 和 Y 的函數（或者與 i 和 Y 有關）[①]：

$$\frac{M^d}{P} = f(\underset{-}{i},\ \underset{+}{Y}) \qquad 式\ (3.14)$$

在流動性偏好式（3.14）中，i 下面的負號表示實際貨幣餘額需求與利率 i 負相關，Y 下面的正號表示實際貨幣餘額需求與收入 Y 正相關。凱恩斯得出了貨幣需求不僅與收入相關，而且還與利率有關的結論，與費雪的利率對貨幣需求沒有影響的觀點大相徑庭。

貨幣需求方程式（3.14）可以用於分析貨幣需求和 IS-LM 模型。由於貨幣與利率負相關，i 下降會引起貨幣需求量 M^d 的上升。通過流動性偏好函數求解貨幣流通速度 PY/M，我們就會發現，凱恩斯的貨幣需求理論意味著，貨幣流通速度並非常量，而是隨著利率的變動而出現波動。流動性偏好函數可以改寫成：

[①] 古典經濟學家的貨幣需求方程式也可以用實際貨幣餘額表示，即方程式（3.11）的兩邊同時除以物價水準 P，可以得到 $\frac{M^d}{P} = k \times Y$。

$$\frac{P}{M^d} = \frac{1}{f(i, Y)} \qquad \text{式 (3.15)}$$

方程式（3.15）兩邊都乘以 Y。因為在貨幣市場均衡的狀態下，M 與 M^d 必定相等，所以可以用前者代替後者。求解貨幣流通速度，得到

$$V = \frac{PY}{M} = \frac{Y}{f(i, Y)} \qquad \text{式 (3.16)}$$

我們發現，貨幣需求與利率負相關。當 i 上升時，$f(i, Y)$ 下降，從而貨幣流通速度加快。換句話說，在收入水準既定的前提下，利率上升激勵人們減少所持有的實際貨幣餘額，因此，貨幣的週轉率（貨幣流通速度）必定上升。這一推理過程表明，因為利率波動劇烈，所以貨幣需求的流動性偏好理論表明貨幣流動速度的波動也很劇烈。

式（3.16）的一個非常有趣的特徵在於，它能夠解釋貨幣流通速度的一些變動問題。例如，對於美國的貨幣流動問題，在經濟衰退時期，貨幣流通速度下降或其增長速度下降。利率的週期性波動可能有助於解釋這一現象：利率是順週期的，在經濟擴張時期上升，在經濟衰退時期下降。流動性偏好理論表明，利率上升將同時導致流通速度加快，所以利率的順週期運動意味著貨幣流通速度的變動也應是順週期的，而這恰恰是我們看到的美國長期以來貨幣流通速度的實際情況。

凱恩斯的投機性貨幣需求模型還解釋了貨幣流通速度大幅波動的另一個原因。假如人們對正常利率水準的認識發生了變化，那麼將會對貨幣需求造成什麼影響呢？例如人們預期未來正常利率水準比現在要高，貨幣需求會發生什麼變化呢？因為預期未來利率升高，所以許多人都預期債券價格下跌，從而將遭受資本損失。這樣，持有債券的預期回報率將下降，相對於債券來說，貨幣會更具有吸引力。結果貨幣需求增加，這意味著 $f(i, Y)$ 將上升，從而貨幣流通速度下降。人們對未來正常

利率水準的預期發生變動，貨幣流通速度將隨之發生變化，對未來正常利率水準的預期不穩定將導致貨幣流通速度的不穩定。這就是凱恩斯反對將貨幣流通速度視為常數的另一個理由。

總的來說，凱恩斯的流動性偏好理論假設人們持有貨幣的動機有三種：交易動機、預防動機和投機動機。雖然凱恩斯認為貨幣需求的交易性部分和預防性部分與收入成比例，但他認為貨幣需求的投機部分與利率水準負相關。

凱恩斯貨幣需求模型的重要內涵在於，它認為貨幣流通速度並非常量，而與波動劇烈的利率正相關。他反對將貨幣流通速度視為常量的另一理由是：人們對正常利率水準預期的變動將導致貨幣需求的變動，從而也導致貨幣流通速度發生變動。這樣，凱恩斯的流動性偏好理論對古典數量論提出了質疑，後者認為名義收入主要是由貨幣數量的變動決定的。

3. 流動性偏好理論的進一步發展

第二次世界大戰以後，經濟學家們提出了更為精確的理論來解釋凱恩斯提出的三種持幣動機，從而進一步發展了凱恩斯的貨幣需求理論。因為在貨幣理論中，利率被認為是一個關鍵的因素，所以理論研究的焦點集中在更好地理解利率對貨幣需求的作用上面。

（1）交易需求

威廉·鮑莫爾（William Baumol）和威廉姆·托賓（James Tobin）各自獨立地推導了十分相似的貨幣需求模型。這些模型表明，即使是由於交易目的而持有的貨幣餘額，對利率水準也很敏感[1][2]。在推導各自的模型時，他們假定某個人每隔一段時間收到一筆收入，並在這段時間裡將全部收入花完。在他們的

---

[1] BAUMOL W J. The transactions demand for cash: an inventory theoretic approach [J]. The quarterly journal of economics, 1952: 545-556.

[2] TOBIN J. The interest-elasticity of transactions demand for cash [J]. The review of economics and statistics, 1956: 241-247.

模型裡，沒有利息的貨幣之所以被持有，是因為它能用來完成各種交易。

為了使分析更具體，我們假設李麗每月初收到 1,000 元，並在 1 個月內將收入以固定不變的速度用於交易，假定為了完成這些交易，李麗以現金形式持有 1,000 元，則她的貨幣餘額如圖 3-1 中的鋸齒形圖所示。月初她有 1,000 元，月末則因為全部花光，故現金餘額為零。在該月裡，她的平均貨幣持有額為 500 元（月初持有餘額 1,000 元與月末持有餘額 0 的平均數）。

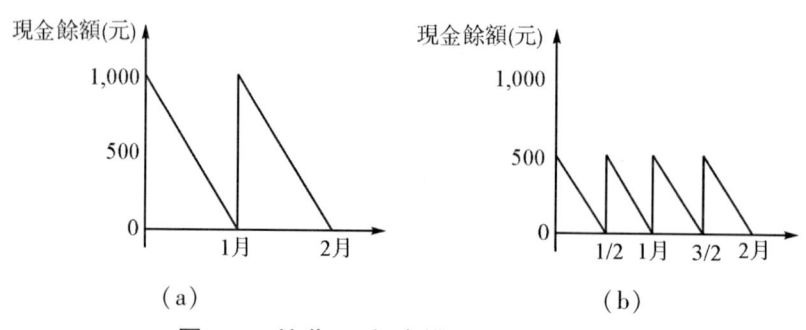

圖 3-1　鮑莫爾-托賓模型中的現金餘額

在圖 3-1（a）中，月初的 1,000 元完全以現金形式持有，並按不變的速率支出，月末全部花光。在圖 3-1（b）中，月收入的一半以現金形式持有，其餘一半投資於債券。在月中，現金餘額為零，通過出售債券使得現金餘額重新增加到 500 元。在月末，現金餘額再次為零。在下一個月月初，李麗又將收到另外的 1,000 元，並以現金形式持有，貨幣餘額的減少又同樣開始發生。這一過程每月重複 1 次，在這 1 年裡她的平均貨幣餘額為 500 元。因為她的名義年收入為 12,000 元，平均貨幣持有額為 500 元，所以貨幣流通速度（$V=PY/M$）為 12,000 元/500 元 = 24 次。

但是實際上，李麗如果不是一直持有現金貨幣的話，她可

以獲得更大的效用。這樣，1月份她決定把1,000元收入的一部分以現金形式持有，其餘部分用來購買諸如債券這樣的收益證券。在每個月月初，李麗將500元以現金形式持有，500元購買國債。在圖3-1（b）中，我們可以看到，在每月開始時她持有500元的現金，月中時她的現金餘額為零。因為債券不能直接用來完成交易，所以李麗必須將它們出售變現，以便能夠完成本月剩餘的交易。於是，在月中，李麗的現金餘額又回升到500元。在月末，現金花光。當她再次拿到1,000元的月收入時，她再次將其分解為500元的現金和500元的債券，又開始了這一過程。這一過程的最終結果是該月平均現金餘額為500元/2＝250元，只是以前的一半。而貨幣流通速度翻了一番，達到12,000元/250元＝48次。

在新的策略中，李麗獲得了什麼收益呢？她獲得了持有半個月期500元債券的利息收入。如果月息為1%，則她每月可以獲得額外收入2.50元（1/2×500元×1%＝2.50元）。那麼，這個收益是最大的嗎？顯然還不是。事實上，如果月初她僅持有333.33元的現金，則在該月的頭1/3月裡她可以持有666.67元的債券。然後，在該月的第二個1/3個月裡，李麗可以將333.33元的債券出售變現，仍然持有333.34元的債券。最後，在該月過完了2/3時，她不得不將其餘的債券出售變現，這一操作的最終結果是李麗每月可以獲得利息3.33元（1/3×666.67元×1%＋1/3×333.34元×1%＝3.33元），這比前一種現金持有方式更合算。在這種情況下，李麗的平均現金持有量為166.67元（333.33元/2＝166.67元）。顯而易見，平均現金餘額越少，她所獲得的利息收入就越多。

在這個過程中李麗面臨一個兩難選擇。因為在購買債券時，李麗將支付兩種類型的交易成本。第一，買賣債券時她必須支付經紀人手續費。隨著平均現金餘額的不斷減少，由於李麗將

會更加頻繁地買賣證券，這些手續費支出將不斷增加。第二，由於持有的現金不斷減少，她不得不賣出債券來獲得現金。因為時間就是金錢，所以這也應該視作交易成本的一部分。李麗需要做出權衡。如果她持有很少的現金，她就可以獲得更多的債券利息，但將付出更多的交易成本。假設利率很高，相對於交易成本而言持有債券的收益更多，則她將持有更多的債券、較少的現金；相反，如果利率低，持有債券的交易成本多於利息收入，那麼對李麗來說，持有較少的債券和較多的現金會更合算。

鮑莫爾-托賓分析的結論可以表述如下：隨著利率上升，則用作交易目的的現金持有量將會減少，從而意味著，隨著利率上升，貨幣流通速度也將加快①。換種說法，貨幣需求的交易部分與利率水準負相關。鮑莫爾-托賓分析的基本觀點是，持有貨幣存在機會成本，即持有其他資產可以獲得的利息收入。持有貨幣也有收益，即避免了交易成本。當利率上升時，因為持有貨幣的機會成本增大，所以人們將盡量減少為交易目的而持有的現金數量。通過一些簡單的模型，鮑莫爾和托賓揭示了一些我們無法通過其他途徑看到的東西：不僅貨幣需求的投機部分，而且貨幣需求的交易部分也對利率十分敏感。鮑莫爾-托賓分析有力地證明了經濟模型的價值②。

利率上升導致持有貨幣的機會成本上升，從而使貨幣需求減少，這一觀點也可以用預期回報率進行表述。利率上升時，其他資產（如債券）的預期回報率增加，使得貨幣的相對預期

---

① 類似的推理可以得出這樣的結論：隨著經紀人手續費的增加，對交易性貨幣餘額的需求也將增加。當手續費增加時，因為通過持有交易貨幣餘額，個人就不需要經常出售債券，從而避免了支付較高的手續費，所以持有交易性貨幣餘額的收益將增加。因此，持有貨幣餘額的收益超過了前面所說的利息的機會成本，從而對交易餘額的需求增加。

② www.myeconlab.com/mishkin，該網站詳細記錄了鮑莫爾-托賓模型的數學運算過程。

回報率減少，從而貨幣需求減少。這種解釋與鮑莫爾-托賓的解釋事實上是完全一致的，因為某種資產機會成本的變動只是對相對預期回報率變化的一種描述。鮑莫爾和托賓在對貨幣交易需求的分析中，使用的是機會成本這一術語，因此以上的分析也是基於這一術語展開的。

（2）預防需求

由於探討貨幣需求預防動機的模型是沿著與鮑莫爾-托賓分析類似的框架發展起來的，所以本書不再做詳細的論述。我們已經討論了持有預防性貨幣餘額的利益，與這種好處相對應的是因為持有貨幣而放棄利息這一機會成本。因此，我們面臨與交易餘額類似的取捨選擇。利率上升，持有預防性貨幣餘額的機會成本增加，所持有的這些貨幣餘額就會隨之下降。於是我們得到一個與鮑莫爾-托賓分析類似的結論①：貨幣的預防需求與利率負相關。

（3）投機需求

凱恩斯對貨幣投機需求的分析受到了嚴厲的批評。根據凱恩斯的分析，當債券的預期回報率低於貨幣的預期回報率時，人們將持有貨幣來儲藏財富。當債券的預期回報率高於貨幣的預期回報率時，人們僅持有債券。只有當人們認為貨幣和債券的預期回報率相同時（這種情況幾乎不可能出現），才同時持有兩種資產。因此，凱恩斯的分析實際上認為沒有人同時持有債券和貨幣的多樣化組合來儲藏財富。很明顯，多樣化對於選擇持有何種資產是一種很明智的策略，而這在凱恩斯的分析當中幾乎不會出現，這是其投機性貨幣需求理論的一個嚴重缺陷。

托賓發展了一個投機性貨幣需求模型，試圖避免凱恩斯分

---

① 這類預防性貨幣需求模型也表明，隨著未來交易水準不確定性的增加，預防性貨幣需求也會增加。原因在於，不確定性增加意味著，如果個人沒有持有預防性貨幣餘額的話，他們更可能支付交易成本。相對於前述的放棄的利息機會成本，持有這種餘額的收益增加了，故對它們的需求將會增加。

析所受到的批評①。他的基本觀點是，在確定持有的資產組合時，人們不僅關注一種資產相對於另一種資產的預期回報率，而且還會關注每種資產回報率的風險。具體說來，托賓假定大多數人都屬於風險厭惡型，即人們更願意持有風險較小、預期回報率較低的資產。貨幣的一個重要特點在於它的回報率是確定的，托賓假定它等於零。與貨幣相比，債券價格波動劇烈且回報率的風險很大，有時甚至為負。因此，即使債券的預期回報率超過貨幣的預期回報率，人們仍願意將貨幣作為儲藏財富的手段，因為貨幣回報率的風險較債券要小。托賓的分析還表明，通過同時持有債券和貨幣這一多樣化策略，人們可以降低所持有資產組合的總體風險水準。該模型認為，人們將同時持有債券和貨幣來儲藏財富。由於與凱恩斯的分析相比，這種分析對人們行為的描述更符合現實情況，所以托賓對投機性貨幣需求的推理似乎建立在更牢固的基礎上。

但是，托賓試圖改進凱恩斯的投機性貨幣需求理論的嘗試只取得了部分成功，它仍未明確指出投機性需求究竟是否存在。假如存在回報率較高，同時像貨幣那樣沒有風險的資產，將會發生什麼情況呢？還會引發對貨幣的投機性需求嗎？答案是否定的，因為持有這種資產比持有貨幣合算。由此形成的資產組合預期回報率增加，但風險卻沒有增加。那麼現實經濟中是否存在這種類型的資產呢？答案是肯定的。中國的國庫券及其他沒有違約風險的資產所提供的回報率確定，並且高於貨幣。那麼，為什麼人人都願意持有一部分貨幣餘額來儲藏財富呢（這裡暫不考慮交易和預防的因素）？雖然托賓的分析沒有解釋將貨幣作為儲藏財富手段的原因，但是對我們理解人們如何在資產之間進行選擇這一問題卻是一個重要的進展。實際上，由於他

---

① TOBIN J. Liquidity preference as behavior towards risk [J]. The review of economic studies, 1958, 25 (2): 65-86.

的分析考察了資產定價和組合選擇（購買某種資產而不購買其他資產的決策），所以是金融科學領域的重大進步。

總的來說，凱恩斯理論的進一步發展試圖對貨幣的交易、預防及投機需求做出更精確的闡釋。但是，改進凱恩斯理論中投機性貨幣需求推理的嘗試僅取得了部分成功，這種需求是否存在仍不清楚。不過，貨幣的交易需求和預防需求模型表明，貨幣需求的這兩個部分與利率負相關。所以，凱恩斯的貨幣需求對利率敏感這個命題仍然成立。這意味著，貨幣流通速度並非常數以及名義收入可能受貨幣數量之外的因素影響。

4. 弗里德曼的現代貨幣數量論

1956年，在那篇著名的《貨幣數量論：一種新的闡釋》的論文中，米爾頓·弗里德曼發展了貨幣需求理論。雖然弗里德曼經常提到歐文·費雪及其貨幣數量論，但實際上，他對貨幣需求的分析卻更加接近凱恩斯的觀點。

同前人一樣，弗里德曼繼續探索人們持有貨幣的原因。與凱恩斯不同的是，弗里德曼不再具體分析某種持幣動機，而是籠統地認為影響其他資產需求的因素也必定影響貨幣需求。然後，弗里德曼將資產需求理論應用到貨幣上來。

資產需求理論表明，貨幣需求應為個體擁有的資源（他們的財富）及其他資產相對於貨幣的預期回報率的函數。與凱恩斯一樣，弗里德曼認為人們有意願持有一定數量的實際貨幣餘額（用實際值表示的貨幣數量）。據此，弗里德曼將他的貨幣需求公式表述如下：

$$\frac{M^d}{P} = f(Y_p, \; r_b - r_m, \; r_e - r_m, \; \pi^e - r_m) \qquad 式（3.17）$$

式（3.17）中，$\frac{M^d}{P}$ 為對實際貨幣餘額的需求；Y_p 為弗里德曼計量財富的指標，稱為永久性收入（permanent income，理論上講，就是所有未來預期收入的折現值，但可以更簡單地稱為

預期平均長期收入）；r_m 為貨幣的預期回報率；r_b 為債券的預期回報率；r_e 為股票（普通股）的預期回報率；π^e 為預期通貨膨脹率。

公式（3.17）下邊的符號表示貨幣需求與符號上面對應的變量正向（+）或負向（-）相關①。下面將詳細考察弗里德曼貨幣需求方程式中的各個變量及其對貨幣需求的影響。

因為一種資產的需求同財富正向相關，所以貨幣需求也與弗里德曼的財富概念即永久性收入正向相關（由變量下面的正號表示）。與我們在通常意義上所說的收入概念不同，永久性收入（可以被看作預期平均長期收入）在短期內波動非常小，這是因為收入的許多變動是過渡性的（短期變動）。例如，在經濟週期的擴張階段，收入迅速增長，但因為這種增長中的某些部分是暫時性的，所以長期收入的平均值變動不大。故在經濟繁榮時期，永久性收入的增長比收入的增長小得多。在經濟衰退時期，收入減少中的許多部分也是暫時性的，所以長期收入的平均值（永久性收入）的減少比收入的減少要小得多。弗里德曼永久性收入的概念作為貨幣需求的一個決定性因素的意義在於，它表明了隨著經濟週期的波動，貨幣需求的變化不會太大。

除貨幣之外，人們還可以以其他很多種方式持有財富，弗里德曼將它們歸為三類資產：債券、股票（普通股）和商品。持有這些資產而非貨幣取決於這些資產相對於貨幣的預期回報率，即弗里德曼的需求函數中的最後三項。每項下面的負號表示如該項增加，則貨幣需求將下降。

---

① 在弗里德曼的貨幣需求公式裡，原本還有一項 h，用於代表人力財富與非人力財富之比。他的推理是：如果人們的永久性收入更多的是勞動力收入，即來自人力資本，則這些收入的流動性弱於人們從金融資產上獲得的收入。在這種情況下，他們可能希望持有較多的貨幣，因為與其他資產相比，貨幣資產的流動性最高。在弗里德曼的理論中，h 項並不起關鍵性的作用且對貨幣理論也沒有重要的影響，這就是我們在貨幣需求函數中忽略它的原因。

這三項中都有貨幣的預期回報率 r_m，它受兩個因素的影響：

①銀行對包括在貨幣供給中的存款所提供的服務，例如將過期的註銷支票作為收據交給存款人或自動支付帳單等。這些服務的增加，提高了持有貨幣的預期回報率。

②貨幣餘額的利息收入。包括在貨幣供給之內的 NOW 帳戶和其他存款，現在都支付利息。利息提高，則持有貨幣的預期回報率也會提高。

$(r_b - r_m)$ 和 $(r_e - r_m)$ 代表股票和債券相對於貨幣的預期回報率。它們提高，則貨幣相對的預期回報率減少，從而貨幣需求也降低。最後一項 $(\pi^e - r_m)$ 代表商品相對於貨幣的預期回報率。由於持有商品的預期回報率就是當商品價格上漲時的預期資本利得率，所以等於預期通貨膨脹率 π^e。例如，如果預期通貨膨脹率為 10%，則預期商品價格將按 10% 的速度上漲，從而商品的預期回報率為 10%，當 $(\pi^e - r_m)$ 上升時，商品相對於貨幣的預期回報率增加，貨幣需求下降。

5. 弗里德曼理論與凱恩斯理論的比較

弗里德曼與凱恩斯的貨幣需求理論存在許多差異。其中之一是，弗里德曼將許多資產視作貨幣的替代物，因此他認為對於整體經濟運行而言，具有重要意義的利率不止一種。而凱恩斯在他的理論中則將貨幣之外的其他金融資產一併歸為一類（債券），因為他認為這些資產的回報率通常一起波動。如果實際情況果真如此，債券的預期回報率就可以成為其他金融資產預期回報率的一個很好的指示器，在貨幣需求函數中也無須將它們分別列示。

與凱恩斯理論的另一個不同之處在於，弗里德曼將貨幣和商品視為替代品，即人們在決定持有多少貨幣時，會在兩者之間做出選擇。因此，弗里德曼將商品相對於貨幣的預期回報率作為他的貨幣需求函數中的一項。商品和貨幣互為替代品的假

設表明，貨幣數量的變動可能會對總支出產生直接的影響。

再者，在討論貨幣需求乘數時，弗里德曼強調了兩個問題，以將他的理論區別於凱恩斯的流動性偏好理論。第一，與凱恩斯不同，弗里德曼並不認為貨幣的預期回報率是一個常量。當利率上升時，銀行可從貸款中獲得更多的利潤，所以它們將設法吸收更多的存款，從而可以擴大會帶來更多利潤的貸款規模。如果不存在存款利率管制，銀行將會通過支付更高的利率來吸收存款。由於該行業是競爭性的，所以隨著債券和貸款利率的不斷上升，以銀行存款形式持有的貨幣的預期回報率就會隨之上升。銀行對存款的競爭一直持續到沒有超額利潤為止。這一過程縮小了貸款和存款之間的利差。銀行業這種競爭的最終結果是當利率上升時，$(r_b - r_m)$ 保持相對的穩定。

假設存在對銀行支付的存款利率的管制，那麼將出現什麼情況呢？貨幣的預期回報率會是常量嗎？當利率上升時，$(r_b - r_m)$ 也會上升嗎？弗里德曼認為不會。他認為，雖然銀行無法對存款支付更多的貨幣報酬，但它們仍然可以在質量方面互相競爭。例如，它們可以向儲戶提供更多的服務，包括配備更多的出納員、自動支付帳單、在更多可達範圍裡配備更多的自動提款機等。這些貨幣服務的改進使存款的預期回報率增加。所以雖然限制貨幣形式利息的支付，我們仍可以發現市場利率的上升將提高貨幣的預期回報率，並達到一定的增幅，此時 $(r_b - r_m)$ 保持相對的穩定。凱恩斯理論認為利率是決定貨幣需求的重要因素，與該理論不同的弗里德曼理論認為利率變動對貨幣需求幾乎沒有影響。

因此，從本質上說，弗里德曼的貨幣需求函數認為永久性收入是決定貨幣需求的主要因素，他的貨幣需求公式可以近似地表述為：

$$\frac{M^d}{P} = f(Y_p) \qquad \text{式 (3.18)}$$

在弗里德曼看來，貨幣需求對利率不敏感，並不是因為貨幣需求對其他資產相對於貨幣的持有動機的變動不敏感，而是因為利率的變動對貨幣需求函數中這些動機項影響甚微。因此，當利率的上升引起其他資產的預期回報率增加時，貨幣的預期回報率也將會相應地上升，因而二者抵消後，貨幣需求函數中各種動機項保持相對不變。

弗里德曼強調的第二個問題是貨幣需求函數的穩定性。與凱恩斯相反，弗里德曼認為貨幣需求的隨機波動很小，因而可以通過貨幣需求函數對貨幣需求做出準確的預測。將這一觀點與他的另一觀點即貨幣需求對利率變動不敏感結合起來，就意味著貨幣流通速度是完全可以預測的。將貨幣需求公式（3.18）中暗含的貨幣流通速度寫出來，我們便可以清楚看到這一點：

$$V = \frac{Y}{f(Y_p)} \qquad \text{式（3.19）}$$

因為 Y 和 Y_p 的關係通常是很容易預測的，所以穩定的貨幣需求函數（沒有發生明顯的位移，從而可以對貨幣需求做出準確預測）表明，貨幣流通速度也是可以預測的。如果我們能夠預測下一期的貨幣流通速度，就可以預測貨幣數量變動對總支出變動的影響。與貨幣數量論一樣，即使不再假定貨幣流通速度為常數，貨幣供給仍是決定名義收入的主要因素。所以，由於弗里德曼的貨幣需求理論得出了與貨幣數量論相同的關於貨幣對總支出重要性的結論，故弗里德曼的貨幣需求理論實際上是貨幣數量論的重新表述。

本節之前曾說明凱恩斯流動性偏好函數（在該函數中，利率是決定貨幣需求的一個重要因素）能夠解釋我們從數據中發現的貨幣流通速度的順週期變動現象。那麼弗里德曼的貨幣需求公式也能夠解釋流通速度的順週期現象嗎？

回答這一問題的關鍵點在於，貨幣需求函數中列示的是永久性收入而非統計上的收入。在經濟週期的擴張階段，永久性

的收入會發生什麼變化呢？由於大部分的收入增加都是暫時性的，所以永久性收入的增加比收入的增加小得多。這樣，弗里德曼的貨幣需求函數表明，相對於統計上的收入增加而言，貨幣需求的增加幅度很小，而且如式（3.19）所示，貨幣流通速度加快。與此類似，在經濟衰退時期，由於與收入的減少相比，永久性收入減少的幅度較小，所以貨幣需求的減少幅度比收入的減少幅度要小，貨幣流通速度降低。由此我們解釋了貨幣流通速度的順週期現象。

　　總的來說，弗里德曼的貨幣需求理論採用了與凱恩斯類似的方法，但對持有貨幣的動機未做深入的分析。相反，弗里德曼運用資產需求理論，說明貨幣需求是永久性收入和其他替代資產相對於貨幣的預期回報率的函數。弗里德曼的理論和凱恩斯的理論存在兩個主要差異。其中之一是弗里德曼認為利率的變動對其他資產相對於貨幣的預期回報率影響甚微。因此他認為貨幣需求對利率不敏感，這與凱恩斯相反。此外，與凱恩斯不同的是，他還強調，由於貨幣需求函數不會發生大幅度的位移，因而是穩定的。這兩個差異還表明，貨幣流通速度是可以預測的，所以貨幣是決定總支出的主要因素，從而得出了與貨幣數量論相同的結論。貨幣是總支出的主要決定因素的觀點，是貨幣主義（Monetarism）的基礎。貨幣理論認為貨幣供給是物價水準和總產出運動的主要來源。

6. 貨幣需求的實證分析

　　我們已經知道，對於貨幣在經濟中的作用，各種貨幣需求理論的結論可能大相徑庭。這些理論中哪一個對現實世界做出了準確的描述呢？這是一個重要的問題，也是關於貨幣需求的實證成為許多有關貨幣政策對總體經濟活動影響的爭論焦點的原因所在。此處考察了兩個基本問題的實證證據，這兩個問題區分了不同的貨幣需求理論，並影響了它們關於貨幣數量是不

是總支出的主要決定因素這一問題的結論：貨幣需求對利率變動是否敏感？在長期內貨幣需求函數是否穩定？①

（1）利率和貨幣需求

在本章前面的分析中可以看到，如果利率不影響貨幣需求，則貨幣流通速度更可能是一個常量，或至少是可預測的，因此數量論的總支出由貨幣數量決定的觀點很可能是正確的。但是，貨幣需求對利率越敏感，貨幣流通速度越不可預測，那麼貨幣供給和總支出之間的聯繫就越不明朗。實際上，貨幣需求對利率超敏感的極端情形，被稱作「流動性陷阱」，在這種狀況下貨幣政策對總支出不產生影響，原因在於貨幣供給的變化對利率沒有影響（如果貨幣需求對於利率超敏感，利率的細微變化將引起貨幣需求數量的非常巨大的變化。因此，在這種情況下，供給-需求圖中的貨幣需求是完全平坦的。所以，貨幣供給的變化，即貨幣供給曲線左移或者右移導致其與平坦的貨幣需求曲線始終在不變的利率水準上相交）。

不同的研究人員發現的貨幣需求對利率敏感性的證據相當一致。所得到的數據不支持任何一種極端情形：在名義利率沒有達到零水準時，貨幣需求對利率敏感，但幾乎沒有證據表明出現過「流動性陷阱」。然而，當利率下跌到零時，就無法再下跌了。在這種情況下，由於貨幣需求是完全平坦的，因而會出現「流動性陷阱」。事實上，日本近年來就出現了這種流動性陷阱，這也是日本貨幣政策難以刺激經濟的一個原因。

（2）貨幣需求穩定性

如果像凱恩斯認為的，公式（3.14）或者公式（3.17）這樣的貨幣需求函數不穩定且可能發生大幅度不可預測的變動，那麼貨幣流通速度就不可預測，而且貨幣數量就並不像現代貨

---

① 關於貨幣需求實證研究的更多資料可以登錄網站查看：www.myeconlab.com/mishkin。

幣數量論認為的那樣與總支出緊密相關。貨幣需求函數的穩定性對於貨幣當局是以利率還是貨幣供給作為貨幣政策的指標也非常關鍵。因此，考察貨幣需求函數是否穩定非常重要，因為這一問題對於如何進行貨幣政策操作具有重要的意義。

直到20世紀70年代初期，實證分析的結論是完全支持貨幣需求函數穩定性的。然而，1973年之後，金融創新的飛速發展改變了貨幣所包含的內容，所估計的貨幣需求函數表現出了極大的不穩定。貨幣需求函數近來的不穩定對我們的理論和實證分析的準確性提出了質疑。而且這種情況還對貨幣需求函數為政策制定者提供的指導作用提出了質疑，因此對於貨幣政策實施的方式也有著重要的意義。特別是，由於貨幣需求函數變得很不穩定，現在流通速度十分難以預測，為控制經濟總產出而制定嚴格的貨幣供給指標可能不是貨幣政策實施的有效途徑。

3.3.3 貨幣政策的傳導機制理論

貨幣政策傳導機制是指中央銀行利用各種貨幣政策工具，通過一系列的仲介目標或渠道對經濟運行施加影響，並最終導致總體經濟指標發生變化的過程。該理論經歷了古典主義、凱恩斯主義、新古典主義及新凱恩斯主義的理論演進，現已發展為一門非常複雜的經濟學科。在現實中，傳導渠道的選擇對貨幣政策的有效性起著重要的作用，因此關於貨幣政策傳導機制理論的研究主要將視角集中於傳導渠道的選擇問題上。實際上，貨幣政策傳導渠道問題一直就是貨幣政策傳導機制理論的重要內容和核心問題，受到學術界和實務界的廣泛關注。本節將對幾種主要的貨幣政策傳導渠道理論進行簡要回顧和分析。

1. 利率傳導機制

利率在凱恩斯主義的分析框架中佔有重要的地位。凱恩斯（Keynes）繼承了馬歇爾（Marshall）關於貨幣需求分析的合理

成分，將流動性偏好理論和就業、收入或產量決定理論聯繫起來，提出了貨幣政策經由利率及有效需求影響經濟活動的貨幣政策傳導機制理論。

在簡單的凱恩斯模型中，存在兩個部門（公共部門和私人部門），兩類資產（貨幣和政府債券）。金融市場上存在的唯一利率是債券利率，貨幣資產的需求對於其他資產收益都是完全無彈性的。這種貨幣傳導機制作用過程可以簡單描述為：

$M\uparrow \to r_b\downarrow \to I\uparrow \to Y\uparrow$

其中，M 為貨幣供給，r_b 為債券利率，I 為投資[①]，Y 為產出。

實際上，利率傳導渠道是傳統的凱恩斯 IS-LM 模型的核心內容，所謂 IS-LM，是投資儲蓄（Investment-Saving）和流動性及貨幣供給（Liquidity-Money）的首寫簡稱。希克斯（Hicks，1937）將貨幣和利率結合到一個分析框架中，建立了 IS-LM 模型[②]，首次研究了貨幣政策的作用過程，如圖 3-2 所示。

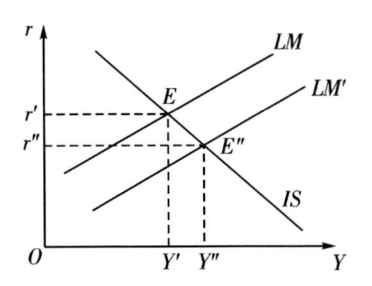

圖 3-2 IS-LM 模型的均衡分析

[①] 儘管凱恩斯本人最初認為這種傳導途徑主要是通過企業對於投資支出的決策來發揮作用的，然而，對新的貨幣政策傳導途徑的研究發現，消費者對住宅的支出以及耐用消費品支出（消費者對於汽車和冰箱等耐用品的支出）也屬於投資決策。因此該貨幣政策的利率傳導渠道也同樣適用於消費支出，所以 I 也反應了居民對住宅和耐用消費品的支出。

[②] HICKS J R. A suggested interpretation [J]. Econometrica: journal of the econometric society, 1937: 147-159.

IS-LM 模型對貨幣政策的傳導作用可簡述如下：在貨幣供應量 M 一定的情況下，貨幣市場均衡線 LM 曲線與產品市場均衡線 IS 曲線的交點 E 就是經濟的均衡點。當政府實施擴張的貨幣政策時，會使 LM 曲線向右移動，例如從 LM 移動到 LM'，利率會相應下降到 r''，利率的下降會促進投資增長，這將導致均衡產出從 Y' 增加到 Y''；當政府實施緊縮的貨幣政策時，會產生相反的效果，LM 曲線會向左移動，利率會上升，而由於利率的上升會抑制投資，投資下降後，均衡產出相應減少。

　　那麼，具體來說，首先假定中央銀行以短期利率作為貨幣政策工具，調整短期利率，長期利率也會隨之出現相應變化，投資人自然會對利率有所反應。凱恩斯也強調，影響消費支出和投資支出的是真實利率而非名義利率，對固定支出具有顯著性影響的是長期利率而非短期利率。而實際利率是名義利率經通貨膨脹率調整過後的利率水準，只要通貨預期與名義利率變動不一致，名義利率的調整必然影響實際利率，從而對投資產生影響。這表明即使名義利率降為零，貨幣政策仍然可能發揮效用。因此，政府實施緊縮貨幣政策，例如上調利率時，一般情形下會導致實際利率上升，此時企業的融資成本會增加，理性的經營者必然會降低投資支出，並最終使社會總產出減少，失業率可能增加，政府為保持經濟穩定，又會重新調整貨幣政策，將緊縮貨幣政策調整為寬鬆的貨幣政策，例如降低利率，從而形成一個完整的貨幣政策傳導機制。

　　利率傳導機制的重要特徵在於，它強調影響消費者和企業決策的是實際利率，而非名義利率。而且，對支出產生重要影響的是長期實際利率，而不是短期利率。中央銀行改變短期名義利率的行為是如何導致長期債券和短期債券的實際利率發生相應變動的呢？關鍵在於價格黏性的存在。所謂價格黏性（sticky price），是指一般物價水準調整非常緩慢，因此當利用擴

張性貨幣政策降低短期名義利率水準時，短期實際利率水準也會隨之降低。利率期限結構的預期假說認為，長期利率等於預期未來短期利率的平均值，因此，短期實際利率水準的降低就會導致長期實際利率水準的降低。實際利率水準的降低會導致企業固定資產、居民住宅投資、存貨投資和消費者耐用品支出的增加，而這一切又會導致總產出水準的提高。

由於影響支出的是實際利率而不是名義利率，因而即使在通貨緊縮時期，名義利率水準接近於零，貨幣政策依然會通過一定的途徑起到刺激經濟的作用。當名義利率水準接近於零時，承諾未來實施擴張性貨幣政策，會提高預期物價水準（$P^e \uparrow$）和預期通貨膨脹率（$\pi^e \uparrow$），因而會降低實際利率水準 [$i_r = (i-\pi^e) \downarrow$]，甚至當名義利率水準固定為零時，貨幣政策也可以通過下面的利率傳導途徑刺激支出：

$M \uparrow \to P^e \uparrow \to \pi^e \uparrow \to r_b \downarrow \to I \uparrow \to Y \uparrow$

這種傳導機制表明，即使貨幣當局已經將名義利率水準降至零，貨幣政策依然會起作用。實際上，貨幣主義學派正是利用這種傳導機制來解釋，為什麼在大蕭條時期美國經濟並沒有陷入流動性陷阱（如果陷入了流動性陷阱，貨幣供應量的增加就不能降低利率水準），以及如果當時採取擴張性貨幣政策，為什麼可以避免總產出水準急遽下降等問題。

斯坦福大學的約翰·泰勒等經濟學家堅持認為，有足夠的實證證據表明利率水準通過改變籌資成本對消費支出和投資支出產生了重要作用，因此他們認為利率傳導機制的作用是很強的。然而他們的觀點遭到以普林斯頓大學本·伯克南和紐約大學馬克·格特勒（Gertler）為代表的一批研究人員的反對，這些反對者認為並沒有足夠的實證證據表明利率水準是通過改變

籌資成本發揮作用的①②。實際上，這些研究人員認為貨幣政策傳統的利率傳導機制沒有通過實證檢驗，他們轉而研究貨幣政策的其他傳導機制。

這些其他的傳導機制可以分為兩類：一類是通過利率水準以外的其他資產價格起作用，另一類則是通過信息不對稱對信用市場的影響發揮作用（即所謂的信用途徑，credit view）。

2. 信貸傳導機制

利率傳導機制存在一個重要的假設是市場中僅存在貨幣和債券兩種資產，僅有唯一的債券利率，其他資產如銀行貸款和信貸可以被貨幣和債券完全替代。信貸傳導機制則強調債券和銀行貸款並非完全替代，並對銀行資產和負債進行不對稱處理。在信貸傳導機制中引入了信息不對稱，用來描述外部融資成本與內部融資成本之間存在差異，這個差異被稱為外部融資溢價。而貨幣政策往往既會影響利率變化，又會影響外部融資溢價，兩者共同作用對投資產生影響。貨幣政策的信貸傳導機制包括信貸渠道和資產負債表渠道兩種，下面分別做簡要闡述。

(1) 信貸渠道

信貸渠道包括兩種：信貸可得性渠道和信貸配給。

① 信貸可得性渠道

銀行信貸可得性渠道的理論主要形成於 20 世紀五六十年代，其主要代表人物有羅薩（Roosa）、卡萊肯（Karekenn）、林德伯格（Lindbeck）等。信貸可得性理論是從資金需求者可獲得信用的可能性或從資金供給者資金供給的可能性分析貨幣傳導機制。根據這種理論，貨幣市場特別是銀行貸款市場是不完善的，理論並非總是確定在使信貸市場出清的水準上，特別是在

---

① TAYLOR J B. The monetary transmission mechanism: an empirical framework [J]. The journal of economic perspectives, 1995, 9（4）: 11-26.

② BERNANKE B S, GERTLER M. Inside the black box: the credit channel of monetary policy transmission [R]. National bureau of economic research, 1995: 27-28.

實現利率管制的情況下尤為如此。信貸可得性理論特別強調金融機構的流動性問題。金融機構必須保持足夠的流動性，因而非常重視流動性狀態的變化，如果流動性狀態欠佳，金融機構將不得不調整期資產結構，增加其流動性，減少或停止其貸款供給，這樣將直接影響其信貸的可得性。而金融機構的流動性狀況受貨幣和利率變化的影響。當利率提高時，一方面會使銀行的融資成本上升，另一方面會使銀行持有流動性資產價值降低，意味著金融機構流動性降低，金融機構會相應地減少信貸的發放。

信貸可得性之所以能夠成為貨幣傳導機制，不僅因為貨幣和利率變動影響信貸可得性，而且還因為金融市場不能有效發揮作用，貸款利率是管制利率，不是由市場競爭決定的結果，因而貸款者不是根據利率標準選擇借款者，而是按利率外的其他標準如借款者的資產、財務狀況、經營能力和擔保情況等進行信貸配給。當然，該理論的出現受到一定的歷史因素的影響，主要是因為銀行無法輕易獲取其他資金來源來替代儲蓄存款。信貸可得性傳導機制中存在銀行信貸配給行為和銀行利潤最大化動機在形式上的矛盾，受到很多經濟學家的批評。20世紀70年代以來信息經濟學得到迅速發展，信貸配給行為得到了合理解釋，並發展了一些信貸傳導機制方面的新模型。

② 信貸渠道

Bernanke 和 Blinder（1988）[①] 提出的信貸傳導渠道實質上是一種狹義的信貸傳導渠道。他們認為，銀行之所以能夠在金融體系中發揮特殊作用，是因為銀行貸款融資對特定借款人特別是中小企業和個人是不可或缺的，因為它們不像大企業那樣具有其他可替代的融資渠道，只能依賴銀行貸款融資。Bernanke

---

① BERNANKE B S, BLINDER A S. Credit, money, and aggregate demand [J]. American economic review, 1988, 78（2）: 435-39.

和 Blinder（1988）從銀行貸款角度出發，對傳統的 IS-LM 模型進行了修正，即在原來的兩市場均衡基礎上擴展為信貸市場、貨幣市場和實物市場的三市場均衡。三市場同時達到均衡時的產出水準，即為均衡的產出水準。

第一個是信貸市場出清條件。模型中有三項資產：貨幣、債券和銀行貸款。假設借款者與貸款者依據利率水準在債券與貸款之間選擇。當貸款市場出清時，需滿足如下方程：

$$L^d(r_l, Y) = l^s(r_b, r_l) D(1-r) \qquad 式（3.20）$$

式（3.20）中左側 $L^d(r_l, Y)$ 表示貸款需求，它是貸款利率和產出的函數。r_l 是貸款的利率水準，r_b 是債券的收益率，$l^s(r_b, r_l)$ 表示貸款供給占銀行資產比例的函數，負債為存款 D，r 為法定存款準備金率。該式右側實質上是貸款供給，當兩者相等時信貸市場達到出清狀態。

第二個是貨幣市場出清條件。貨幣市場由傳統的 LM 曲線來描述，根據貨幣供應的理論模式，存款的供給（不考慮現金）等於銀行的儲備 R 乘以貨幣乘數。對於存款的需求則取決於交易動機，並受利率、收入和總財富的影響。貨幣市場出清條件為：

$$D(r_b, Y) = m(r_b) R^s \qquad 式（3.21）$$

式（3.21）中 $D(r_b, Y)$ 為存款需求，它是產出和債券利率的函數，$m(r_b)$ 表示貨幣乘數，R^s 表示銀行準備金。當市場達到均衡時，銀行的儲備需要等於由中央銀行決定的儲備供給，而支持貨幣供給的儲備供給等於非銀行部門因存款而發生的儲備供給。當存款需求與儲備供給相等時，貨幣市場達到出清狀態。

第三個是產品市場出清條件。用聯繫產出需求與貸款利率和債券利率的 IS 曲線來描述產品市場。

$$y = Y(r_b, r_l) \qquad 式（3.22）$$

貨幣政策的調整可以通過改變債券利率來影響總需求，而

政策變量 R^s 的變動還可以通過改變均衡的銀行貸款利率使 IS 曲線移動，於是就對產出具有直接影響：R^s 的上升使銀行得以增加存款，貸款供給量上升，進而使得 r_l 下降，總需求擴大。這不同於傳統 IS-LM 曲線所認為的 IS 曲線固定不動，僅是 LM 曲線移動，在新的均衡點上決定產出。

信貸渠道觀點揭示出貨幣政策對於規模較小的企業有著較大的影響，因為這些企業與大企業相比更加依賴於銀行貸款，而那些大企業還可以直接通過股票和債券市場進行融資（銀行貸款融資僅是融資渠道的一種）。儘管一些研究者已經證實了以上觀點，但是理論界對這些觀點還存在著許多爭議。這些爭議是有道理的，這是因為，至少在美國，這種通過銀行信貸的貨幣傳導機制的作用已經今不如昔（其實目前在中國，信貸渠道仍然是一種非常重要的貨幣傳導機制）[1]。第一個理由是，現在美國不對銀行的資金籌集能力進行管制，在 20 世紀 80 年代中期以前，定期存單需要滿足美聯儲的法定準備金要求，且受到《Q 條例》存款利率上限的約束，這使得在通貨緊縮時期，銀行很難及時補充銀行體系流失的存款。而當各種管制被取消後，銀行通過以市場利率發行定期存單，可以更加靈活地應付準備金的減少和零售存款的損失，而且不必繳納法定準備金。第二個理由是，在全世界範圍內，銀行傳統的貸款業務量開始下降，這也使得銀行貸款的傳導途徑的作用下降。然而，許多經濟學家認為銀行貸款途徑在美國經濟緩慢走出 1990—1991 年衰退的過程中起了很重要的作用。

（2）資產負債表渠道

和銀行貸款途徑一樣，資產負債表途徑也是由信用市場信

---

[1] RAMEY V. How important is the credit channel in the transmission of monetary policy? [C]//Carnegie-Rochester Conference Series on Public Policy. North-Holland, 1993, 39: 1-45.

息不對稱造成的。Bernanke 和 Gertler（1995）[①] 從貨幣供給對特定借款人資產負債狀況的影響進一步分析了信用傳導機制，這裡的資產負債表主要是指企業的資產負債表，但也不排除個人或家庭消費支出，尤其是耐用品和房地產。這種資產負債表渠道又被稱為廣義的信貸渠道，它是指貨幣政策通過影響企業資產負債表中的企業淨值（如權益價值）、現金流以及流動性資產等，從而影響借款人的資產負債狀況，而資產負債狀況又會影響其融資能力，進而影響企業的投資支出、居民的消費支出以及銀行的流動性資產狀況等。但是這種渠道並非是獨立於傳統貨幣傳導機制的渠道，而是增強了傳統利率效應的一系列因素，因此，從某種意義上講，資產負債表渠道實際是一種「強化機制」（Enhancement Mechanism）。

Bernanke 和 Gertler（1995）在對資產負債表渠道的分析中特別強調：當市場存在摩擦時，例如不完全信息及其所導致的成本較高的合同設計方案，我們可以觀察到外部融資與自有資金的機會成本之間存在一個差異，這稱之為「外部融資溢價」（External Finance Premium），反應出借貸雙方之間的委託代理問題。影響溢價的因素很多，包括貸款者的評估、審查和收集信息的成本。中央銀行的貨幣政策不但影響總體利率水準，還影響外部融資溢價，增強了貨幣政策的效應。

資產負債表渠道基於這樣的理論基礎：外部融資溢價取決於貸款者的財務狀況（流動資產和可轉讓的抵押資產數量，數量越多，該溢價越小），健康的財務狀況可實現自我融資或向銀行的借款負債提供更多的抵押品。由於借款者的財務狀況影響外部融資溢價進而影響其信用額度，那麼資產負債表質量的波動也會影響投資支出決策。實際上，貨幣政策的調整不僅會影

[①] BERNANKE B S, GERTLER M. Inside the black box: the credit channel of monetary policy transmission [J]. The journal of economic perspectives, 1995, 9 (4): 27-48.

響實際利率，還會直接或間接影響借款者的財務狀況。其中緊縮貨幣政策以兩種方式直接削弱借款者的資產負債表：①借款者如有短期或浮動利率的債務，則上升的利率減少了淨現金流入，而很多公司的資金來源嚴重依賴於銀行的短期融資；②上升的利率意味著資產價格的下降，它減少了借款者抵押品的價值。間接影響方式如下：緊縮的貨幣政策使得消費者的支出下降，公司的收入也相應下降，而各種固定或半固定的成本卻難以在短期內得到調整，產生了所謂的「融資缺口」（Financing Gap），指公司的資金支出大於收入而需要以融資來維持平衡的部分）。隨著時間的推移，這將會影響公司的淨值和信用程度。

因此，貨幣政策通過多種渠道影響企業的資產負債表，如擴張性貨幣政策會導致股票價格升高（$P_s\uparrow$），進而增加企業淨值，而企業淨值增加會減少逆向選擇和道德風險問題，又會刺激投資支出和總需求的增加。下面就是這種資產負債表的傳導機制：

$M\uparrow\to P_s\uparrow\to$企業淨值$\uparrow\to$逆向選擇$\downarrow$，道德風險$\downarrow\to$貸款$\uparrow\to I\uparrow\to Y\uparrow$

Mishkin（1995）[1] 從企業投資和個人消費兩個層面論述了中央銀行通過調整貨幣政策來影響其資產負債狀況的過程。對企業投資的影響主要通過權益價格和現金流兩個方面，寬鬆的貨幣政策可以提高企業的權益價格，增加企業的權益價值，企業的淨值也隨之增加，意味著企業擁有更多的抵押資產用於融資貸款，融資能力和渠道增強，企業會增加投資支出，整個社會的固定投資也會更加積極，從而提高宏觀經濟產出。寬鬆的貨幣政策也可以增加企業的現金流，從而降低融資過程的道德風險和逆向選擇，企業有更多的資金用於投資支出，並會使總

---

[1] MISHKIN F S. Symposium on the monetary transmission mechanism [J]. The journal of economic perspectives, 1995: 3-10.

體經濟產出增加。對於個人消費的影響，也存在兩個方面：消費信貸現金流和流動性效應。消費信貸現金流的限制體現在緊縮的貨幣政策減少了私人信貸額度，從而使得個人或家庭對耐用品和房地產的購置縮減，私人的資產負債表也缺乏現金流，導致消費不振，一段時間後整體經濟就會出現下滑。流動性效應體現在消費者的心理預期，當貨幣政策處於緊縮狀態時，消費者對自身在未來一定時期內的財務狀況擔憂，傾向於投資流動性較高的金融產品，而不願消費流動性較差的耐用品，從而導致實體經濟出現不同程度的下滑。

(3) 現金流渠道

還有一種資產負債表途徑是通過影響現金流發揮作用，所謂現金流是指現金收入與支出的差額。擴張性貨幣政策會降低名義利率水準，現金流會因此增加，從而改善企業的資產負債表。資產負債表之所以可以得到改善，是因為現金流提高了企業（或家庭）的流動性，貸款人可以更加容易瞭解企業（或家庭）能否履行償債義務，從而緩解逆向選擇和道德風險問題，進而使貸款總量增加，並刺激經濟活動。下面描述了這種資產負債表途徑：

$M\uparrow \to i\downarrow \to$ 企業現金流 $\uparrow \to$ 逆向選擇 $\downarrow$，道德風險 $\downarrow \to$ 貸款 $\uparrow \to I\uparrow \to Y\uparrow$

這種傳導機制的一個重要特點是，名義利率水準對現金流起著重要的作用。前面討論的傳統的利率傳導渠道則是實際利率水準對投資支出起重要作用，因此兩種利率傳導途徑是不同的。而且，在現金流途徑中，是短期利率水準而不是長期利率起著特殊的作用，因為對家庭和企業現金流影響最大的是短期債務的償付，而非長期債務。

降低利率的擴張性貨幣政策還會通過另外一種與逆向選擇問題有關的傳導機制，達到刺激總產出水準的目的。其中，信

用配給現象起著重要作用。如前面章節所述，當借款人即使願意支付更高的利率也無法借到所需要的款項時，就會出現信用配給現象。這是因為，投資項目風險最高的個人和企業，恰恰是那些願意支付高利率的借款人，因為一旦高風險項目成功，他們將是最大的受益人。因此，高利率加劇了逆向選擇問題，而低利率則有利於緩解逆向選擇問題。擴張性貨幣政策導致利率降低時，低風險偏好的借款人將占據貸款總量的更多部分，因此貸款人更樂於發放貸款，進而增加投資支出和提高總產出水準。

現在對信貸渠道進行簡要小結。信貸渠道是重要的貨幣政策傳導機制，主要有三個原因：第一，對單個企業行為的大量實證分析表明，信用市場的這類不完善的確會影響企業雇傭員工以及支出等方面的決策[1]。第二，有證據表明，小規模的企業比大企業更容易受到貨幣緊縮政策的影響，因為小企業更容易受到信貸約束[2]。第三個原因也是最有說服力的，信貸渠道的核心是不完善信用市場的信息不對稱，而信用市場的信息不對稱能夠很好地解釋許多重要現象，例如為什麼會存在這麼多的金融機構，為什麼我們的金融體系的結構是現在這個樣子，為什麼金融危機對經濟的破壞力這麼大。對一個理論最大的支持就是這個理論有著成功而廣泛的應用。從這個標準來說，不對稱信息理論是成功的，因而以不對稱信息理論為基礎的信貸渠道也應該是貨幣政策重要的傳導機制。

3. 其他資產價格渠道

本章前面已經討論過，貨幣主義學派對凱恩斯主義者有關貨幣政策對經濟影響的分析攻擊最多的是，凱恩斯主義者僅僅

---

[1] OLINER S D, RUDEBUSCH G D. Is there a broad credit channel for monetary policy? [J]. Economic review-federal reserve bank of san francisco, 1996 (1): 3.

[2] GERTLER M, GILCHRIST S. Monetary policy, business cycles and the behavior of small manufacturing firms [R]. National Bureau of Economic Research, 1991.

關注利率這一種資產價格，而忽略了其他眾多資產的價格。貨幣主義學派提出一種貨幣傳導機制，在這個傳導機制中，其他資產的相對價格水準和實際財富將貨幣政策的作用輻射到了經濟。除了債券價格外，其他兩種資產價格作為貨幣政策傳導途徑的作用受到了極大的關注：匯率和權益（即股票）的價格。

(1) 匯率傳導機制

世界範圍內經濟國際化趨勢的加強和浮動匯率制度的確定，使得貨幣政策如何影響匯率水準，並進一步對淨出口和總產出水準產生影響的問題，越來越引起人們的關注。在這個框架下，外匯被看作是資產的一種存在形式，而匯率成為外匯資產的價格表示，匯率的變動對調整國內經濟有著重要作用。這種傳導機制還包括利率水準的影響，國內實際利率水準的下降降低了國內本幣資產相對於外幣資產的吸引力。結果，本幣資產的價值相對於其他外幣資產價值下降，本幣貶值（$E\downarrow$）。國內貨幣價值下跌使得本國商品相對於外國同類商品更加便宜，因此會導致淨出口的增加（$NX\uparrow$），總產出水準也隨之增加（$Y\uparrow$）。可以將通過匯率發揮作用的貨幣政策傳導機制表述為：

$M\uparrow \to i\downarrow \to E\downarrow \to NX\uparrow \to Y\uparrow$

最近的研究顯示，這種匯率傳導機制在貨幣政策影響國內經濟的過程中發揮了重要作用[1][2]。但是，由於匯率影響宏觀經濟的機制是一個複雜的過程，關於匯率傳導機制的研究隱含在眾多相關理論中，如購買力平價理論、利率平價理論、IS-LM-BP 模型、奧伯斯特費爾德-羅戈夫的兩國模型、相關的金融市場理論和國際貿易理論等，可以說匯率傳導機制的研究是一項艱鉅複雜的工作。

---

[1] Evaluating policy regimes: new research in empirical macroeconomics [M]. Brookings Institution Press, 2010.

[2] TAYLOR J B. Macroeconomic policy in a world economy: from econometric design to practical operation [M]. New York: WW Norton, 1993.

（2）貨幣傳導機制

貨幣主義者對傳統的 IS-LM 分析框架提出了質疑，他們認為該模型僅僅關注利率和一種資產的價格是遠遠不夠的，實際上，中央銀行的貨幣政策調整不只是會帶來短期利率的變化，而是會導致本國和外國一系列資產的實際價格和預期價格發生變化。貨幣主義的領袖人物 M・弗里德曼（Friedman）關於貨幣的理論主要是一種貨幣需求理論，且貨幣主義者認為貨幣對經濟具有直接的效應。弗里德曼（1982）在《美國和英國的貨幣趨勢》一文中解釋了他的貨幣傳導機制觀點。

弗里德曼根據「資產組合均衡」的分析方法，假定私人部門的每個經濟單位都試圖保持一個在邊際收益上相等的資產組合。假設中央銀行通過購買債券使貨幣供給量增加，貨幣的邊際收益會下降，當低於其他資產收益時，公眾會通過購買各種非貨幣資產來減少現金總量。由於貨幣與其他資產具有直接的替代作用，增加的貨幣供給量一部分會直接形成消費需求，促使商品價格上漲，另一部分被用於購買金融資產，導致利率下降。對金融資產和實物資產的購買導致實物市場消費品和資本品生產擴大，最終是貨幣供求在更高的名義國民收入水準上重新恢復平衡。傳導機制過程可以描述為：

$M \rightarrow E \rightarrow (P, r) \rightarrow I \rightarrow Y$

其中，E 表示公眾支出，I 表示投資，M 為貨幣供給，Y 為總產出。弗里德曼認為這個傳導機制在短期內可能會對經濟起作用，主要是因為價格的適應性預期存在時滯並且勞動力市場上的工資合同來不及調整。

貨幣主義的布倫納（Brunner）和梅爾澤（Meltzer）認為，弗里德曼的建立在個人對貨幣變動做出反應基礎上的傳導機制忽略了利率、財政變量及證券存量變動的短期效應，因此其貨幣理論不能同相關經驗研究結果相吻合。他們提出了一個不同

的傳導機制，強調財產問題及其相對價格的變動。

　　布倫納和梅爾澤把經濟分為四個市場：產品市場、證券市場、實物資本市場和貨幣市場。四個市場中第一個市場的變量是流量，其他三個市場是存量。四個市場中只有三種自身決定的價格：產品市場價格、資本品市場價格和證券市場上的利率價格。這些價格由其本身市場及其各自相關市場的供給和需求決定，相對價格的變動使所有市場資產的供給和需求相等，從而使得經濟達到完全均衡狀態。他們將貨幣傳導機制過程分為存量調整和流量效應兩個階段。在存量調整階段，貨幣市場、證券市場和資本品市場上的總資產存量不會改變，改變的只是它們各自的相對數量和相對價格。貨幣數量的增加、證券數量的減少使得市場利率降低，資本品存量價格上升。進入流量效應階段，財富或資產調整形成的相對價格效應使得人們對商品和服務流量的支出增加，這會產生一個直接的擴張效應和相繼的乘數效應。但貨幣量變動是否構成實際經濟的增長，關鍵就看擴張效應和乘數效應所產生的名義收入增加的內涵。同弗里德曼一樣，布倫納和梅爾澤也認為，在短期內貨幣量變動可能會對實際產出有影響，但長期來看，貨幣量的變化只會引起物價水準變動。

　　從實質上看，貨幣傳導機制的理論基礎是托賓 Q 理論 (Tobin, 1969)。所謂托賓 Q 理論，是指公司的市場價格與資本重置成本的比率，市場價格一般用其權益價值（上市公司一般用其股市中的股票價值衡量）與負債帳面價值之和衡量，重置成本一般指資產的帳面價值。當 q 較高時，表示公司市場價值高於重置成本，此時公司有動機擴大權益資本，增加投資，購買廠房、設備等資產以擴大再生產；當 q 較低時，表示公司市場價值低於重置成本，此時公司傾向於售出股票以獲取資金，而不

可能繼續投資購買更多的資產。貨幣政策的調整往往會影響公司的 q 值，例如緊縮的貨幣政策往往會降低公司的權益價值，導致 q 值下降，從而使公司縮減投資；相反，擴張的貨幣政策則會提高公司的權益價值，導致 q 值上升，並使公司增加投資，並最終影響總體經濟產出。托賓 Q 理論為美國大蕭條時期投資支出的極度低迷提供了一個很好的解釋。當時，股票價格暴跌，到 1933 年，股票總市值只有 1929 年的 1/10，q 值也達到前所未有的最低點。

米什金（Mishkin）指出，這一討論的難點在於托賓的 q 和投資支出之間的關係，即可能的貨幣政策是如何影響股本價格的。根據貨幣主義理論，當貨幣供給上升，人們發現超過其貨幣需求，從而增加開支而減少手持貨幣。同時人們也將會增加在股票市場的開支，對股票的需求增加而相應使股票價格（P_s）上升[1]。凱恩斯主義存在類似的結論：擴張性的貨幣政策減少了債券相對股票的吸引力，而導致利率下降。綜合這些觀點可得到下面的傳導機制[2]：

$M\uparrow \to P_s \to q\uparrow \to I\uparrow \to Y\uparrow$

（3）財富傳導機制

貨幣變動引起財富價格變動，從而影響人們的消費、支出流量和就業行為等，並進一步影響產出。財富在這種傳導機制

---

[1] 參見 TOBIN J. A general equilibrium approach to monetary theory [J]. Journal of money, credit and banking, 1969, 1 (1): 15-29. 另外一種更具有凱恩斯色彩的理論也能得到同樣的結果：貨幣供應的增加會使債券的利率降低，以致作為股票替代品的債券的收益率降低。這使得股票與債券相比更具有吸引力，所以對股票的需求增加，股票的價格上升，從而使股票的收益率下降。

[2] 考察股票價格與投資支出關係的另一種方式是：股票價格的上升使其收益率下降，從而降低了通過發行股票來籌資的成本。這種考察股票價格與投資支出之間關係的方式，與托賓 Q 理論是一致的。可以參見 BOSWORTH B, HYMANS S, MODIGLIANI F. The stock market and the economy [J]. Brookings papers on economic activity, 1975 (2): 257-300.

中所起的作用就是財富傳導機制。財富傳導機制與廣義信貸渠道傳導機制有相同之處,都是通過貨幣政策的利率調整來影響財富價值,但廣義信貸渠道強調銀行與企業的信貸關係,而財富傳導機制則更加注重利率與企業和家庭個人的直接關係。因此,雖然兩種機制存在內容上的交叉,但內在作用機理卻存在較大差異。

貨幣變動不僅對財富有直接效應,而且會產生間接效應。貨幣供給變動引起資產價格的變動,從而影響財富持有者的資產的市場價值。阿貝爾(Abel, 1990)認為,當人們持有債券時,利率的變化會影響人們的收入流,從而影響人們的財富折現值,消費也就相應變化。莫迪利安尼(Modigliani, 1954)的生命週期模型認為消費支出取決於生命週期內的人力資本收入和淨財富,因為收入或淨財富的變化會影響人們的收入預期,進而影響人們的消費。到了1971年,莫迪利安尼認為消費支出取決於消費者生命週期內的財富資源即總財富,這種財富由實際資本、金融財富和人力資本構成。金融財富主要由普通股票構成,而股票價格直接受貨幣變動的影響。當貨幣變動時,金融財富相對於總財富會相應發生變動,如股票價格升高時,消費者的金融財富就會增加,因此消費者一生中可以利用的資源增加,消費也隨之增加。這裡所謂的消費指的是消費者對非耐用消費品和服務的支出,它不包括對耐用品的支出,因而與消費支出不同①。莫迪利安尼理論的基本前提是,消費者在一生中平均安排其消費支出。因此,決定消費的是消費者一生中可利用的資源,而不是今天的收入。從上面的分析可以看到,擴張性貨幣政策會導致股票價格的升高,由此,我們可以得到貨幣

---

① 消費中也包括另外一個很小的部分,即消費者從房屋和耐用消費品的所有權上得到的服務。

政策另外的傳導機制①：

$M\uparrow \to P_s\uparrow \to W\uparrow \to C\uparrow \to Y\uparrow$。

其中 M 為貨幣供應量，P_s 為股票等證券價格，W 為財富，C 為消費，Y 為產出。貨幣變動不僅直接影響支出流量，而且會通過其他市場影響實際經濟變量。一方面人們持有的貨幣餘額的增加會由於財富效應而增加其對各種生息資產的需求，另一方面也可能影響資產的供給。可見，貨幣變動的財富效應會通過不同的市場影響經濟。

此外，對於財富傳導機制的理解不應僅僅拘泥於利率對財富值的改變，還要考慮一個重要的方面就是消費者心理因素的影響。例如，當貨幣政策緊縮時，雖然加息會降低消費者的財富價值，但只要經濟的基本面是積極的，消費者對未來的經濟態勢也報著樂觀的態度，此時可能並不會出現明顯的消費縮減，對實體經濟可能也並不會造成實質性影響。相反，當政府採用擴張的貨幣政策用以刺激經濟復甦時，即使降息會增加居民財富，但消費者仍然可能謹慎消費，持幣觀望，使得短期內的實體經濟難以迅速恢復。2008年世界金融危機背景下，很多國家雖然多次降息，採取積極的宏觀貨幣政策試圖迅速恢復經濟，但均無顯著效應。其原因不僅僅是信貸緊縮導致，消費者對經濟的信心和預期也起著重要作用。

財富效應和托賓 Q 理論考慮的是一般意義的權益，因此，它們還適用於住宅市場，在這裡住宅是一種權益。住宅價格的升高會提高住宅價格與重置成本之比，導致住宅的 q 值升高，從而刺激住宅的生產。同樣，由於住宅和土地價格也是財富的重要組成部分，住宅價格的升高也會增加財富，刺激消費者進行

---

① 莫迪利安尼發現的這個聯繫是一種非常強大的貨幣政策傳導機制，大大增強了我們對貨幣政策效果的瞭解。可參見 MODIGLIANI F. Monetary policy and consumption [J]. Consumer spending and monetary policy: the linkages (Boston: Federal Reserve Bank), 1971: 9-84.

消費。擴張性貨幣政策會通過上述 q 值和財富機制提供土地與住宅價格，最終導致總需求的增加。

3.3.4 貨幣政策的傳導機制的實證分析

1. 評估實證分析的框架

為了更好地構建評估實證分析的框架，我們必須認識到，在經濟學和其他學科中，有兩種基本類型的實證分析模式：一種是結構模型實證分析（structural model evidence），它是指先利用數據建立一個模型，這個模型能解釋一個變量通過什麼途徑去影響另一個變量，從而揭示前者是否對後者有影響；另一種則是簡化形式實證分析（reduced-form evidence），它是指通過直接觀察兩個變量之間的關係，來說明其中一個變量是否對另一個變量有影響。我們對待實證分析的不同態度（即利用上述哪一種實證分析模式）會產生不同的結論。這一點在有關貨幣政策對於經濟波動重要性的爭論中有著充分的體現。

（1）結構模型實證分析

貨幣供給量如何影響經濟活動的途徑被稱為貨幣政策的傳導機制，研究這種傳導機制的方法通常是通過建立一個結構模型來考察貨幣供給變動對經濟活動的影響。該模型通過一系列等式來描述在不同經濟部門中企業和消費者的行為，進而解釋經濟的運行。這些等式反應了貨幣政策或財政政策影響總產出水準和支出水準的途徑。結構模型包括描述貨幣政策運行機制的行為等式，可以用圖 3-3 來表示：

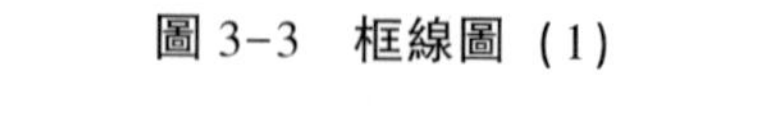

$$M \longrightarrow \boxed{i \longrightarrow I} \longrightarrow Y$$

圖 3-3　框線圖（1）

這個模型所說明的貨幣政策傳導機制如下：貨幣供應量 M 的變動影響利率水準 i，進而影響投資支出 I，而投資支出又會

影響總產出或總支出水準 Y。結構模型實證分析考察特定的貨幣影響途徑（例如利率和投資支出之間的關係），從而揭示貨幣供給量 M 和總產出 Y 之間的關係。

(2) 簡化形式實證分析

總需求的數量論方法沒有描述貨幣供應量對總支出的影響方式，而是通過觀察 Y 的運動是否與 M 的運動之間存在著密切的相關關係（高度相關），來分析貨幣對經濟的影響。在利用簡化形式的實證分析來分析 M 對 Y 的影響時，認為經濟活動就是一個看不透的黑箱。圖 3-4 代表了簡化形式實證分析的方法，其中，經濟活動被畫成一個黑箱，包含一個問號：

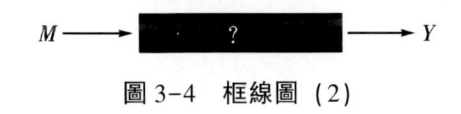

$M \longrightarrow$ [?] $\longrightarrow Y$

圖 3-4　框線圖（2）

(3) 兩種實證分析模型的優缺點

① 結構模型實證分析的優缺點

結構模型實證分析的優點：

第一，由於我們可以獨立地評估每一種傳導機制，看它是否符合實際情況，所以在貨幣是否對經濟有重要影響的問題上，我們能夠獲得更多的實證數據。例如，如果我們發現貨幣政策對於經濟有重要的影響，我們就會更加肯定地得出結論：貨幣政策的改變的確能夠導致經濟活動的變化。也就是說，我們對於 M 和 Y 這兩者之間的因果關係將有著更加準確的把握。

第二，瞭解了貨幣政策的改變如何對經濟活動產生影響之後，我們可以更加精確地預測貨幣供應量 M 對於 Y 的作用。例如，我們會發現在利率水準較低的情況下，貨幣供應量的擴張對經濟活動的作用並不明顯。而如果利率較高時，我們就可以預測，貨幣供應量的擴張對 Y 的影響要超過其他情況。

第三，通過瞭解經濟的具體運行過程，我們可以更加準確

地預測經濟社會的制度變遷對於 M 與 Y 之間聯繫的影響。例如，1980 年以前，由於美國的《Q 條例》限制了金融機構對儲蓄存款所能支付的利息，因此一般的消費者在利率水準升高時不會從儲蓄存款中得到更多的收益。然而在《Q 條例》取消之後，一般的消費者則可以從利率水準的升高中得到更多的儲蓄收益。如果我們理解了儲蓄存款收益對消費支出的影響，我們就可以證明，現在與 1980 年之前相比，影響利率水準的貨幣政策的變動對經濟活動有著不同的影響。特別是，由於金融創新的迅速發展，能夠預測制度變遷對 M 和 Y 之間關係的影響的優勢比過去更為明顯。

結構模型分析方法的這三個優勢說明，如果我們知道正確的結構模型，那麼這種方法要優於簡化形式的分析方法。也就是說，只有在我們對所有的傳導機制都非常瞭解的前提下，結構模型實證分析方法才具有結構模型的優點。這個前提條件是非常嚴格的，如果我們的模型遺漏了一個或兩個貨幣政策的傳導機制，就會在貨幣供應量對總產出水準影響這個問題上做出錯誤的判斷。

結構模型實證分析的缺點：

結構模型可能會忽略一個最重要的貨幣政策傳導機制。例如，如果最重要的貨幣政策傳導機制是消費支出，而非投資支出，那麼結構模型（例如先前已經提到的 $M\uparrow \rightarrow i\downarrow \rightarrow I\uparrow \rightarrow Y\uparrow$）主要強調投資支出在貨幣政策傳導機制中的作用，就有可能低估貨幣供應量對經濟活動的重要性。

② 簡化模型實證分析的優缺點

簡化模型實證分析的優點：

與結構模型實證分析方法相比，簡化形式的實證分析方法最主要的優點在於，它並沒有限定貨幣政策對經濟活動的影響途徑。如果我們對於是否瞭解全部的貨幣政策傳導機制沒有把

握，那麼我們就可以直接觀察 Y 的運動與 M 的運動之間是否存在著高度相關關係，以瞭解 M 對於 Y 的全部影響。

然而，簡化形式的實證分析最突出的優點在於，即使在事實並非如此的情況下，它也可能錯誤地得出貨幣供應量 M 變化導致總產出水準 Y 變化這一結論。一個可以適用於所有學科（包括經濟學）的基本原則是，兩者存在相關關係並不代表兩者之間必然存在因果關係。如果一個變量的變動與另一個變量有相關關係，並不能就因此判斷前者是後者的原因。

簡化模型實證分析的缺點：

當我們考察貨幣與總產出或總支出之間的關係的時候，可能會出現因果顛倒的問題。例如，在實施貨幣政策時，當貨幣當局以利率水準作為貨幣政策指標時，更高的產出水準會導致更多的貨幣供應量。如果 M 和 Y 之間的大部分相關關係是由於貨幣當局採用了利率指標，那麼通過控制貨幣供應量並不能達到控制總產出水準的目的，因為實際上是總產出水準 Y 的變動導致了貨幣供應量 M 隨之變動，而不是後者導致前者變化。

有關相關關係與因果關係的另一個問題是，是否存在一個未知的外部因素推動兩個變量同時運動。例如，飲用咖啡與心臟病之間存在著一定的相關關係，可能並不是因為咖啡會導致心臟病，而是因為飲用咖啡者通常是那些生活壓力很大的人，而壓力大才是誘發心臟病的罪魁禍首。僅僅阻止人們飲用咖啡不會降低心臟病的發病率。同樣，如果存在未知的外部因素導致貨幣供應量 M 與總產出水準 Y 同時變化，僅靠控制貨幣供應量 M 並不會使總產出水準 Y 得到改善。

③ 結論

很難判斷結構模型實證分析與簡化形式實證分析之間到底孰優孰劣。結構模型方法能夠解釋經濟是如何運行的。如果模型是正確的，它既能幫助我們更加精確地預測貨幣政策的影響，

又能幫助我們瞭解在制度變遷條件下貨幣政策的作用，還能幫助我們更加準確地理解貨幣供應量與總產出水準之間因果關係的方向。但如果忽略了重要的傳導機制，結構模型自然不正確，則會把我們的分析引向錯誤的方向。

簡化形式方法不拘泥於貨幣政策影響經濟的途徑，更容易把握 M 對 Y 的全部影響。然而，簡化形式實證分析不能排除產出變動導致貨幣供應量變化的情況下因果顛倒的可能性，或是外部因素推動貨幣供應量和產出水準同時變動的可能性。貨幣和產出的高度相關關係可能會起到誤導作用，因為控制貨幣供應量無助於控制總產出水準。

2. 貨幣政策對經濟波動的實證分析回顧

在瞭解了實證分析的評估框架後，就可以利用它從實證角度分析有關貨幣政策對經濟波動的作用和影響了。

貨幣政策對經濟活動具有怎樣的重要性呢？圍繞這一問題的爭論已經進行了七十多年。現在，我們可以利用結構模型和簡化形式探討實證分析的優劣勢，來討論這個爭議已久的問題。弗里德曼的追隨者被稱為貨幣主義者，他們運用簡化形式實證分析，發現貨幣供應量的變動會對經濟波動產生十分重要的影響。而凱恩斯的早期追隨者被稱為凱恩斯主義者，他們使用結構模型實證分析，該模型方法的基礎就是總需求決定的要素法，得出的結論是貨幣政策可能沒有那麼重要。以下就對貨幣主義者和凱恩斯主義者用於分析貨幣政策重要性的實證證據進行簡要的回顧和評價。

（1）凱恩斯主義者早期對貨幣重要性的實證研究

儘管凱恩斯本人早在 1936 年就發表了他的關於宏觀經濟運行的理論，但是直到 20 世紀 50 年代和 60 年代初，絕大多數經濟學家才開始全面接受他的理論，凱恩斯主義也在那個時期達到了巔峰。儘管今天的凱恩斯主義者認為貨幣政策對於經濟有

著重要的影響，但在 20 世紀 50 年代和 60 年代初，早期的凱恩斯主義者相信，貨幣政策對總產出水準乃至經濟週期沒有任何作用。他們之所以會認為貨幣政策對於經濟活動是無效的，是基於以下三個方面的結構模型實證分析。

第一，在大蕭條時期，美國國庫券的利率降至極低的水準，例如，3 個月期國庫券利率已經降低到 1%之下。早期的凱恩斯主義者認為貨幣政策只能通過影響名義利率水準對總需求產生影響，因為名義利率水準的改變會影響投資支出。他們還相信，大蕭條時期的低利率說明當時的貨幣政策是寬鬆的（擴張性），因此會刺激投資支出，這一時期的貨幣政策也不會有緊縮效應。當他們發現貨幣政策無法解釋美國有史以來最嚴重的經濟緊縮時，就得出結論：貨幣供應量的改變對總產出水準沒有任何影響，換句話說，貨幣並不重要。

第二，早期的實證研究發現名義利率水準的變動與投資支出之間並無關聯。因為早期的凱恩斯主義者將這種關聯看作貨幣供應量影響總需求的途徑，於是，弱關聯的發現表明貨幣供應量對於總產出水準不起作用。

第三，對於工商界人士的調查表明，他們在制定實物資本的新的投資決策時，幾乎不會受到市場利率水準的影響。這再次證明了利率水準與投資支出之間只存在弱相關性，證實了貨幣不重要的結論。對實證數據的這種解釋導致了大多數經濟學家不重視貨幣政策，這種情況一直持續到 20 世紀 60 年代中期。

（2）對早期凱恩斯主義者實證分析的反駁

儘管在 20 世紀 50 年代和 60 年代凱恩斯主義經濟學占據了主流地位，但以弗里德曼為首的美國芝加哥大學的一批經濟學家卻提出了一種當時並不流行的觀點，他們認為貨幣對總需求有著重要的影響。弗里德曼和他的追隨者們（後來被稱為貨幣主義者）反對早期凱恩斯主義者對實證數據的解釋，因為他們

認為早期凱恩斯主義者所利用的結構模型本身有著嚴重的缺陷。前面已經指出，只有當結構模型是正確的時候，在此基礎上的實證分析才有意義，因此，貨幣主義學派的批評需要引起足夠的重視。

1963年，弗里德曼與施瓦茨（Schwartz，當時美國國內經濟研究局的研究員）合著的經典著作《美國貨幣史》問世。在這本書中，他們提出了對早期凱恩斯學派的反駁。他們認為，大蕭條時期的貨幣政策並不寬鬆，相反，大蕭條時期的貨幣政策緊縮程度超過了以往任何時候[1]。弗里德曼和施瓦茨指出，在大蕭條時期，大量銀行倒閉，引發了美國歷史上最為嚴重的貨幣供給量收縮，因此貨幣政策可以解釋美國歷史上最嚴重的經濟收縮，從而大蕭條時期發生的情況不能成為貨幣政策無效的證據。

凱恩斯主義者可能會用大蕭條時期的低利率作為論據來反駁弗里德曼和施瓦茨的觀點，但是，大蕭條時期的利率水準真的很低嗎？實際情況是，儘管大蕭條時期美國國債和高信用級別的的企業債券利率很低，但當時低信用級別的企業債券（Baa級企業債券）的利率水準卻在最嚴重的經濟收縮階段（1930—1933年）達到了歷史的最高點。如果從這個標準來說，利率水準很高，貨幣政策是緊縮的。

這裡面蘊含著一個道理，儘管絕大多數的宏觀經濟分析會假定只有唯一的利率，但是在現實中存在著許多利率，而且這些利率反應的內容大不相同。在正常時期，絕大多數利率的變化是相繼發生的，因此把它們看作一個利率，並且僅考察一個具有代表性的利率不會產生誤導作用，但事實並非總是如此。在一些非常時期（例如大蕭條時期），不同證券利率的差別可能

---

[1] FRIEDMAN M, SCHWARTZ A J. A monetary history of the United States, 1867—1960 [M]. New Jersey: Princeton University Press, 2008.

會很大。在這種情況下，僅僅分析美國國庫券或者其他低風險債券利率的結構模型（即早期凱恩斯主義者採用的方法）就是錯誤的。

早期的凱恩斯主義者誤認為大蕭條時期貨幣政策是寬鬆的另一個原因（或許是更重要的原因）是，他們把目光集中在了名義利率水準上。在通貨緊縮時期，由於物價水準降低，較低的名義利率水準並不代表真實的借款成本也低，也不能說明貨幣政策是寬鬆的。事實上借款成本可能會非常高昂。例如，如果公眾預期物價水準以 10% 的速度降低，那麼，即使名義利率為零，真實借款成本也會高達 10%[①]。大蕭條時期的情況正是如此，在 1931—1933 年的緊縮階段，美國國庫券的實際利率比隨後的 40 年都要高[②]。因此，實際利率的情況反駁了早期凱恩斯主義者的觀點，證明在大蕭條時期，美國的貨幣政策並不寬鬆。由於貨幣政策在大蕭條時期的作用不容否定，許多經濟學家開始重新考慮貨幣政策重要與否的問題。

正如前面所提到的，早期凱恩斯主義者認為，名義利率與投資支出的關聯關係十分不明顯，因此貨幣政策不能影響投資支出。貨幣主義者對這個論點提出了異議，他們指出名義利率與投資支出之間弱關聯關係不能排除實際利率與投資支出之間的強關聯關係。美國大蕭條時期的數據表明，無論是大蕭條時期還是此後的其他時間內，用名義利率作為實際利率的「指示

---

① 在這種情況下，實際利率等於名義利率（零）減去預期通貨膨脹率-10%，因此實際利率等於 0-(-10%) = 10%。

② 20 世紀 80 年代，實際利率上升到相當高的水準，與大蕭條時期相差無幾。很多學者試圖對這一現象做出解釋，有些人認為這一時期的貨幣政策是高利率的原因。可以參見 BLANCHARD O J, SUMMERS L H, BLINDER A S, et al. Perspectives on high world real interest rates [J]. Brookings papers on economic activity, 1984, 1984 (2): 273-334; HUIZINGA J, MISHKIN F S. Monetary policy regime shifts and the unusual behavior of real interest rates [C] //Carnegie-Rochester Conference Series on Public Policy. Elsevier, 1986, 24 (1): 231-274.

器」總是具有誤導作用的。由於實際利率更能夠反應真實的借款成本,因此與名義利率相比,實際利率與投資決策之間的關係更為密切。所以,早期凱恩斯主義者提出的兩個名義利率對投資支出不起作用的論據,不能證明貨幣供應量的改變對投資支出乃至總需求水準不起作用。另外,貨幣主義者還認為,利率水準對投資支出的影響僅僅是貨幣政策影響總需求的眾多途徑之一。即使如早期的凱恩斯主義者所說的那樣,利率水準對於投資支出的作用很小,貨幣政策依然有可能對總需求產生重要的影響。

(3) 早期貨幣主義學派對於貨幣重要性的實證分析

20世紀60年代初期,弗里德曼和他的追隨者們公布了一系列基於簡化形式實證分析的研究結果,這些結果都表明貨幣對於經濟活動有著重要的作用。通常來說,簡化形式實證分析可以分為三類:① 時序實證(timing evidence),它考察一個變量的變動在時間上是否總是在另一個變量發生變動之後;② 統計實證(statistical evidence),它利用統計方法分析兩個變量之間是否存在相關關係;③ 歷史實證(historical evidence),它考察在特定的歷史時期中,一個變量的變動是否會導致另一個變量的變動。現在就簡要介紹貨幣主義學派是如何利用這三種簡化形式實證分析方法來論證貨幣的重要性的。

① 時序實證

貨幣主義學派對時間序列的實證分析說明了貨幣供應量增長率與經濟週期之間的聯繫。弗里德曼和施瓦茨於1963年在一篇聞名於世的論文中最早提出了有關上述聯繫的論據[1]。弗里德曼和施瓦茨對近一個世紀的每一個經濟週期進行了研究,他們發現貨幣供應量增長率的逆轉總是發生在總產出水準下降之前。

---

① FRIEDMAN M, SCHWARTZ A J. Money and business cycles [J]. The review of economics and statistics, 1963: 32-64.

平均來說，貨幣供應量增長率的最高水準總是出現在總產出最高水準出現的 16 個月之前。然而，這兩個變量峰值之間的時間差距是不穩定的，短至幾個月，而最長則會達到兩年。通過實證分析，弗里德曼和施瓦茨得到的結論是，貨幣供應量的增長導致了經濟週期的波動，但是貨幣供應量增長對經濟週期的作用具有「很長且不固定的時滯」。

時序實證基於這樣的邏輯和原理：如果 B 事件在 A 事件發生之後發生，那麼一定是 A 事件導致了 B 事件發生。這被稱為前者為因，後者為果。但是只有我們確認 A 事件屬於外生事件，上述的邏輯基礎才能成立。也就是說，引起 A 事件發生的行為是獨立的，該行為既不是由 B 事件所導致的，也不是由某個可能導致 A、B 事件共同發生的外部因素所引起的。如果 A 事件是外生的，那麼我們就可以很肯定地說，A 事件是隨後出現的 B 事件發生的原因。

某些受控制的物理或化學實驗就是外生性事件的典型例子。例如，給物體一個外部衝擊力，它就沿光滑的跑道勻速運動。此處外部衝擊力是因，物體勻速運動是果，前後的因果關係非常明確。遺憾的是，經濟學不可能像物理學或化學這樣的「硬科學」一樣精確。通常，我們不能肯定一個經濟事件（例如貨幣供應量的增長）是否屬於外生性事件，也就是說，無法確定它發生的原因是某一外部因素，還是假設中的它所導致的事件。因而，當一個事件（例如總產出水準的下降）總是在另一事件（貨幣供應量增長率的下降）之後發生，我們不能斷定是先發生的事件導致了後來事件的發生。時序實證顯然具有簡化形式實證分析的性質，因為它直接考察了兩個變量之間的關係。貨幣供應量增長的變化可能導致總產出水準的變化，或者這兩個變量的變化都是由外部因素引起的。

因為時序實證分析具有簡化形式實證分析的性質，所以也

會存在因果顛倒的可能，即產出增長導致貨幣增加。當貨幣增長率變化領先於產出變化時，這種因果顛倒的事件為何還會發生呢？發生這種可能的原因肯定不止一個，此處僅舉一例來說明①，圖3-5完整呈現了該例子②。

　　假設經濟體的經濟週期長度穩定，如圖3-5（a）所示，每個週期的時間長度為4年（從峰頂到峰頂）。假定在我們假想的經濟體中，存在著產出和貨幣供應量之間因果顛倒的現象，因此貨幣供應量的變動和產出之間具有完全相關關係。也就是說，貨幣供應量M和產出Y同時上升或下降。結果就是貨幣供應量M與總產出水準Y的峰頂和谷底幾乎同時發生，它們之間不存在誰先誰後的問題，如圖3-5（a）和（b）所示。

　　現在根據圖3-5（b）貨幣供應量的序列來描繪貨幣供應增長率變化的情況如圖3-5（c）所示。第1年和第5年貨幣供給量處於最高水準的時候，貨幣供給的增長率是多少？在這些點上，貨幣供給量沒有增長，因而其增長率為0。同樣，在第3年出現的谷底上，貨幣供應量的增長率也為0。在貨幣供應量由第1年的峰頂降至第3年的谷底的過程中，其增長率一直是負值，而下降最快的點出現在第1年與第3年之間（第2年）。反應在圖3-5（c）中，就是第1~3年貨幣供應量增長率一直小於0，其最小值出現在第2年。同理可以推得，由初始時刻至第1年以及第3~5年，貨幣供應量的增長率均大於0，最大值則出現在初

---

①　在托賓的一篇著名論文「Money and income: post hoc ergo propter hoc？［J］. The quarterly journal of economics, 1970: 301-317.」中，描述了這樣一種經濟體制：總產出的變動引起貨幣增長率的變動，但貨幣增長率的變動對總產出沒有任何影響。托賓指出，這種因果顛倒關係的體制，可以提供類似於弗里德曼和施瓦茨所建立的那種時序理論的實證。

②　圖3-5（a）和（b）中，M與Y並不存在誰領先誰的情況（兩者的峰頂和谷底是重合的），但是$\triangle M/M$的峰頂和谷底均在M和Y的一年之前出現，即領先於這兩個序列。需要指出的是，圖（a）和圖（b）中的M和Y是圍繞一個正的均值上下波動的，+表示其值高於均值，-表示低於均值，而不是負值。

始時刻和第 4 年上。把這些點連接起來，就得到了圖 3-5（c）這段時期的貨幣供給增長率曲線。其中，峰頂出現在初始時刻和第 4 年，谷底則出現在第 2 年。

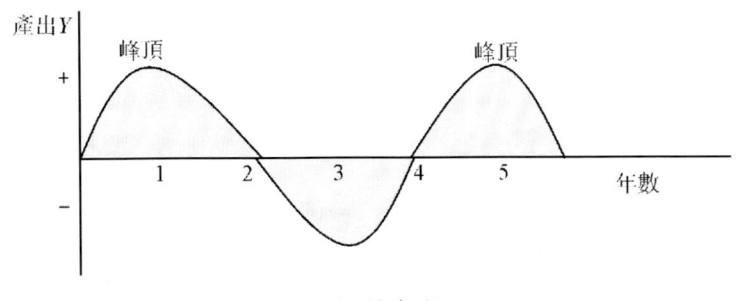

(a) 總產出

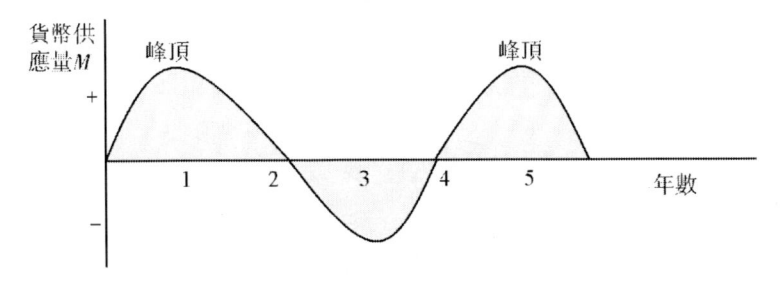

(b) 貨幣供應量

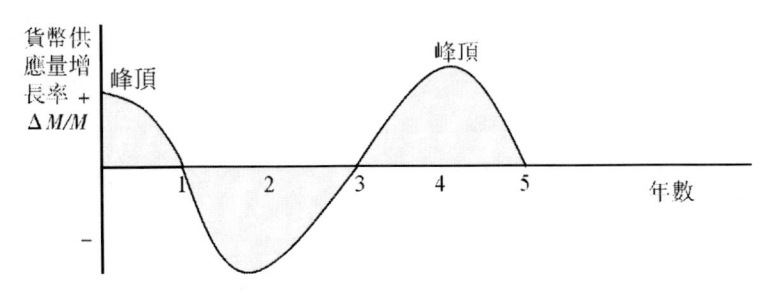

(c) 貨幣供應量增長率

圖 3-5　貨幣增長先於產出變動的假想案例

現在我們考察圖 3-5（c）中的貨幣供給增長率與圖 3-5（a）中的總產出水準之間的關係。可以看到，貨幣供給增長率的峰

頂和谷底恰好比總產出水準的峰頂和谷底提前一年。我們可以得出結論，在我們假想的經濟體中，貨幣供給增長率的下降總是在總產出水準下降之前一年出現。然而，這些論據不能表明是貨幣的增長在推動總產出水準增長。實際上，我們的假設是總產出水準的變化引起了貨幣供給量的變化，且這兩者之間不存在超時和時滯。只有當我們錯誤地將貨幣供給增長率而不是貨幣供應量選為觀察對象時，才會得出貨幣供給增長超前於總產出水準的結論。

這個例子告訴我們，時序實證很容易得出與事實不符的結論。而且，在尋找我們希望得到的結果時，當我們把目光集中於一個變量上的時候（例如著眼於貨幣供給增長率而不是貨幣供應量），也很容易得出錯誤的結論。在確定因果關係時，時序實證可能是一個極具危險性的工具。我們甚至可以這樣說，「一個變量的超前就是另一個變量的滯後」，例如，我們可以將圖3-5中貨幣增長與總產出水準之間的關係解釋為，貨幣供應量增長率的變化滯後於總產出水準的變化3年。畢竟，貨幣供給增長率的峰頂出現在總產出水準的峰頂之後3年。簡而言之，總產出水準超前於貨幣增長。

至此，我們瞭解很難對時間序列分析得出的證據進行正確的解釋。如果我們不能確定超前變量是否滿足外生性條件，我們就無法確定超前變量是不是滯後變量發生變化的原因。在利用時間序列分析時，我們可以極其容易地得到想要的結論，可以用一句話較好概括上面所說的危險性，即「時間序列分析是非常主觀的」。

② 統計實證

貨幣主義學派的統計實證是使用正規的統計檢驗來分析及考察貨幣供給量與總產出水準（或總支出水準）之間的關係，同樣是在1963年，弗里德曼和邁澤爾曼（Meiselman）共同發

表了一篇論文，對貨幣主義模型和早期凱恩斯主義者進行了統計檢驗①。在凱恩斯的要素模型中，投資支出和政府支出是總需求波動的原因，因而弗里德曼和邁澤爾曼構建了一個「凱恩斯主義的」自主性支出變量 A，它等於投資支出與政府支出之和。他們認為凱恩斯要素模型意味著，自主性支出變量 A 將與總支出水準 Y 高度相關，而貨幣供應量 M 與總支出水準的相關程度則會很弱。而在貨幣主義學派的模型中，貨幣供應量將是總支出水準波動的原因，貨幣供應量 M 將會與總支出水準 Y 高度相關，自主性支出變量 A 與總支出水準的相關程度會很弱。

顯然，判斷哪一個模型更好，只需要考察 M 和 A 中哪一個變量與 Y 的相關程度更強。當弗里德曼和邁澤爾曼對美國歷史上許多時期的有關數據進行統計分析之後，他們發現，貨幣主義模型要優於凱恩斯模型②。他們得出結論，貨幣主義學派對總支出水準決定因素的分析比凱恩斯學派的分析更加符合實際情況。

然而，也存在很多對弗里德曼和邁澤爾曼分析的反對意見：

第一，我們已經討論過對簡化形式實證分析方法的批評意見，即可能出現因果關係顛倒的問題，或者存在著其他外部因素推動兩者共同運動的情形。

第二，這種檢驗可能並不公平，因為凱恩斯要素模型被過分簡化了。凱恩斯的結構模型通常包含幾百個方程。而在弗里德曼的檢驗中，凱恩斯的結構模型被簡化成一個方程，這不可能充分反應自主性支出對總產出水準的作用。並且，在凱恩斯的模型中還包括其他因素的作用。忽視了這些因素，就有可能

---

① FRIEDMAN M, MEISELMAN D. The relative stability of the investment multiplier and monetary velocity in the united states, 1897—1958 [G]. Stabilization policies, englewood cliffs. new jersey: prentice-hall, 1963.

② 弗里德曼和邁澤爾曼實際上並未利用變量 Y 進行測試，他們認為，Y 已經包含了 A，所以用 Y 來測試，凱恩斯主義的模型就有不公平的優勢。所以，他們從 Y 中減去 A，檢驗 $(Y-A)$ 與 M 或 A 之間的相關性。

會高估貨幣政策的作用，而低估自主性支出的作用。

第三，弗里德曼和邁澤爾曼對於自主性支出 A 的測度可能並不準確，這會使得「凱恩斯模型」難以發揮作用。例如，軍備擴張的訂單對總需求的影響會在弗里德曼和邁澤爾曼把它們當作自主性支出變量之前就發揮作用。更為準確的方法是將軍備擴張的訂單也計入自主性支出，弗里德曼和邁澤爾曼在更為準確地計算了自主性支出後，發現結果完全顛倒了：凱恩斯模型優於貨幣主義模型[1]。通過較近一次類似的檢驗，發現很難判斷凱恩斯模型和貨幣主義模型孰優孰劣[2]。

③ 歷史實證

在弗里德曼和施瓦茨所著的《美國貨幣史》一書中，兩位作者進行了歷史實證，實證的結果對於支持貨幣主義學派的觀點具有重大的影響力。我們可以看出，《美國貨幣史》一書在批判早期凱恩斯主義者的思想方面非常重要。他們發現，美國大蕭條時期的貨幣政策並不寬鬆，大蕭條的出現可以歸結為 1930—1933 年銀行大量倒閉而引起的貨幣供應量的急遽下降。此書還列舉了大量事實來說明貨幣供應量增長率的變動超前於經濟週期，因為每次衰退來臨之前總會發生貨幣供應量增長率的降低。當然，這種時序實證招致了前面提到的種種批評。

然而，歷史實證有一個特點，使之不同於我們前面討論過的貨幣主義的其他各種實證。在許多時期中，貨幣供應量的變動看起來能夠滿足外生性條件。這些時期就好像可控實驗，因此前者為因、後者為果的哲學原理更可能是成立的：如果在這些時期中，在貨幣供應量增長率的降低之後不久，總會出現總產出水準的降低，那麼就可以表明貨幣增長是經濟週期背後的推動因素。

---

[1] ANDO A, MODIGLIANI F. The relative stability of monetary velocity and the investment multiplier [J]. The American economic review, 1965, 55 (4): 693-728.

[2] POOLE W, KORNBLITH E B F. The Friedman-meiselman CMC paper: new evidence on an old controversy [J]. The American economic review, 1973: 908-917.

上述歷史實證中最好的一個例子就是在 1936—1937 年，當時美聯儲提高了法定準備金率，這造成了貨幣供應量及其增長率的急遽下降。美聯儲之所以提高了法定準備金率，是因為它想加強對貨幣政策的控制力，而不是針對當時的經濟狀況採取的行動。因此我們可以排除出現由產出導致貨幣供應量的因果顛倒的可能，而且我們也很難發現有外部因素促使美聯儲提高法定準備金率，同時直接影響總產出水準。因此，在這段時期貨幣供應量的降低可能會像可控實驗一樣滿足外生性條件。在這個實驗之後不久，就發生了 1937—1938 年的嚴重衰退。我們可以很有把握地得出結論，在這個時期內美聯儲提高法定準備金率引起的貨幣供應量的變化，成為之後發生的經濟衰退的原因。

《美國貨幣史》還記載了其他時期內發生的情況（例如 1907 年發生的銀行業恐慌，以及在其他年份中出現的貨幣供應量的下降），這些情況似乎都滿足外生性條件。事實是衰退總是在貨幣供給增長率外生性下降後發生的現象，這能夠證明貨幣供給增長率的變化的確會影響總產出。最近加州大學伯克利分校的克里斯蒂娜·羅默和戴維·羅默（Christina Romer 和 David Romer）利用更為先進的統計工具對最近的數據進行了歷史實證，結果同樣發現貨幣政策的變化對於經濟有著重要的作用①。

(4) 對貨幣主義學派實證分析的評述

有關貨幣主義學派實證分析的討論說明了什麼？我們發現存在因果顛倒和外部因素的可能性，對時序實證和統計實證得出的結論提出了質疑。然而，在一些歷史實證分析中，外生性的貨幣供給增長率的降低總是在經濟進入衰退之前出現，這為貨幣主義學派的觀點提供了強有力的證據。將歷史實證、時序實證以及統計實證三者結合起來，貨幣主義十分重要的結論就

---

① ROMER C, ROMER D. Does monetary policy matter? a new test in the spirit of friedman and schwartz [R]. The National Bureau of Economic Research, 1989.

得到了強有力的保證。

可以想像，由於當時絕大多數經濟學家都認為貨幣沒有什麼作用，貨幣主義實證分析的出現震撼了整個經濟學界。貨幣主義學派證明了早期凱恩斯主義者的觀點很可能是錯誤的，這使得很多經濟學家轉而相信貨幣主義學派的觀點。然而，雖然我們發現了貨幣不重要的觀點存在瑕疵，但也並不代表貨幣是萬能的。許多凱恩斯主義者轉向了貨幣主義學派的立場，但並沒有完全接受貨幣主義學派的所有結論。相反，他們只是採取了折中的立場，他們認為貨幣、財政政策、淨出口以及「浮躁情緒」都是導致總需求波動的原因。他們所得到的這個結果是凱恩斯主義者與貨幣主義學派對貨幣重要性認識的聚合點。然而，貨幣主義學派證明貨幣對於經濟週期波動十分重要的基礎是簡化形式的實證分析，這遭到了一種新的總需求波動理論（即真實經濟週期理論）的擁護者的尖銳批評，他們認為簡化形式的實證分析顛倒了因果，在現實中是經濟週期導致了貨幣供給量的變化。

另外，真實經濟週期理論的支持者也加入到了貨幣與經濟活動之間關係的大討論中，他們宣稱消費品位的改變和技術進步引起的衝擊（而非貨幣衝擊）才是經濟週期背後的推動力量。他們對貨幣主義學派有關貨幣供應量變動導致經濟週期的觀點提出了尖銳的批評，他們認為，貨幣供應量變動與總產出水準之間的相關關係顛倒了因果，也就是說，經濟週期導致了貨幣供應量的變動，而不是相反的邏輯。他們提供的有關因果顛倒的重要論據是，總產出水準與貨幣當局控制的基礎貨幣之間幾乎沒有任何相關關係[1]。相反，貨幣與總產出水準之間的相關關係來自其他貨幣供給來源的變化，這些貨幣供給來源的變化受到銀行、銀行借款人行為的影響，這些更像是受到經濟週期的影響。

---

[1] KING R G, PLOSSER C I. Money, credit, and prices in a real business cycle [J]. The American economic review, 1984, 74 (3): 363-380.

4
貨幣政策、融資約束與公司投資的理論分析

4.1 貨幣政策調控及對公司融資的影響

4.1.1 中國貨幣政策的調控歷程

改革開放以來，中國大致經歷了四個經濟週期（以波谷與波谷之間劃分為一個經濟週期為依據）（吳超林，2004；汪仁潔，2014），依次是：1981—1986年為第一個經濟週期，1986—1990年為第二個經濟週期，1990—1999年為第三個經濟週期，1999年至今為第四個經濟週期。圖4-1統計了中國1981—2013年的GDP[①]和M2變化情況[②]，1998年之前中國中央銀行長期是以信貸規模和流通中的現金（M0）作為貨幣政策的中間目標，但在1998年以後貨幣政策中間目標發生了一定程度的變化：①首先取消了信貸規模限額，因為在國內有效需求不足的情況下必須擴大信貸規模，且銀行為減少不良貸款而普遍存在惜貸行為，從而可能影響經濟增長；②貨幣供應量仍是重要的中間

[①] GDP，Gross Domestic Product，國內生產總值，是指一個國家或地區所有常駐單位在一定時間內生產的所有最終產品和勞務的市場價值。

[②] 葉康濤、祝繼高（2009）利用中國人民銀行和國家統計局共同完成的「全國銀行家問卷調查報告」（中國人民銀行網站下載），結果報告了被調查銀行家認為當前貨幣政策「過鬆」「偏鬆」「適度」「偏緊」和「過緊」的人數比例，並將選擇「偏緊」的人數比例作為貨幣政策的緊縮程度。靳慶魯、孔祥、侯青川（2012）利用廣義貨幣供應量M2增長率作為貨幣政策的代理變量。Bernanke和Blinder（1992）認為利率變動可以較好反應貨幣政策調整方向。Cover（1992），MacCallum（2000）則基於M2增速描述貨幣政策。Romer（1994）通過閱讀聯邦公開市場委員會的會議記錄來定義貨幣緊縮時期的虛擬變量，但無法反應貨幣緊縮的程度。索彥峰、範從來（2007）研究表明，與M2的增長率及利率指標相比，M1增長率的外生性和對實際經濟的預測能力最強，能夠更好反應貨幣政策的鬆緊狀態。喻坤、李治國等（2014）則採用實際利率變動、M1增長率變動及M2增長率變動來衡量貨幣政策。他們認為採用一階差分的原因在於貨幣政策變化值能夠反應貨幣政策對企業投資的外生衝擊，一定程度緩解可能存在的內生性；另外還可以消除時間序列的非平穩性。

目標，但更加重視 $M1$ 和 $M2$ 指標，因為這兩個指標與經濟增長和物價水準之間存在較穩定的相關關係；③開始將利率作為中間目標進行調節，這是因為利率市場化是必然趨勢，是貨幣政策最本質的傳導渠道，也是中國貨幣政策從直接調控過渡到間接調控的必經階段。圖4-1描述了1981—2013年中國GDP增長率與 $M0$、$M1$ 及 $M2$ 之間的變化趨勢。

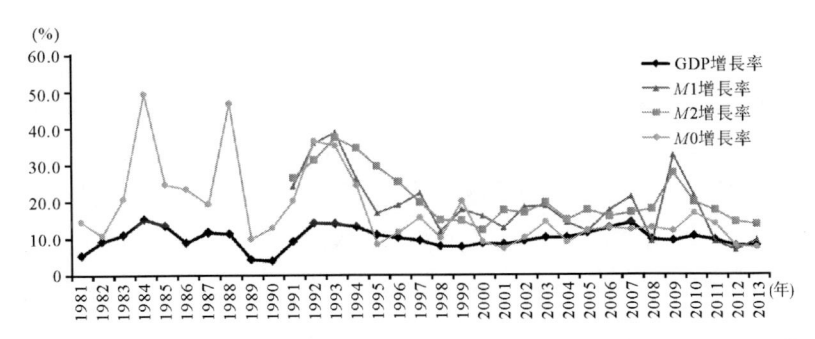

圖 4-1　1981—2013 年中國 GDP 增長率與貨幣發行量增長率走勢圖[①]

1. 第一個貨幣政策調控週期（1981—1986 年）

1979年後中國對國民經濟進行大調整，政府宏觀政策偏於緊縮導致經濟下滑，並在1981年陷入低谷。為刺激經濟復甦，政府在1981—1983年實施較為寬鬆的貨幣政策，放鬆銀根，增加貨幣發行量，如1983年 $M0$ 增長率達到20.7%，1984年甚至達到49.5%，短時間內促進了經濟的快速增長，1984年GDP增速達到15.2%的歷史新高，但隨後出現了下滑。1983年中國人民銀行開始行使中央銀行職能，二級銀行體制確立，貨幣政策在宏觀經濟中發揮重要作用。1984年央行發行了大量貨幣和信貸額度以支持快速發展的經濟，據統計該年末社會流通領域中的貨幣量即 $M0$ 為792.1億元，同比增長49.5%。同時頒布了一系列的信貸政策，如《中國工商銀行城鎮個體經濟貸款辦法》

---

① 數據來源：中華人民共和國國家統計局網站，統計年鑒（數據經整理）。

《關於國家預算內基本建設投資全部由撥款改為貸款的暫行規定》等，這些措施和政策直接導致經濟過熱過快增長，刺激物價水準和通貨膨脹快速增長。為解決該問題，1985—1986 年央行降低貨幣發行速度，M0 增長率分別為 24.7%、23.3%，嚴格管控信貸規模，兩次上調存貸利率。這些措施的確緩解了經濟的過熱過快增長，但同時也導致了新一輪經濟發展放緩。

2. 第二個貨幣政策調控週期（1986—1990 年）

1986—1990 年經歷了很短的經濟週期，更確切的說法應該是對 1984 年經濟過熱的調整。1986 年經濟陷入低谷，中國 GDP 增速僅為 8.8%，在低谷回升階段主要採用「穩中求鬆」，放鬆銀根和信貸限額，寬鬆的貨幣政策發揮了積極作用，經濟開始回升，1987 年經濟增速達到 11.6% 的高峰，緊接著在經濟達到峰值時又採用緊縮貨幣政策，使得該時期內經濟大起大落。1988 年物價上漲，通貨膨脹嚴重，因此政府採取了財政和貨幣雙緊政策，一方面控制信貸規模，調整信貸結構；另一方面提高貸款利率，抑制投融資需求，導致 1989 年及 1990 年中國的 GDP 增速銳減為 4.1% 和 3.8%，經濟發展再次陷入低谷，大量企業虧損倒閉。到 1989 年政府又轉為較為寬鬆的貨幣政策，降低利率，擴大信貸規模。因此，該時期內的貨幣政策是先緊後鬆又緊，經濟仍是大起大落，波動非常劇烈。

3. 第三個貨幣政策調控週期（1990—1999 年）

根據貨幣政策類型，可將該經濟週期劃分為三個階段：一是 1990—1992 年寬鬆貨幣政策，二是 1993—1997 年適度從緊的貨幣政策，三是 1998—1999 年適度寬鬆的貨幣政策。1992 年中國 GDP 增速達到 14.2%，經濟發展過熱，通貨膨脹嚴重，貨幣發行增速加快，當年 M1、M2 增長率分別達到 35.9% 和 31.3%。在 1993—1997 年開始實施適度從緊的貨幣政策，一方面控制信貸規模，削減基建投資，提高存款利率，嚴格審核投資項目等；另一方面積極推進利率市場化改革，力爭建立貨幣傳導機制的

利率渠道，同時將貨幣供應量作為新的調控目標。至 1993 年時中國 GDP 增速已平穩降為 9.3%，通貨膨脹得到抑制，經濟成功實現「軟著陸」。1997 年亞洲金融危機爆發，導致大量企業虧損倒閉，經濟再次陷入低迷。為刺激經濟復甦，政府採用適度寬鬆貨幣政策，貨幣發行量穩步增長，更加重視利率槓桿的運用，多次下調市場利率以刺激企業投資，同時取消信貸額度管制，積極推進市場化改革。總之，該階段的貨幣政策吸取了以往的經驗教訓，以穩健和適度為主要特徵，強調微調和持續性，避免了經濟的劇烈波動，保證經濟相對平穩發展。

4. 第四個貨幣政策調控週期（1999 年至今）

1999—2002 年政府採用適度寬鬆的貨幣政策，使經濟從低迷中得到復甦。至 2003 年中國 GDP 增速達到 10%時，政府立即採用適度從緊的穩健貨幣政策，並注重定向微調。整體經濟在穩健貨幣政策調節下穩步發展，至 2007 年中國 GDP 增速達到 14.2%的局部峰值，經濟出現過熱的現象，通貨膨脹勢頭嚴重，政府立即採用從緊的貨幣政策，在一年之內連續 10 次上調存款準備金率，5 次調高存貸款利率。2008 年國際金融危機爆發，中國貨幣政策從適度審慎到適度寬鬆，較為靈活地應對了經濟從過熱轉變為衰退的過程。至 2013 年中國的貨幣政策仍以穩健適度為主旋律，微調和定向調節為重點，貨幣政策工具也更加豐富，如利率、存款準備金率、公開市場業務等，為經濟的平穩發展提供了重要保障。

從以上基於經濟週期背景進行的四輪貨幣政策調控可以發現，經濟週期跨度越來越大（第一個 5 年、第二個 6 年、第三個 9 年、第四個 15 年），貨幣調控週期也隨之拉長，可見政府在貨幣政策制定和調整方面的經驗越來越豐富，貨幣工具也更加多樣化，盡量保證經濟趨於平穩運行，這在第三和第四個經濟週期已經表現得比較明顯，與之前第一和第二個經濟週期形成鮮明對比。

4.1.2　中國貨幣政策調整對公司融資的影響分析

1. 貨幣政策調整對公司融資規模的影響

由於公司融資規模數據的可得性[①]，本書僅截取2002—2013年的宏觀經濟數據與公司融資數據論述貨幣政策調整對公司融資規模的影響。圖4-2是貨幣發行量與融資總量及兩種融資方式融資量的趨勢圖。

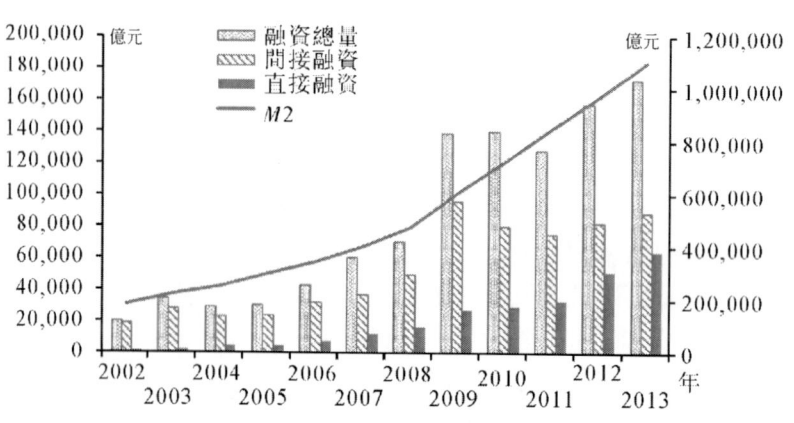

圖4-2　貨幣發行量與融資總量及兩種融資方式融資量的關係

從圖4-2中可以發現，貨幣發行量M2變化與融資總量變化基本保持一致，說明貨幣政策調整對於支持實體經濟發展起到了應有的作用（如表4-1所示）。

表4-1　貨幣政策與融資規模之間的相關關係

	融資總量	間接融資	直接融資
$M2$	0.960 ***	0.893 ***	0.984 ***

註：表中數據為貨幣發行量M2與融資規模之間的相關係數，*、**、*** 分別表示在10%、5%、1%水準下顯著。

[①] CASMAR數據庫中缺乏類似數據，中國人民銀行網站僅提供2002—2014年數據。

表 4-1 為貨幣發行量 $M2$ 與融資總量及其他兩種融資方式融資量之間的相關性。$M2$ 與融資總量、間接融資、直接融資之間的相關係數分別為 0.960、0.893 及 0.984，且在 1% 水準顯著，說明貨幣發行量有力支持了實體經濟的融資需求。但是 $M2$ 與間接融資規模的相關係數相對較低，這與前文所述間接融資比例逐年下降相吻合，也說明貨幣政策對實體經濟的資金支持呈多元化發展趨勢，直接融資的比例逐年上升，金融市場化進程明顯加快。

2. 貨幣政策調整對公司融資結構的影響

仍然截取 2002—2013 年的宏觀經濟數據與公司融資數據論述貨幣政策調整對公司融資結構的影響。為更清晰展示不同貨幣政策階段對公司融資結構及融資形式的影響，同時利用年度數據和季度數據進行分析[1]，如圖 4-3 所示。由於數據可得性，此處僅考慮三種主要的融資形式：銀行貸款、企業債券與公司股票。

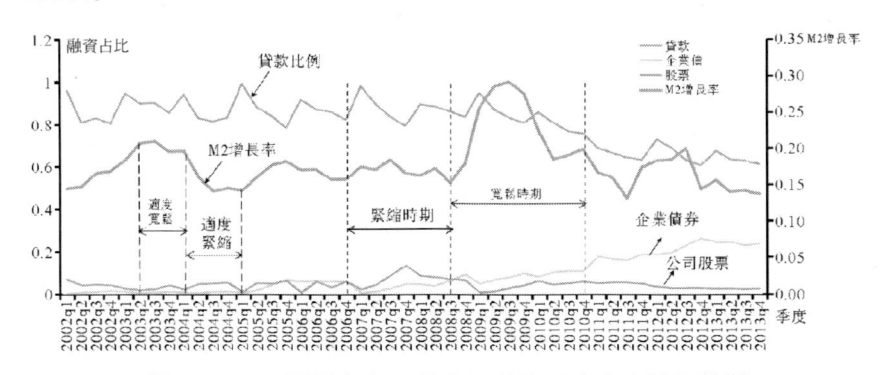

圖 4-3　M2 增長率與三種主要融資形式占比的趨勢圖

從圖 4-3 中可以看到，$M2$ 增長率與人民幣貸款比例保持比較一致的變動趨勢，說明貨幣發行量的確對信貸規模具有重要

---

[1] 季度數據手工收集於中央人民銀行發布的季度《貨幣政策執行報告》，時間跨度為 2002—2013 年。

影響。企業債券和公司股票等直接融資方式呈現逐步上升趨勢，企業債券尤其明顯，而公司股票的變動趨勢比較平穩。表 4-2 是貨幣發行量增速與三種融資量增速之間的相關係數表。

表 4-2　　M2 增速與三種融資增速之間的相關性

	貸款增長率	債券增長率	股票增長率
M2 增長率	0.708***	0.000	0.024

註：表中指標為季度數據，小數為相關係數，*、**、*** 分別表示在 10%、5%、1% 水準下顯著。

從表 4-2 可見，M2 增長率與貸款增長率之間存在顯著的正相關關係（0.708 且在 1% 水準顯著），說明貨幣發行量增速會顯著影響信貸規模增速，間接說明貨幣政策的信貸渠道效應非常明顯，與債權增長率和股票增長率無顯著關係。需要說明的是，表 4-1 中數據為貨幣發行量 M2 與各種融資方式的融資規模的相關係數，雖然間接融資規模的相關係數小於直接融資，但仍然非常顯著，這與表 4-2 表明的結論並不矛盾，表 4-2 數據為 M2 增長率與各種融資方式的增長率之間的相關係數，貸款的相關係數顯著為正，說明信貸渠道發揮了作用，而債券和股票的相關係數為正但不顯著，說明其增速遠遠落後於貨幣增速，或者受制於某些其他重要的因素，如利率等。

表 4-3　　M2 增速與三種融資比例變動之間的相關性

	貸款比例變動	債券比例變動	股票比例變動
M2 增長率	0.156	−0.081	−0.386***

註：表中指標為季度數據，小數為相關係數，*、**、*** 分別表示在 10%、5%、1% 水準下顯著。

表 4-3 是貨幣發行量增速與三種融資比例變動之間的相關性。從表 4-3 中可見，M2 增長率與股票比例變動之間存在顯著

負相關關係（-0.386且在5%水準顯著），說明貨幣發行量增速降低了股票融資比例的增長，或者說股票比例增長落後於貨幣發行量增長。而貸款比例和債券比例變動與M2增長率關係不顯著。

為比較貨幣政策調整對融資結構和融資形式的影響，選定不同貨幣政策時期進行分析。第一個時期是典型的緊縮時期：2006q4—2008q2；第二個時期是典型的寬鬆時期：2008q3—2010q4；第三個時期是穩健時期：2011q1—2013q4及2002q1—2006q3，分時期分析貨幣政策對融資結構及融資形式的影響，如表4-4及表4-5所示。

表4-4　不同貨幣時期貨幣增長率與三種融資增長率的描述統計

	緊縮			寬鬆			穩健		
	均值	最小值	最大值	均值	最小值	最大值	均值	最小值	最大值
M2增長率	0.163,0	0.140,2	0.183,7	0.217,1	0.152,7	0.291,4	0.161,7	0.130,7	0.199,5
貸款增長率	0.060,9	-0.278,7	0.327,8	0.573,9	-0.381,0	1.824,7	0.166,4	-0.133,6	1.438,2
債券增長率	1.763,0	-0.949,1	17.024,4	0.914,5	-0.153,9	4.316,4	3.283,7	-0.636,4	39.250,0
股票增長率	1.509,8	-0.142,2	3.712,0	0.505,9	-0.821,4	6.214,3	-0.065,2	-0.678,4	0.588,1

表4-5　不同貨幣時期M2增速對三種融資增速的影響

		貸款增長率	債券增長率	股票增長率
	緊縮時期	0.686***	-0.043	0.48
M2增長率	寬鬆時期	0.759***	0.627***	-0.055
	穩健時期	0.345	0.179	-0.023

註：表中指標為季度數據，小數為相關係數，*、**、***分別表示在10%、5%、1%水準下顯著。

表4-4表明，貸款增長率在寬鬆時期的平均增長率遠高於緊縮時期和穩健時期，債券和股票增長率在緊縮時期高於寬鬆

時期，說明緊縮時期信貸被壓縮的情況下公司更多地依賴直接融資。從表4-5可見，緊縮時期和寬鬆時期，$M2$增長率對信貸規模都具有顯著影響，寬鬆時期對債券融資影響顯著，對股票融資影響不顯著，穩健時期則表現比較平穩。

4.2 公司融資約束理論分析

4.2.1 公司融資約束理論產生的背景及其內涵

從20世紀60年代中期開始大多數研究將公司決策與自身財務因素隔離開來。Modigliani和Miller為這類研究提供了理論基礎，其思想是在某些特定條件下比如完美資本市場中公司的融資結構不會影響其市場價值。因此，一旦Modigliani-Miller假設條件成立，以股東財富最大化為目標的公司決策就獨立於諸如內部流動性、槓桿比率及股利支付等財務因素。這個一般性結論為Jorgenson等發展的新古典投資理論奠定了基礎，該理論認為公司在跨期最優化問題（intertemporal optimization）的求解中可以不用考慮財務因素，公司面臨由集中的證券市場所決定的資本成本，該成本不會依賴於公司特殊的融資結構。新古典投資理論形成以來，大量基於總體及公司層面數據的經驗研究在未考慮財務因素的可能影響的情況下，較為成功地驗證了各種投資需求模型的效果。但這類研究也存在一個明顯的缺點，即都是基於代表性公司假定，即同樣的經驗模型被應用於所有公司而不考慮其具體特徵。因此，這類檢驗無法解釋所觀察到的投資對財務變量敏感性在不同種類公司之間的差異。因此，這種代表性公司的設定限制了財務因素對投資決策的解釋。

Fazzari, Hubbard, Petersen (1988) [以下簡稱 FHP (1988)]①將傳統投資模型與資本市場不完美性及單一公司對資本市場進入機會的不均等性聯繫起來。傳統代表性公司模型中投融資決策不相關的結論可能適用於具有良好公眾預期的成熟公司（這類公司一般能夠較容易獲得外部資金）。而對於其他公司，財務因素可能會產生重要影響，因為外部資本並非內部資金的完美替代，尤其是短期之內。這種不完美性主要體現為資本市場的信息不對稱，它使得外部融資的成本非常昂貴，甚至無法進行融資，因為外部資金的供給者不能全面地評估公司投資機會的質量。結果就是新債務和股票融資的成本與來自於現金流和留存利潤的內部資金成本之間存在極大的差異。

　　FHP (1988) 開創性地研究了公司個體財務差異導致融資約束並影響資本支出的問題，自此之後公司融資約束的研究受到財務學者的廣泛關注。但眾多的研究文獻並沒有對公司融資約束內涵進行明確的定義或說明。FHP (1988) 將公司融資約束定義為：由於資本市場本身的不完美性（主要是信息不對稱問題）導致公司內外部融資不能完全替代，外部投資者往往要求得到更高的回報率使得外部資金成本上升，極端情形下甚至可能無法融得資金，促使公司更多依賴於內部資金，這種投資支出受到融資因素的制約被稱為融資約束。FHP (1988) 對此進行了進一步的理論和實證分析，認為資本市場不完美產生信息不對稱，由信息不對稱導致的融資約束程度可以通過公司投資-現金流敏感性的橫截面差異來反應，投資-現金流敏感系數越大，公司面臨的融資約束程度越大。但 Kaplan 和 Zingales (1997) 更細緻地考察 FHP 所研究的公司，他們將 FHP (1988) 樣本中的低股利公司（49家）根據其年報陳述劃分為三類：不

---

① FAZZARI S, HUBBARD R G, PETERSEN B C. Financing constraints and corporate investment [J]. Brookings papers on economic activity, 1988 (1): 141-195.

存在融資約束、可能存在融資約束、存在融資約束。他們發現三組公司中存在融資約束組表現出最低的投資-現金流敏感性，這與 FHP（1988）的理論及實證結果存在矛盾。因此，Kaplan 和 Zingales（1997）[以下簡稱 KZ（1997）]① 宣稱投資-現金流敏感性不能為融資約束的存在性提供證據，並提出用 KZ 指標來測度公司面臨的融資約束。但 Hubbard（1998）指出，KZ 的檢驗似乎難以支撐他們的結論②。首先，很難精細區分融資約束程度，尤其是在如此小的樣本條件下。另外，KZ（1997）所採用的分類標準也存在爭議，尤其是依賴於管理層關於流動性和經營問題的陳述來判斷其是否面臨融資約束。KZ 聲稱如果公司在某個時點還可繼續投資則它就沒有面臨融資約束問題。該定義除了忽略融資約束可能存在的動態性之外，還忽略了資金用於除了固定投資（fix capital）之外的其他用途——如存貨、營運資本（working capital）或者用於抵禦內部現金流波動的預防性現金存量（precautionary cash stocks）。

4.2.2 公司融資約束的機理分析

1. 基於信息不對稱理論的分析

資本市場不完美性導致了公司產生融資約束，包括資金的價格約束及資金的數量約束，這種不完美性實質上是信息不對稱問題。信息不對稱導致公司內部經理人、外部投資者如債權人和股權投資者等之間產生道德風險、逆向選擇等問題。以下以 Gertler 和 Hubbard（1988）的研究為基礎，從信息不對稱角

---

① KAPLAN S N, ZINGALES L. Do investment-cash flow sensitivities provide useful measures of financing constraints? [J]. The quarterly journal of economics, 1997: 169-215.
② HUBBARD R G. Capital-market imperfections and investment [J]. Journal of economic literature, 1998, 36 (1): 193-225.

度對公司融資約束的機理進行圖示分析及說明①。

為簡化起見，忽略折舊、稅收以及資本存量的調整成本。圖4-4中，資本需求曲線 D 取決於公司投資機會（即資本未來盈利預期），供給曲線 S 則取決於資本成本如市場利率（圖4-4中利率為 r 的水準部分）。外部資本市場供給和公司的資本需求任一要素改變都會引起均衡資本存量和資本成本的改變，但這個規則似乎不適用於公司本身內部現金流對投資決策的影響。公司將內部資金的機會成本理解為市場利率，它可以在資本市場中按照該利率借貸資金。以上分析假定公司決策者和外部資金供給者對企業投入的選擇和使用、投資機會、項目風險和產出或盈利等均具有完全相同的信息。這種假設現實中很難滿足。實際上，公司管理層對於公司投資和生產的大多數方面都擁有比外部投資者充分得多的信息優勢。信息不對稱可能產生逆向選擇、道德風險或者兩者同時產生。

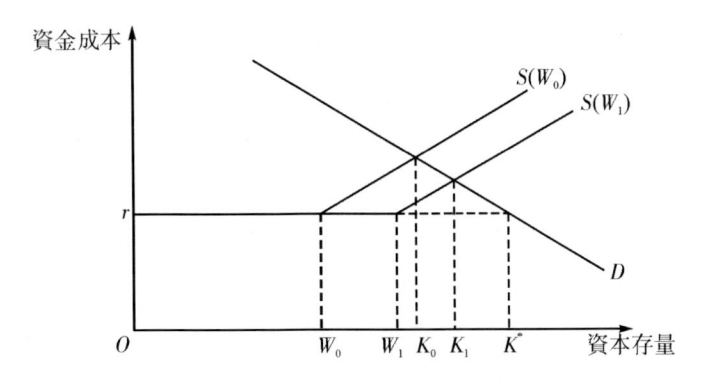

圖4-4 公司融資約束產生機理

圖4-4中，需求 D 和供給 S 的交點決定最優資本存量 K^*，意味著資本邊際收益等於利率。假設公司擁有淨財富 W_0，需要

---

① GERTLER M L, HUBBARD R G. Financial factors in business fluctuations [R]. The National Bureau of Economic Research, 1988.

投入的包括資本 K，如工廠和設備，以及能夠提高資本生產率的其他投入，如組織和維護成本，即所謂的軟資本（soft capital）。期望產出會增加投入資本的某個比例，實際產出可能高於或低於期望產出（即所謂「好的」產出或「壞的」產出）。由於公司投入了自己的資本 W_0，因此任何情況下對外部投資者的回報都不可能超過項目本身產出。公司可以選擇將 W_0 的資本以利率 r 投資（機會成本），因此一個風險中性的公司只有當產出減去對外部投資者回報後的剩餘部分超過 $(1+r)W_0$ 時，項目投資才是可行的。如果外部投資者是風險中性和競爭性的，那麼他們提供給公司的資金回報要求一定等於市場利率 r。

此時，考慮一個簡單的委託代理問題：假設委託人不能完美地監督代理人支配資金，因此合同中會約定激勵和補償條款。假定外部資金供給者可以觀察到資本支出狀況，但軟資本支出卻無法觀測到[1]，此時經理人具有將軟資本轉移至個人所有的動機[2]。此類在職消費（perquisite consumption）可以多種形式出現。為簡化起見，假定經理人能夠投資產生 r 的回報。外部投資者明白這種動機並會通過修改融資合同來緩解其欺騙動機。這種修改的一個直接後果就是導致實際資本支出 K_0 會低於最優資本支出水準 K^*，而兩者間的差距又會依賴於公司擁有的淨財富水準。一般地，公司經理人和資金供給者之間的合同會包含某種激勵相容約束（incentive constraint）以使得誠實行為的收益超過轉移軟資本獲得的私人收益。當激勵相容約束起作用時，在投資機會保持不變的條件下，實際投資 K 會隨著淨財富 W 的增加而增加。這是因為淨財富的增加降低了公司經理人錯誤配置資金的激勵。一旦投資增加到 K^*，即使淨財富再增加也不會對

---

[1] Robert Townsend（1979）指出問題在於狀態難以驗證或證實。此時，企業家能輕易觀察到產出，但外部投資者必須支付必要的成本才能觀測到。

[2] 在一個兩狀態例子中，如果觀測到的項目產出屬於「壞的」狀態，則外部投資者無法區分是由於壞運氣（bad luck）導致還是蓄意的軟資本轉移的結果。

投資決策產生影響，此時達到新古典經濟學預測結果（無市場摩擦條件下的狀態）①。

回到圖4-4，S 曲線有兩部分，第一部分是水準的 r，直到企業家淨財富水準 W_0。在這個範圍內不會出現代理成本，因此貸款人要求的回報等於市場利率。當存在機會主義行為風險時，無擔保的貸款需要補償一部分信息成本。因此，對於超過淨財富 W_0 的部分，S 向上傾斜，即公司未擔保的外部融資成本超過內部融資成本的部分，也即是所謂的影子成本（shadow cost）。邊際信息成本越高，S 向上傾斜部分就越陡峭。存在信息成本的情況下 D 和 S 確定的均衡資本存量 K_0 會小於無摩擦條件下的最優資本存量 K^*，此時公司面臨融資約束並導致投資不足。對於不存在信息成本或者擁有充裕內部現金流（或淨財富）的公司，最優資本存量為 K^*。也就是說，如果公司面臨的信息成本可以忽略，淨財富的增加並不會對投資產生影響。而對於高信息成本的公司來說，在其他條件不變時，淨財富的增加會帶來更多投資，同時淨財富的減少會降低投資水準。

2. 基於信貸配給理論的分析

貨幣政策的調整會改變資金市場的貨幣供應，當貨幣政策緊縮時，銀行可貸資金數量減少，此時銀行會根據風險最小或利潤最大原則對借款人進行信貸配給。一些借款人可能得到全部或部分資金，而另一些借款人即使願意支付更高的利息，也可能無法得到任何資金。因此，貨幣政策通過信貸配給方式對公司融資約束產生影響。

Jaffee 和 Russell（1976）基於信息不對稱的「檸檬」理論解釋了投資者無法準確區分借款人質量差異如何產生均衡信貸配給的現象。市場中存在兩類借款人：一類是誠實的借款人，另一類是不誠實的借款人。假設借款人的違約概率隨貸款規模

---

① 其他一些強調審查和監督成本的模型也會做出類似的預測。

增加而上升,由於銀行無法事先對兩類借款人做出明確區分,為降低市場平均違約概率並最大化自身利益,銀行只能實施包含配給的貸款合同,並設定相同的市場利率,此時的市場利率中包含一個「檸檬」溢價,實質上誠實的借款人向不誠實的借款人提供了「補貼」。Stiglitz 和 Weiss (1981)[1] (簡稱 SW) 假定在有限責任的條件下,公司的利潤是投資收益的凸函數,而銀行的利潤是公司投資收益的凹函數。在這些假定下 SW 證明銀行的可貸資金的供給曲線是向後彎曲的,因為當貸款利率超過一定臨界值之後,銀行若繼續提高利率會使得一些低風險公司退出信貸市場,從而降低市場中借款人的平均質量,此時銀行的最優策略是對公司進行信貸配給而非提高貸款利率。以下以 SW 模型為基礎闡述銀行的信貸配置現象。

假定投資者的淨財富為 W,項目投資額為 K 且有 $W<K$,項目若成功收益為 R^*,成功的概率為 p_i,p_i 的概率密度為 $f(p_i)$,若失敗收益為 0,因此項目的期望收益為 $R=p_i R_i^*$。借款 $L=K-W$,標準貸款合同 $(1+r)L$,項目產生的收益要大於貸款及其成本即 $R_i^* > (1+r)L$。

單一公司的期望收益為:

$$E(\pi_i) = p_i[R_i^* - (1+r)L] \qquad 式(4.1)$$

該期望收益經整理得:

$$E(\pi_i) = R - p_i(1+r)L \qquad 式(4.2)$$

銀行得到的期望收益為:

$$E(\pi_b) = L(1+r)\int_0^p p_i f(p_i)\,dp_i \qquad 式(4.3)$$

p 是概率臨界值,超過此點公司會向銀行申請貸款。

而且僅當滿足下列條件時,公司才願意申請貸款:

---

[1] STIGLITZ J E, WEISS A. Credit rationing in markets with imperfect information [J]. The American economic review, 1981: 393-410.

$$E(\pi_i) = (1 + \delta) W \qquad 式（4.4）$$

δ 為要求的最低收益率。

假定利率越高，邊際項目的風險越大，有 $\partial p/\partial r < 0$。

貸款利率上升對銀行收入的效應為：

$$\frac{\partial E(\pi_b)}{\partial r} = L \int_0^p p_i f(p_i)\, dp_i + \frac{dp}{dr} L(1 + r)\, pf(p) \qquad 式（4.5）$$

上式第一項說明利率上升將提高借款人償還的金額；第二項說明，利率越高，信貸風險越大，對銀行收入的負面影響越大。因此，對銀行來說，貸款利率在達到一定水準後就不能再繼續提高，否則會使期望收入降低。此時的最優方案是限制信貸數量，實施信貸配給，而非提高貸款利率。SW 的基本結論是，當信貸配給產生時，某些預期收益高於邊際資本成本的投資項目不能獲得信貸融資，資本市場不完美導致公司投資不足。貨幣政策調整會改變貨幣供應量和貸款利率，進而會改變銀行可貸資金數量，進一步影響公司融資約束程度。尤其是貨幣政策趨緊時，會加劇公司外部融資約束，並影響公司投資支出水準。

3. 理論應用：對中國公司融資約束的簡要分析

分析公司融資約束的狀況，首先需要確定代表融資約束的直觀指標，Gertler 和 Hubbard（1988）指出由於存在信息不對稱，公司內外部融資成本存在一個溢價。Hubbard（1998）認為影響該融資成本溢價的一個重要因素是公司的淨財富水準，Bernanke、Gertler 和 Gilchrist（1999）對淨財富的概念做了詳細說明[1]。所謂淨財富（net worth）是指借款人的流動資產與可抵押非流動資產之和與未償還債務之間的差額。他們認為淨財富有

---

[1] BERNANKE B S, GERTLER M, GILCHRIST S. The financial accelerator in a quantitative business cycle framework [J]. Handbook of macroeconomics, 1999（1）: 134-193.

兩個來源：一是投資獲得的利潤，二是企業家提供人力資本所獲得的收入。淨財富對於企業家來說非常重要，因為它是影響公司外部融資成本的關鍵因素。淨財富水準越高，公司的自我融資能力就越強（Bernanke、Gertler 和 Gilchrist，1999），當然，外部融資的擔保能力也越強。外部資本持有人會認為公司的淨財富水準代表企業具備良好的經營能力和償債能力，並被作為向其提供資金的可靠保障。如果公司面臨的信息成本可以忽略，公司無融資約束或融資約束程度很低，則淨財富的增加並不會對公司融資及投資活動產生影響；而對於信息成本較高的公司來說，可能面臨較高的外部融資約束，在其他條件不變時，只有淨財富的增加才會導致投資增加，淨財富的減少則會導致投資減少。因此，根據經典的公司財務理論，公司受到的融資約束程度與其淨財富水準呈反方向變動關係，如果公司的淨財富水準很高，那麼理論上講其融資約束就較低，反之就較高。

淨財富往往是無法直接觀測的。大多數的經驗研究將現金流①作為淨財富變化的代理變量。這種方法的潛在假設是，淨財富變化能反應公司未來預期盈利能力。以下根據融資約束的定義直觀描述中國上市公司的融資約束狀況（外部有息債務成本與現金流的關係）。

由於無法統計外部有息債務成本，因此利用當期財務費用與當期負債總額的比率來近似代替，現金流則取自現金流量表中的該會計期間的經營現金流淨額。表 4-6 是典型貨幣政策年度中國上市公司各行業的外部融資成本與其經營活動淨現金流（表示淨財富水準）之間的相關係數。

---

① 陸正飛，高強（2003）；李悅等人（2008）的調查顯示，上市公司首選融資方式為短期借款，其原因可能是淨現金不足，這在一定程度上表明很多公司的確存在融資約束問題，而且銀行可能由於信息不對稱及控制風險的動因而更偏向於短期借款。

表 4-6　典型年度各行業的外部融資成本與現金流的相關性

行業 \ 年份	2007（緊縮）	2009（寬鬆）	2012（穩健）
農、林、牧、漁業	−0.259	−0.192	−0.131
採礦業	−0.264***	−0.224*	−0.200***
製造業	−0.037	−0.103***	0.130***
電力、熱力、燃氣及水生產和供應業	−0.169*	0.050	0.237***
建築業	0.140	−0.043	−0.249***
批發和零售業	−0.156***	−0.182***	−0.105
交通運輸、倉儲和郵政業	−0.009	−0.117	−0.086
住宿和餐飲業	−0.594	0.034	0.074
信息傳輸、軟件和信息技術服務業	0.024	−0.095	−0.103
房地產業	0.038	0.186***	0.098
租賃和商務服務業	0.042	0.198	0.048
科學研究和技術服務業	−	0.232	−0.995***
水利、環境和公共設施管理業	0.116	0.327	−0.082
衛生和社會工作	−	−	−
文化、體育和娛樂業	−0.459***	−0.270	−0.503***
綜合類	−0.586***	0.132	0.135
所有行業	−0.034*	−0.054***	−0.007

註：表中數據為融資成本與現金流的相關係數，*、**、*** 分別表示在 10%、5%、1% 水準下顯著。

　　從表 4-6 可以看出，在不同貨幣政策時期，大部分行業的融資成本與現金流之間的相關係數均顯著為負，全樣本公司在 2007 年、2009 年均顯著為負，說明外部融資成本與其淨財富水準顯著負相關，2012 年穩健時期的相關係數雖然不顯著但仍然為負，間接證明中國上市公司可能存在信息不對稱而導致的融資約束問題。

中國上市公司存在融資約束的主要原因包括兩個方面：一是制度約束原因。國家每一項融資政策的出抬，特別是證券市場有關政策的出抬，都會對上市公司融資行為產生巨大的影響。如配股、增發新股的有關政策就會導致上市公司融資行為呈現巨大差異。長期以來中國上市公司的外部融資渠道不暢的現象就非常嚴重，主要體現在直接融資渠道中的債券市場非常落後，發行規模很小，發行條件苛刻，往往具有較濃的計劃色彩。而直接融資渠道中的股權融資雖然近年來發展很快，但是不論是IPO還是股權再融資，證監會都設置了嚴格的條件和約束，如公司治理狀況、財務規範程度、募集資金數額、間隔期和用途合規性等，尤其是對公司的盈利能力和財務狀況制定了硬性的約束條件。這些條件無疑將某些目前盈利能力偏弱但很有發展潛力的好公司拒之門外，使其面臨嚴重的融資約束問題。如唐國正、劉力（2005）通過實證分析指出獲利能力強的公司更偏好股權融資，而獲利能力弱的公司則受到股權融資約束而不得不選擇債務融資。這一點與陸正飛、高強（2003）[1]以及李悅等人（2008）[2]的調查研究結論是一致的。二是信息不對稱問題嚴重。這個問題在發達國家同樣存在，但在中國資本市場情況要更為嚴重，主要是因為中國的金融改革滯後，銀行經營機制還不夠健全。在大多數企業無法通過股權或債券進行直接融資的情形下，只能採用外部債務的形式進行間接融資，即通過銀行等金融仲介融得所需資金。前文已經有所闡述，由於存在逆向選擇和道德風險，外部投資者往往要求得到額外的投資回報溢價，從而使得外部資金成本高於內部資金成本，而且銀行借款往往需要公司提供相應的抵押擔保，這使得一些缺乏可靠抵押物的

---

[1] 陸正飛, 高強. 中國上市公司融資行為研究——基於問卷調查的分析 [J]. 會計研究, 2003 (10)：16-24.
[2] 李悅, 熊德華, 張崢, 等. 中國上市公司如何選擇融資渠道——基於問卷調查的研究 [J]. 金融研究, 2008 (8)：86-104.

公司受到融資約束。在某些情形下甚至可能出現銀行信貸配置，即使某些公司願意支付較高溢價或提供足夠的擔保物也無法得到所需資金，極端情況下有可能無法得到任何資金，此時公司面臨極為嚴重的融資約束問題。

4.2.3 公司融資約束的理論模型

1. 經典的投資 Q 模型

本節基於 Hubbard（1998）闡述經典的投資 Q 模型。假定資本存量的調整成本為凸性，則公司的價值可表述為：

$$V(K_{it}, \theta_{it}) =$$

$$\max E\left\{\sum_{s=t}^{\infty} \beta_i^s [\pi(K_{is}, \theta_{is}) - C(I_{is}, K_{is}, \lambda_{is}) - p_s I_{is}]\right\} | \Omega_{it}$$

式（4.6）

$$K_{is} = (1-\delta) K_{is-1} + I_{is}$$

式（4.6）中 K_{is} 是期初資本存量，π 是利潤函數，θ_{is} 是對利潤函數的外部衝擊，C 是調整成本函數，I_{is} 是投資支出，p_s 是經過稅收調整後的資本品的相對價格，λ_{is} 是調整成本的外部衝擊，δ 是折舊率，E 是期望算子。新增加的資產當年即可投入生產。

對式（4.6）求偏導數，得到邊際資本收益，也即是邊際 q 的表達式（Hayashi，1982）：

$$p_t + C_I(I_{it}, K_{it}) = q_{it} \qquad 式（4.7）$$

$$q_{it} = E\sum_{s=0}^{\infty} \beta_i^s (1-\delta)^s [\pi_K(K_{i,t+s}, \theta_{i,t+s}) - C_K(K_{i,t+s}, \lambda_{i,t+s})]$$

式（4.8）

式（4.7）右邊為邊際 q，式（4.8）將 q 定義為新資本投資產生的利潤的現值。為了從一階條件式（4.7）中得到投資表達式，必須設定調整成本函數 C 的具體函數形式。傳統的 q 文獻是將調整成本設定為線性齊次（linearly homogeneous），因此

邊際 q 與平均 q 相等（Hayashi, 1982）。遵循該條件的一個簡單設定是：

$$C_t(I_{it}, K_{it}) = (\alpha/2)\,[I_{it}/K_{it} - a_i - \lambda_{it}]^2 K_{it} \qquad \text{式 (4.9)}$$

調整成本的技術衝擊 λ，可能與生產衝擊 θ 相關。將式 (4.9) 代入到等式 (4.7) 就產生投資表達式：

$$\left(\frac{I}{K}\right)_{it} = a_i + \frac{1}{\alpha}[q_{it} - p_t] + \lambda_{it} + \varepsilon_{it} \qquad \text{式 (4.10)}$$

當滿足以下特定條件時，可以用平均 q 代替邊際 q，因為邊際 q 無法觀測，平均 q 可以通過可觀測的金融市場數據構造，為實證帶來方便。這些條件包括：①要素和產品市場的完全競爭；②固定資本具有同質性（homogeneity）；③生產技術和調整成本是線性齊次的；④投融資決策相互獨立。當這些條件都滿足時，可以用下式來表示投資與 q 之間的關係：

$$\left(\frac{I}{K}\right)_{it} = a_i + bQ_{it} + \lambda_{it} + \varepsilon_{it} \qquad \text{式 (4.11)}$$

$b = 1/\alpha$，Q_{it} 是經稅收調整後的 q 值（Lawrence Summers, 1981）。根據理論分析，式 (4.11) 是無摩擦的完美資本市場條件下的投資模型，它可以合理解釋外部融資溢價較低（low premium）的公司的投資行為。同時，理論還預測，對於信息成本很高的公司，也僅對這部分公司來說，淨財富的變化才會對投資產生顯著影響。因此，對於這類公司來說，可以預期 (I/K) 對 Q 迴歸後的殘差與淨財富的變化相關（或者說淨財富變化進入殘差項）。這樣的相關性會拒絕無摩擦的 Q 模型，因此要提出一個其他備選模型，其中融資約束將發揮重要作用。

2. 考慮融資約束（附加現金流）的投資 Q 模型

FHP（1988）嘗試在控制投資機會後將公司按照圖 4-4 中淨財富變化是否會影響投資的標準來分組。也就是說，他們試圖檢驗內外部融資成本相似的公司與內外部融資成本存在巨大差異的公司在投資決定因素方面是否存在顯著不同。為了識別

最可能存在融資約束的公司組別，FHP擴展了公共經濟學文獻中的模型，其中股利是公司的剩餘（residual）[1]。這個邏輯是這樣的，假定資本存量的調節成本比股利的調整成本要高，由於存在稅收、交易成本或者信息成本等方面的原因，外部融資成本要高於內部融資成本，此時公司在存在良好投資機會的情況下仍然支付大量股利是不符合價值最大化原則的。因此，如果融資約束起作用，那麼具有良好投資機會且保留全部或幾乎全部盈餘的公司比那些支付高股利並擁有大量資金的公司具有更高的投資–現金流敏感性。

FHP在經驗研究中估計了式（4.11），但假定不存在技術衝擊即 $\lambda=0$，ε 是白噪聲且 Q 是邊際 q 的近似，給定 Q，淨財富的變化與投資之間任何相關性都會推翻無摩擦的 Q 模型[2]。如果信息成本很高，即使是良好的投資機會（公司內部觀察到的 q 值）也只能以很高的成本進行外部融資，可能的原因是公司本身不能有效地將真實的投資機會信息傳遞給外界。因此，對於給定的真實邊際 q，高信息成本意味著 Q 的增加並不能像式（4.11）所預測的那樣能帶來投資的增加。如圖4-4所示，高信息成本意味著 S 曲線更陡峭。此時投資需求增加 D 會右移，其結果是即使增加很少量的投資支出，也會導致資本成本迅速增加。

淨財富較少以及信息成本很高的公司，淨財富的變化會影響投資。D 不變時，淨財富的增加會導致資本存量增加。實際上

---

① 股利是公司經營剩餘，在公共經濟學文獻的模型中是通過稅收資本化（tax capitalization）的方式來說明的（Alan Auerbach, 1979; David Bradford, 1981; Mervyn King, 1977）。在這些模型中，內部資金成本低於外部資金成本，因為股息或股利比資本所得的稅率更高。該模型的直覺告訴我們，發行新股票存在逆向選擇問題（Myers & Majluf, 1984; Bruce Greenwald, Stiglitz & Weiss, 1984）。因此，可以推測，未發放股利的公司其內部融資成本和外部股票融資成本之間的差異比僅考慮稅收的那些公司要大。從這個意義上講，平滑股利（smooth dividends）的公司更有可能面臨融資約束。

② 這些約束無關大礙，因為技術衝擊會導致投資與利潤（profits）之間的相關，因此利潤對投資的殘餘效應反應了公司所觀察到的 Q 的偏差（mismeasurement）。

FHP模型可以被理解為將現金流作為淨財富變化的度量。雖然客觀上講現金流並不是淨財富變化的理想代理變量，但大多數研究還是將它作為淨財富變化的代理變量，因為它幾乎是公司唯一可用的測度指標。在無融資摩擦成本的完美市場條件下，按照式（4.11）來看，現金流對投資應該沒有任何解釋力，即使現金流並非淨財富變化的理想代理變量，但如果能夠找到拒絕該式的證據也是有用的。FHP模型如下：

$$\left(\frac{I}{K}\right)_{it} = a_i + bQ_{it} + c\left(\frac{CF}{K}\right)_{it} + \varepsilon_{it} \qquad 式（4.12）$$

如果資本市場不存在摩擦，式（4.12）中系數 c 的估計值應該為0，因為 Q 幾乎包含了所有投資機會的信息①。如果 c 顯著為正，那麼拒絕無摩擦的式（4.11）表明存在融資約束問題。式（4.12）有時被稱為附加現金流的投資Q模型。大量的實證研究都拒絕了經典的無摩擦投資Q模型，而支持附加現金流的投資Q模型，說明資本市場存在摩擦成本，很多公司也的確存在融資約束問題。

3. 引入營運資本的投資Q模型

早在亞當·斯密時代，經濟學家就意識到營運資本是公司資本存量的重要組成部分。在現代公司中，營運資本幾乎與固定資本處於相同的重要地位，尤其是在製造業中，統計數據顯示其營運資本規模會達到固定資本存量的一半以上。營運資本度量了公司流動性資產的淨頭寸，被會計師用來測度公司的流動性，它等於流動資產（主要包括應收帳款、存貨和現金）減去流動負債（主要包括應付帳款和短期負債）。Dewing（1941）指出營運資本和固定資本都是公司的關鍵要素，他強調兩者之

---

① 在有效資本市場原假設和 Hayashi（1982）的Q模型假設下，Q是投資機會的充分統計量。因此一旦Q被控制，則現金流對投資無影響。

間的重要差異就在於前者具有更強的流動性。而 Pindyck（1993）① 研究了固定投資的不可逆性，而營運資本卻具有可逆性，例如當公司消耗原材料的速度超過採購原材料的速度時，營運資本投資可能會暫時為負。公司可以通過加強應收帳款回收力度或更嚴格的銷售信用策略來加快回收營運資本。Meltzer（1960）研究表明流動性較差的公司在面臨通貨緊縮時一般會削減應收帳款；有時會利用流動性資產作為短期借款的擔保，通過增加流動負債來減少營運資本。Kim 和 Srinivasan（1988），Ramey（1989，1991）則研究了營運資本對公司的真實價值。

　　一般來說，公司改變固定投資水準的成本很高，因此它們會維持一個相對穩定的投資進度。Eisner 和 Strotz（1963）以及 Lucas（1967）認為投資平滑的動機在於隨著投資率的增加購進和安裝資產的邊際調整成本會上升。Summers（1981）通過 Tobin's q 投資方程估計得到的邊際調整成本很大，而且隨著投資上升而快速增加。另外，由於公司無法保存或推遲投資項目，假設項目的邊際價值遞減，且公司的投資支出受到現金流的支配，那麼公司可能在低現金流時期錯失高邊際價值的項目，而在高現金流時期不得不從事邊際價值相對較低的項目。這顯然是一種次優策略。當公司難以低成本地使用外部資金來抵消現金流波動時，融資約束就會妨礙這個投資策略目標的實現。如果公司面臨一個負的現金流衝擊，那麼它並不會等比例減少固定投資與營運資本投資，因為營運資本更具流動性，而且其投資是可逆的，可以利用它以較低成本吸收大部分現金流衝擊帶來的負面影響。即使是受到融資約束的公司也可以通過調整營運資本來抵消現金流波動對固定投資的衝擊，也就是說通過釋放短期流動性來平滑固定資產投資波動。因此，營運資本實際

---

　　① PINDYCK R S. Investments of uncertain cost [J]. Journal of financial Economics, 1993, 34 (1): 53-76.

上具有緩解短期融資約束的作用。

Fazzari 和 Petersen（1993）[1] 指出引入營運資本會產生兩個實證方面的結果。第一，如果現金流對投資的效應被理解為導致投資需求發生變化的影響因素而非融資約束的證據，而營運資本的變化也與銷售和利潤正相關，那麼其迴歸系數應為正。但是如果公司面臨融資約束，營運資本和固定投資會爭奪有限的可用資金，那麼這種情形下營運資本在迴歸方程中的系數應為負。第二，以往的研究可能低估了融資約束對投資的影響[2]。投資現金流敏感性系數僅僅度量了公司在平滑固定投資後現金流衝擊的平均短期效應。因此，為了測度現金流的長期效應，他們控制了營運資本平滑固定投資的外生變量，以便更加深入考察融資約束的經濟意義。

$$\left(\frac{I}{K}\right)_{it} = a_i + bQ_{it} + c\left(\frac{CF}{K}\right)_{it} + d\left(\frac{\Delta W}{K}\right)_{it} + \varepsilon_{it} \quad \text{式 (4.13)}$$

式（4.13）中 $\Delta W/K$ 表示營運資本投資，其系數 d 反應了固定投資與營運資本投資之間的競爭效應，而競爭效應的存在（即系數 d 顯著）是融資約束的結果。但考慮到很多公司會採用債務融資，因此 Fazzari 和 Petersen（1993）在模型中又引入長期債務變動因素（$\Delta LTD/K$）。同時還引入銷售額及滯後一期的銷售額，即 S/K，$LagS/K$。以上方程中由於營運資本投資是公司需要決策的內生變量，為解決內生性問題，需要引入工具變量，包括期初 q 值、現金流和期初營運資本存量。

$$\left(\frac{\Delta W}{K}\right)_{it} = a_i + bQ_{it} + c\left(\frac{CF}{K}\right)_{it} + d\left(\frac{W}{K}\right)_{it} + \varepsilon_{it} \quad \text{式 (4.14)}$$

---

[1] FAZZARI S M, PETERSEN B C. Working capital and fixed investment: new evidence on financing constraints [J]. The rand journal of economics, 1993: 328–342.

[2] 以往研究往往只考慮固定投資，但 Fazzari 和 Petersen（1993）在其模型中分別利用固定投資、營運資本投資以及固定投資和營運資本投資和作為因變量來估計投資模型，結果顯示當考慮了營運資本投資以後，融資約束效應會大得多。

公司營運資本投資應與其期初存量負相關，因為營運資本的邊際價值會隨其存量上升而下降。因此，式（4.14）中的系數 d 應該為負值。將式（4.12）中正的現金流系數作為融資約束的證據受到了很多批評，因為現金流可能代表了沒被 Q 充分反應的投資需求變動。營運資本投資與利潤、產出以及商業週期正相關，因此，如果 $\Delta W/K$ 代表了被遺漏的投資需求效應，那麼其系數應為正數且會降低式（4.12）中現金流的係數。式（4.13）中的現金流系數可以被理解為保持營運資本不變的條件下對固定投資的影響。現金流波動對投資的效應強度依賴於其資產負債狀況，當一個負的現金流衝擊發生於公司擁有大量營運資本存量時期，ΔW 會低於正常水準甚至為負，以此來平滑低現金流對固定投資的影響。如果同樣一個現金流衝擊發生在公司缺乏流動性時期，例如處於商業週期的低谷或經濟衰退時期，那麼它會對固定投資產生更大的影響。

4.3 貨幣政策、融資約束與公司投資規模的理論分析

4.3.1 理論分析思路

關於貨幣政策、融資約束與公司投資規模的理論分析思路如圖4-5所示。

從圖4-5可以看到貨幣政策調整如何改變公司外部融資環境，引起公司融資約束變化，進而影響其投資規模的機理及路徑。可以發現，貨幣政策主要通過兩條路徑影響公司內外部融資環境，並改變其融資約束狀況。首先是利率政策的調整，其主要路徑是利率變化後會改變公司外部資金成本，同時也會影

響其內部的淨財富實際價值,引起淨財富的效應發生變化,進而改變公司內外部融資溢價,緩解或強化公司融資約束程度,促使公司調整其投資規模。然後是信貸渠道的影響路徑,其主要機制在於貨幣政策調整會影響金融機構的信貸供給能力,而金融機構並不會根據資金價格來配置信貸資源,而是根據自身利益最大化和風險最小化來進行信貸配給,資金供給數量會影響公司對外部資金的可獲得性,對融資約束造成影響,並最終影響公司投資規模的調整。

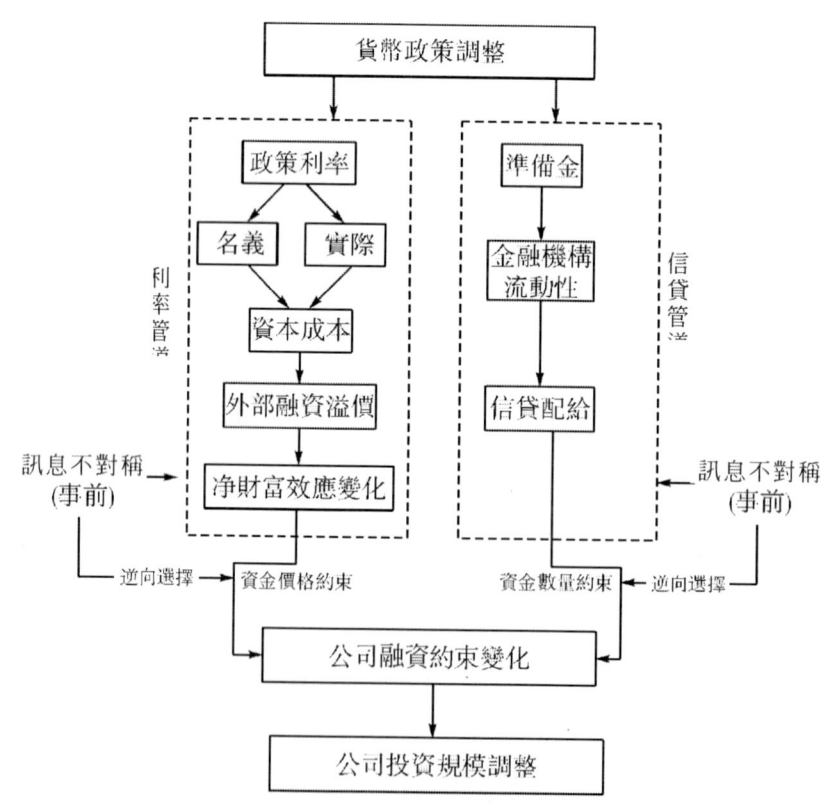

圖 4-5 貨幣政策、融資約束與公司投資規模的理論分析思路

4.3.2 融資約束對公司投資規模影響的理論分析

關於融資約束對公司投資規模的影響，在本章的第一節闡述融資約束的機理時已經有所論述。實際上，根據 FHP（1988）的定義，所謂的融資約束就是指公司由於信息不對稱而無法獲取足夠的所需資金來實施有價值的投資項目，因此融資約束的內涵本身就包含了融資因素對投資規模的影響。

Guariglia（2008）[1] 在以往的研究文獻的基礎上將公司融資約束劃分為內部融資約束和外部融資約束，內部融資約束指內部資金的流動性，外部融資約束指公司進入資本市場融資的可行程度。Almeida 和 Campello（2001）[2] 則將融資約束劃分為資金價格約束和資金數量約束兩類。資金價格約束研究實際上源自於 Myers 和 Majluf（1984）[3] 的優序融資約束理論，他們認為公司在為投資項目融資時會首先選擇內部融資（留存收益），其次是債務融資，最後才會選擇股權融資。其原因在於內部融資的資金成本高於外部融資，而外部融資方式中債務融資由於具有更強的約束性和強制償還特點而使資金成本低於股權融資成本。由於存在信息不對稱，外部投資者對投資項目的評價和監督成本很高，甚至無法完成，因此投資者會通過提高資金價格來彌補其面臨的較高風險。當外部資金價格上升後可能導致公司項目的投資成本過高而超過必要報酬率，項目的淨現值變為

---

[1] GUARIGLIA A. Internal financial constraints, external financial constraints, and investment choice: evidence from a panel of UK firms [J]. Journal of banking & finance, 2008, 32 (9): 1795-1809.

[2] ALMEIDA H, CAMPELLO M. Financial constraints and investment-cash flow sensitivities: new research directions [C] //Twelfth Annual Utah Winter Finance Conference. 2001.

[3] MYERS S C, MAJLUF N S. Corporate financing and investment decisions when firms have information that investors do not have [J]. Journal of financial economics, 1984, 13 (2): 187-221.

負值，從而導致某些公司退出資金市場。該觀點還認為公司的融資約束可以通過淨財富水準的提高來得到緩解，因此，資金價格約束實質上是公司獲取資金的成本差異導致的融資約束問題；而資金數量約束則主要基於 Jafee 和 Russell（1976）以及 Stiglitz 和 Weiss（1981）等提出的信貸配給理論[1]，該理論認為銀行會根據信貸風險及利潤最大化原則確定信貸水準及價格，並非每個借款人都能夠獲得所需資金，即使借款人願意支付更高的利息，也可能無法獲得任何信貸資金，從而導致公司外部融資約束並影響投資支出水準。資金數量約束不同於價格約束，資金價格約束表明公司外部融資數量與資金成本成反比例變動，意味著只要公司願意支付較高的資金成本都會融到所需資金，從而實現資本市場的均衡狀態；而資金的數量約束則不考慮資金成本，通過數量控制限定資金供應數量，金融機構對公司進行信貸配給。由此可見，兩種資金約束都是由於存在信息不對稱問題而導致外部融資溢價，使公司無法獲得足夠資金或根本無法獲得任何資金，從而產生融資約束，並影響公司投資規模。

4.3.3 貨幣政策衝擊對融資約束影響公司投資規模的理論分析

以上主要分析了由於存在信息不對稱問題，資金價格約束和資金數量約束對公司融資約束的產生機理。對於資金價格約束，信息不對稱導致的內外部融資溢價是融資約束產生的根本原因，內外部融資溢價的程度也決定了融資約束的程度。因此，從理論上講，如果出現外部衝擊如貨幣政策調整，公司的內外部融資溢價必定會受到影響，進而影響其融資約束程度，最終導致公司調整其投資規模。對於資金數量約束，則主要是外部

---

[1] STIGLITZ J E, WEISS A. Credit rationing in markets with imperfect information [J]. The American economic review, 1981, 71 (3): 393-410.

流動性限制影響了金融機構的資金供給能力，使得金融機構為自身利益最大化而進行信貸配給，直接導致融資約束的產生和改變，並影響公司投資規模。

　　貨幣政策調整主要通過利率渠道和信貸渠道影響公司內外部融資環境[1]，其中當利率政策調整後，實際利率會隨名義利率而改變，金融機構的貸款利率也會隨之發生變化，從而影響公司的外部融資成本，此時公司淨財富的實際價值會因為外部融資環境變化而發生改變，淨財富水準的意義在於信息不對稱情況下作為外部資金提供者的擔保，例如當實際利率（或金融機構貸款的市場利率）下降時，公司內外部融資環境至少會發生兩方面的變化：其一，外部資金提供者能夠以更低的資金成本提供一定的資金額度，有利於降低資本成本，減少由於資金成本過高而無力融資的可能性；其二，由於內部資金的機會成本降低，在其他條件不變的情況下，公司內部原有淨財富的實際價值會有所增加[2][3]，對外部資金提供者來說，這種實際價值的增加為收回貸款提供了更多保障，降低了發生貸款損失的風險。因此，利率的降低會產生上述兩種效應，導致公司內外部融資溢價降低，緩解融資約束，並促進公司投資規模的增加。如果利率提高，則會出現相反的結果，公司內外部環境也會發生變化：一是外部資金提供者要求獲得更高的回報率，使得資金成本提高，增加了公司的外部融資成本；二是淨財富水準的實際價值會因為利率的提高而縮水，對外部投資者來說，淨財富的擔保價值下降了，這實際上增加了收回資金的風險。因此，當

---

　　[1]　由於研究主題所限，本書暫不涉及貨幣政策中的公開市場操作。
　　[2]　GERTLER M, GILCHRIST S. Monetary policy, business cycles, and the behavior of small manufacturing firms [J]. The quarterly journal of economics, 1994: 309-340.
　　[3]　GERTLER M, GILCHRIST S, NATALUCCI F M. External constraints on monetary policy and the financial accelerator [J]. Journal of money, credit and banking, 2007, 39 (2-3): 295-330.

利率上升時，兩種效應的疊加會使得公司內外部融資溢價也上升，融資約束程度變得更強，公司無法獲得足夠的外部資金，甚至可能由於資金成本過高而放棄外部融資，從而不得不削減投資規模。

對於貨幣政策的信貸傳導渠道，主要是從資金數量約束的角度展開分析。當央行調整準備金率時，實際上影響了金融機構的可貸資金數量，Jafee 和 Russell（1976）以及 Stiglitz 和 Weiss（1981）提出的信貸配給理論認為，金融機構並不會根據資金價格來配置信貸資源，因為金融市場的不完美導致嚴重的信息不對稱問題，「壞的」借款人可能會為了獲得資金而願意承擔更高的資金成本，但是這類貸款的風險卻非常之高。因此，金融機構會從自身利益最大化和風險最小化出發來自主配置信貸資源。當準備金率下降時，金融機構的信貸供給增加，信貸條件變得寬鬆，市場上的流動性增加，資金充裕，一些原本具有融資約束的公司可能更容易得到一些信貸資金，從而緩解融資約束，並促進投資規模增長。當準備金率上升時，金融機構的信貸供給減少，信貸條件變得嚴格，市場流動性減少，資金匱乏，一些原本具有融資約束的公司更難獲得信貸資金的支持，從而進一步加深融資約束程度，並被迫縮減投資規模。

4.4 貨幣政策、融資約束與公司投資效率的理論分析

4.4.1 理論分析思路

關於貨幣政策、融資約束與公司投資效率的理論分析如圖 4-6 所示。

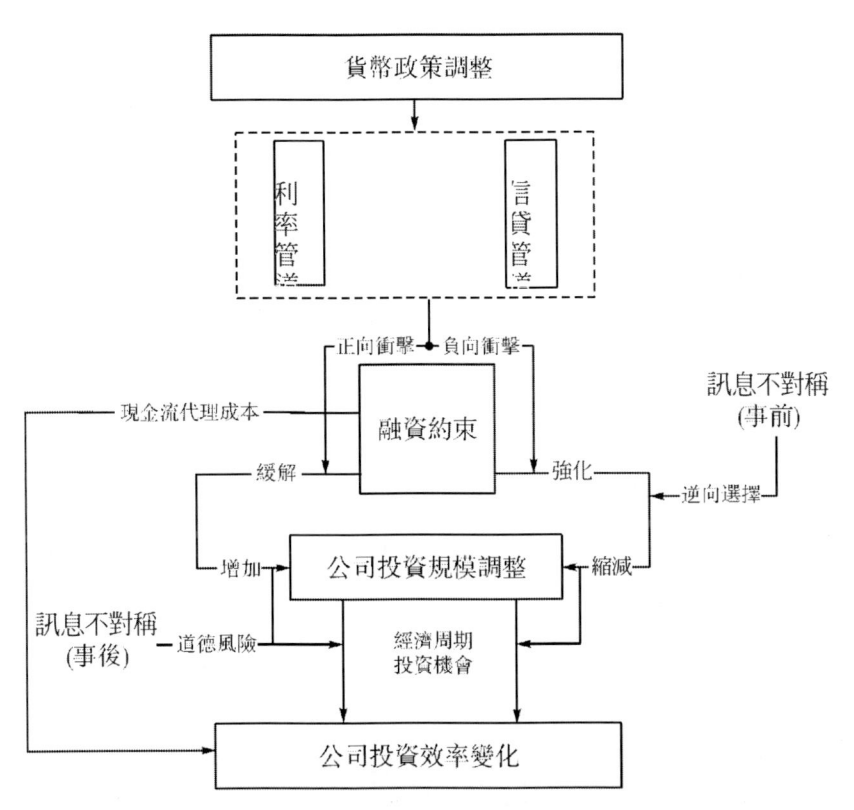

圖 4-6　貨幣政策、融資約束與公司投資效率的理論分析思路

　　圖4-6展示了貨幣政策調整如何通過影響公司融資約束，從而調整投資規模，並由此導致公司投資效率產生變化的內在機理和實現路徑。實際上，融資約束本身不僅會影響公司的投資規模，也會影響公司的投資效率。融資約束越強，投資規模的擴大就越困難，但是投資效率可能反而更高，或者說投資效率的損失程度可能更低，因為資金的使用會受到更多的監督和控制；融資約束越弱，投資規模越容易擴大，但投資效率可能反而降低，或者說效率損失程度可能更高，因為資金充裕的情況下，資金代理成本和管理層的道德風險行為可能更為嚴重。當貨幣政策調整時，通過利率渠道和信貸渠道對公司融資約束

產生影響，並導致公司投資規模的調整，其機理和路徑已在4.3節有較詳細的闡釋。在此基礎上，公司的投資效率也會發生變化，投資效率最終如何變化還要取決於外部經濟環境狀況，例如經濟所處發展週期以及市場投資機會等。

4.4.2 融資約束對公司投資效率影響的理論分析

公司投資效率是公司財務學中一個非常基本的主題。在一個沒有摩擦的完美資本市場中（Modigliani & Miller, 1958），當各投資項目的資本邊際收益相同時資本配置達到最優。在公司層面，該理論認為公司以某個公允的資本成本為所有正淨現值項目融資直到投資的邊際收益等於資本的邊際成本，此時公司投資效率達到最大化。然而，公司外部資本市場存在的信息不對稱會產生融資的逆向選擇問題，公司往往會面臨高昂的融資成本或者金融機構的信貸配給，使其不得不放棄部分正淨現值項目（Myers & Majluf, 1984），從而導致投資不足，降低公司的投資效率。然而，目前學術界關注更多的是關於非效率投資的理論研究，其研究路線主要是沿著投資不足和過度投資產生的原因展開的，研究結論基本一致，即融資約束導致投資不足（Myers & Majluf, 1984），代理衝突導致過度投資（Jensen, 1986）[1]。過度投資和投資不足均不利於企業價值最大化目標的實現，因此統稱為「非效率投資」。非效率投資是以過度投資和投資不足為表現形式，造成實際投資規模偏離最佳投資規模的投資行為（劉松, 2009）[2]。從以上分析可以發現，目前該主題的研究還存在至少兩個可以改進的地方：其一，不管是過度投資還是投資不足，都是基於投資規模的考量，即從量的角度來

---

[1] JENSEN M C. Agency cost of free cash flow, corporate finance, and takeovers [J]. American economic review, 1986, 76 (2).

[2] 劉松. 企業非效率投資研究困境：概念、機理和度量 [J]. 生產力研究, 2009 (16): 21-3.

界定公司是投資多了還是投資少了，並沒有延伸至真正的投資效率，即從質的角度來評定公司投資的效果如何，投資增大了公司價值還是損害了公司價值，促進和損害的程度如何，這是一個值得深入探討的問題；其二，非效率投資的產生原因雖然已經比較明確，但是還不夠深入，例如融資約束的確可能導致投資不足，從而損失效率，但是首先公司融資約束的概念是相對的，融資約束很強的公司很可能投資不足，而融資約束很弱的公司未必會投資不足，甚至還可能投資過度，其次公司融資約束是會發生變化的，會受到外部衝擊如貨幣政策調整的影響，那麼當融資約束發生變化時公司投資效率又會如何變化，目前缺乏融資約束對公司投資效率作用機制及其動態變化方面的研究。

關於投資效率的測度方法，目前有兩種：一是投資對投資機會的反應系數（喻坤，等，2014）；二是投資對盈利能力的敏感性（靳慶魯，等，2012）。前者一般用 q 代表投資機會，後者一般用 ROE（淨資產收益率）代表盈利能力。不論哪一種，其實質都是對投資效果即質方面的考量，因為前者表示投資引起公司價值的變動，後者表示投資對公司權益的影響。當公司面臨融資約束時，獲取外部資金的成本就會很高或者無法獲取資金，導致公司投資支出時更多依賴於自身內部資金[1]（Fazzari，Hubbard 和 Petersen，1988），公司內部資金越少，面臨的融資約束程度越高，擴大投資規模就越困難，此時公司投資不足，損失投資效率，但正由於資金匱乏，公司對投資項目的篩選和評價更加謹慎，對資金的使用有更完備的監控和管理措施，自由現金流的代理成本非常低（Jensen，1986）[2]，資金得到更有效

---

[1] 實證上一般以內部資金（現金流）代替淨財富水準，以此表示公司面臨的融資約束程度（Hubbard, R. G, 1998）。

[2] 當面臨非常嚴重的融資約束時，公司可能僅有少量的甚至沒有自由現金流。

的利用，因此會減少投資效率的損失；公司內部資金越多，面臨的融資約束程度越弱，擴大投資規模就越容易，此時公司投資不足問題並不嚴重，由於資金相對充裕，公司對投資項目的篩選和監控相對寬鬆，現金流代理成本較高，甚至可能會存在一定程度的過度投資①，從而導致投資效率下降。

  Jensen 和 Meckling (1976)② 對代理衝突問題進行了深入的理論分析，其中非常重要的衝突是股東與經理人之間的代理衝突，由於兩權分離和信息不對稱，經理人往往具有增加在職消費和擴張企業規模，並建立個人帝國的內在動機，尤其是當公司產生大量內部現金流及自由現金流時，代理衝突問題會更加嚴重（Jensen, 1986）。因此，當公司面臨較強的融資約束時，股東清楚外部融資的可獲得性較差，公司需要更多依賴於內部資金來自我成長，因此傾向於對經理人的行為進行更多的監督和控制，更加關注資金的使用效率，降低現金流的代理成本；當公司面臨較弱的融資約束時，公司內部資金比較充裕，或者比較容易從外部融資或者外部融資成本較低，股東更多關注的是投資項目本身以及基於項目的權益增長，即投資是否帶來價值增加，而可能疏於對經理人資金使用效率的詳細監察，導致現金流的代理成本上升。由此可見，融資約束程度越高，公司越不容易擴大投資規模，但更傾向於關注資金的使用效率，並因此減少投資不足帶來的效率損失；融資約束程度越低，公司越容易擴大投資規模，但更傾向於關注絕對價值的增加而忽略資金的使用效率問題，並因此增加投資效率的損失。

---

  ① 本書研究中假設所有公司均具有融資約束，只是程度不同而已。
  ② JENSEN M C, MECKLING W H. Theory of the firm: managerial behavior, agency costs and ownership structure [J]. Journal of financial economics, 1976, 3 (4): 305-360.

4.4.3 貨幣政策衝擊對融資約束影響公司投資效率的理論分析

以上分析了融資約束影響公司投資效率的內在機理及主要特徵。由於信息不對稱，公司會面臨不同程度的融資約束，公司內部現金流的充裕程度（淨財富水準）能夠緩解融資約束。當內部現金流較低時，融資約束程度較高，股東更加關注資金的使用效率，現金流代理成本較低，對代理人使用資金進行較多監督能夠緩解由於投資不足導致的效率損失；當內部現金流較高時，融資約束程度較弱，股東不會為缺乏資金而擔憂，更多關注的是權益價值的絕對增值或公司規模的擴大，對代理人使用資金的具體情況缺乏嚴格的監控，現金流代理成本較高，從而導致投資效率的損失。

當貨幣政策調整時，通過利率渠道和信貸渠道影響公司內外部融資環境，改變公司融資約束，並導致其調整投資規模，進而影響公司投資效率。當貨幣政策緊縮時，利率上調或者信貸規模縮小，融資成本上升，社會流動資金減少，公司會面臨更強的融資約束，由於資金缺乏而引起的投資不足問題可能會變得嚴重，但同時也會降低公司的現金流成本。一方面，整體資金成本上升，在其他條件不變的情況下，社會投資機會下降，投資不足問題又會得到一定程度的緩解。這種負向的貨幣政策衝擊對融資約束程度較高的公司可能影響更大，因為當貨幣緊縮時，高融資約束公司可能很難再從外部融得資金或者僅能融到極少的資金，而低融資約束公司則仍然能夠憑藉其「天然優勢」吸收大部分的社會資金或利用自身較充裕的內部資金[1]。低融資約束公司在競爭信貸資源時對高融資約束公司具有天然的

---

[1] 貨幣緊縮時，金融機構會提高信貸門檻和標準，對信貸審批更加謹慎，高融資約束公司可能被首先排除，而低融資約束公司仍然具有競爭優勢。

排擠效應。當貨幣政策擴張時，利率下降或信貸規模擴大，融資成本下降，社會流動資金增加，公司的融資約束程度會得到緩解，由於資金較充裕所以投資不足問題也會有所緩解，但同時也可能增加現金流成本。另一方面，整體資金成本下降，公司面臨的投資機會上升，使得投資效率上升。這種正向的貨幣政策衝擊對高融資約束公司具有更大的影響，因為此時其融資約束得到較大程度緩解，而低融資約束公司本身不缺乏資金或者能夠較容易地從外部獲取資金，因此對其融資約束並不會產生實質性影響。

當考慮經濟週期時①，情況會變得稍微複雜。在貨幣緊縮時期，經濟還處於快速發展階段，政府總體上採取緊縮政策，提高利率和準備金率，壓縮信貸規模，試圖降低通貨膨脹率，消除或減少經濟泡沫。此時期的貨幣政策調整會在總體上降低社會流動性，提高資金使用成本，公司會面臨較強的融資約束。如上所述，融資約束程度較高的公司可能無法得到外部資金，但投資機會也會有所減少，從而緩解融資約束導致的投資不足問題；融資約束程度較低的公司仍然具有較強的內外部融資優勢，這種優勢可以保證其資金供給不會出現太大波動，此時實際投資機會降低，但經濟發展速度仍處於高位運行狀態，經濟發展前景良好，現金流代理成本上升，導致公司出現過度投資，從而損害投資效率。在貨幣寬鬆時期，經濟處於低速發展階段，政府總體上採用擴張的貨幣政策，降低利率和準備金率，擴大信貸規模，試圖刺激公司投資並恢復經濟發展。此時期的貨幣政策調整會在總體上增加社會流動性，降低資金使用成本，公司面臨的融資約束得到緩解。如上所述，融資約束程度較高的

---

① 貨幣緊縮時期，一般是經濟發展過快以及通貨膨脹率很高的時期，經濟主體往往會感覺市場形勢良好，未來樂觀。由於經濟發展速度和通貨膨脹率都是連續變量，僅從數字上判斷其高低快慢比較主觀，因此利用貨幣時期（來源：央行貨幣執行報告陳述）來間接反應經濟所處的週期階段。

公司會受到更大影響，其融資約束程度緩解更多，資金變得充裕，資產負債率明顯上升，雖然名義投資機會上升，但經濟發展速度較低，前景低迷，並沒有足夠良好的投資機會，此時現金流代理成本升高，導致投資效率降低。Jensen 和 Meckling（1976）指出股東具有投資高風險、高收益項目的動機，將財富從債權人轉移至股東，這種現象被稱為「資產替代」，當負債率較高時資產替代動機尤為強烈。Myers（1977）[1] 也指出高負債率可能使 NPV 為正的項目被捨棄，從而降低企業的價值。而融資約束程度較低的公司本身不缺乏資金或者比較容易從外部獲取資金，此時期的貨幣政策調整並不會對其資金需求產生明顯影響，資產替代不明顯。

　　總之，貨幣政策緊縮時，公司會面臨較嚴重的融資約束，投資規模難以擴大，但投資機會減少使得投資不足問題得到緩解，投資效率損失降低，這對融資約束程度較高的公司來說影響更大；貨幣政策擴張時，公司的融資約束得到緩解，投資規模較易擴大，投資機會增加，投資效率提高。當考慮經濟週期因素時，情況相對複雜。在貨幣緊縮時期，經濟發展過熱，緊縮貨幣政策會限制信貸規模或提高資金成本，高融資約束公司缺乏資金，但投資機會減少，因此效率損失有限；低融資約束公司仍然不會缺乏資金，但投資機會減少，資金代理成本上升，反而導致其投資效率下降。在貨幣寬鬆時期，經濟發展低迷，擴張貨幣政策會擴大信貸規模或降低資金成本，高融資約束公司的融資約束得到極大緩解，雖然融資成本降低但未來前景欠佳，市場上沒有足夠多良好的投資機會[2]，資金代理成本上升，

---

[1]　MYERS S C. Determinants of corporate borrowing [J]. Journal of financial economics, 1977, 5（2）: 147-175.

[2]　政府降低利率試圖提高投資機會，但是由於經濟低迷，市場前景預期不樂觀，實際上很難在短時間內增加大量投資機會；在緊縮時期，提高利率則會迅速減少投資機會。

資產替代行為出現，反而會導致投資效率下降；低融資約束公司並不會因為貨幣寬鬆而大量借入資金，因此貨幣政策調整對其投資效率影響較小。表 4-7 是對理論分析結果的小結。

表 4-7　貨幣政策、融資約束與公司投資效率的理論分析結果

項目	貨幣政策	貨幣緊縮	貨幣寬鬆
融資約束	高約束	顯著加強	顯著緩解
	低約束	影響不明顯	影響不明顯
投資效率	高約束	無法預測	顯著降低
	低約束	顯著降低	無法預測

註：實際上，緊縮貨幣政策減少了投資機會；而寬鬆貨幣政策卻無法增加投資機會。緊縮時期融資約束程度低的公司仍有資金，但機會減少，投資效率降低；寬鬆時期融資約束程度高的公司能夠較容易地獲取資金，但機會沒有增加，投資效率也會下降。

5 貨幣政策、融資約束及公司投資規模的實證研究

5.1 理論分析及實證假說

5.1.1 貨幣政策對公司融資約束影響的渠道

宏觀經濟學研究表明，貨幣政策對經濟的傳導渠道主要包括貨幣渠道和信貸渠道，兩者共同影響融資環境。貨幣渠道體現在利率方面，而信貸渠道體現在銀行信貸方面。中國由於實施利率管制，利率市場化改革滯後，導致貨幣政策的利率渠道阻塞。如童穎（2005）認為利率未市場化、資本市場及貨幣市場發展滯後是制約貨幣政策發揮效用的重要因素。吳菲魏、義俊（2000）通過實證檢驗發現降低存貸款利率對擴大投資的作用非常有限，這與理論分析結果大相徑庭。尚煜、王慧（2008）研究表明利率調整對投資總量及增長率的影響不顯著，利率對投資缺乏敏感性導致中國貨幣政策的利率渠道受阻。馮巍（1999）的實證研究也得出了類似結論。儘管如此，一些學者指出利率尤其是實際利率對投資具有顯著影響，如李廣眾（2000）利用 1984—1997 年的宏觀經濟數據通過實證分析認為實際利率[①]的降低有利於投資的增長，實際利率對投資的作用部分地解釋 1996 年以來的 7 次降低利率的實際效果。因此，長期以來，中國的貨幣政策渠道以信貸渠道為主。趙振全、於震、劉淼（2007）認為信貸渠道是中國貨幣政策傳導過程中的重要仲介。周英章、蔣振聲（2002）認為目前中國的貨幣政策通過貨幣渠道和信貸渠道共同發揮作用，但相對而言，信用渠道占主導地

---

① 實際利率 $r = (1+r_n)/(1+\pi) - 1$。r_n 為一年期定期存款的名義利率，π 為當年的通貨膨脹率。

位。路妍（2004）指出信用渠道是中國貨幣政策傳導的主要渠道，但即使是信用渠道也由於利率管制及銀行惜貸行為而產生扭曲。儘管如此，很多學者仍然認為從長期來看，建立規範化的利率傳導機制才是提高貨幣政策有效性的主要方式（童穎，2005；方先明，等，2005；宋立，2002）。Bernanke 和 Mark Gertler（1995）[1] 甚至認為信貸渠道並不是一種獨立於傳統貨幣傳導渠道（利率渠道）的機制，而僅僅是對利率渠道的一種強化機制，甚至信貸渠道的這種提法都有些欠妥，利率渠道才是最根本最關鍵的。根據以上眾多學者的研究結果可以看到，中國的利率機制還不健全，貨幣政策的利率傳遞渠道似乎還不夠成熟，貨幣政策主要通過信貸渠道來影響貨幣供應量，影響公司的外部融資環境，進而影響公司的融資約束程度，最終影響公司的投資支出水準。綜上所述，本書提出第一個假說。

假說1：中國貨幣政策傳導通過信貸渠道和利率渠道的共同作用來影響公司融資約束，進而對公司投資規模產生顯著影響。

5.1.2 貨幣政策對公司融資約束效應的差異性

Fazzari, Hubbard, Petersen（1988）在其關於融資約束的創新性研究中對公司樣本按融資約束程度進行分組，其分組的標準為股利支付，其內在邏輯在於如果公司連續發放大量股利，那麼很難證明公司面臨融資約束問題；而如果公司在面臨較嚴重的融資約束時卻支付大量股利則不符合價值最大化原則。後續大多數研究都遵循了這個標準，並根據實際研究背景做一定變通。例如致力於降低信息成本的金融仲介可能會降低公司投資對其淨財富變化的敏感性，因此無仲介關係的公司可能面臨更嚴重的融資約束。日本的產業安排在這一點上提供了有價值

---

[1] BERNANKE B S, GERTLER M. Inside the black box: the credit channel of monetary policy transmission [J]. The journal of economic perspectives, 1995, 9 (4): 27-48.

的創新。研究者可以採用企業集團（Keiretsu，源自日本的企業體系、集團）成員作為分組標準。其邏輯在於企業集團公司可以通過集團主銀行（main bank）進行外部融資，該主銀行對成員公司具有較嚴密的監督並以此來降低外部融資的信息成本。還有一些分組基於公司本身特徵和與信息不對稱的相關程度。例如，年輕的公司相對於成熟的公司（可能描述了外部權益融資成本的差異）；股權分散相對於股權集中（潛在的代理成本的代理變量）；以及附屬於某個集團的成員公司相對於那些單獨的公司。大多數研究都表明這些分組的確能夠反應公司的融資約束差異。

中國學者對此也進行了創新性的研究。馮巍（1999）、章曉霞和吳衝鋒（2006）、李金等（2007）都採用FHP的股利支付率作為融資約束程度分組標準，章曉霞和吳衝鋒（2006）研究表明兩個分組的融資約束程度無顯著差異，李金等（2007）的研究則表明兩組之間存在顯著差異。連玉君、蘇治、丁志國（2008）認為他們的研究都忽略了投資機會與現金流之間的內生性，通過GMM估計法得到的結論是，按照股利支付和規模來劃分的融資約束分組具有有效性。一般認為，小規模公司的信息成本更高，當貨幣政策趨緊時，貨幣供應量減少，在信貸配給中取得的資金更少，因此緊縮的貨幣政策會加劇小規模公司的融資約束。而股利支付率則反應了公司投資機會及融資約束程度，如果貨幣政策改變，那麼公司股利支付率也會做出適應性調整，以便調整內部現金流來適應外部融資環境。但在中國股利支付能否反應信息成本的高低呢？或者說股利支付能否作為真實融資約束的分組標準呢？一些實證研究得出了否定的結論。例如何金耿、丁加華（2001）通過實證分析發現中國上市公司支付較低股利的動機並非由於具有良好的投資機會，也不是由

於存在「融資約束」問題，而是管理者機會主義行為的結果①。這是由於中國資本市場機制還不完善，公司普遍具有股權融資偏好，股利支付具有隨意性而無強制性；投資者還不成熟，他們更多關注的是短期收益或資本性溢價而非股利回報。因此，大多數的國內研究將公司的產權性質作為劃分融資約束分組的標準。尤其是在中國特有的社會經濟體制下，金融機構對民營企業長期存在信貸配給方面的歧視（葉康濤、祝繼高，2009；盧峰、姚洋，2004；江偉、李斌，2006；喻坤、李治國，等，2014），如陸正飛、祝繼高、樊錚（2008）研究了「信貸歧視」對民營上市公司的影響。尤其是在從緊的貨幣政策（銀根緊縮）時期，民營企業會面臨更緊張的外部融資約束，表現為對內部資金的依賴程度更高（Fazzari，1988），長期貸款增長率明顯下降，而同期的國有企業則仍然保持較高的長期負債增長率。他們還分析了這種融資約束對民營上市公司價值的消極影響。而在貨幣政策較為寬鬆時，銀行可貸資金充裕，在滿足國有企業信貸融資需求後還有剩餘資源可向民營企業分配，從而緩解民營企業的融資約束。綜上所述，本書提出第二個研究假說。

假說 2a：貨幣政策對面臨不同融資約束程度的公司的效應具有差異性，融資約束程度越高的公司其融資約束及投資規模受到貨幣政策的影響越大。

假說 2b：貨幣政策對公司融資約束影響的差異性會導致信貸資源配置失衡。

5.1.3 貨幣政策對公司融資約束影響的非對稱性

很多學者研究貨幣政策有效性時都發現了其非對稱性特徵，DeLong 和 Summers（1988）、Cover（1992）以及 Morgan

---

① 何金耿，丁加華. 上市公司投資決策行為的實證分析 [J]. 證券市場導報，2001（9）：44-7.

(1993)等都對該問題做了深入的研究。一個比較一致的結論是緊縮效應強於擴張效應(閆力、劉克宮、張次蘭,2009;劉金全,2002;陳建斌,2006),或者負的貨幣衝擊強於正的貨幣衝擊(陸軍、舒元,2002;劉斌,2001),但也存在個別相反的結論,即正的衝擊強於負的衝擊(黃先開、鄧述慧,2000)[1]。曹永琴(2010)認為產生這種差異的原因在於貨幣政策的非對稱性還受到通貨膨脹率的影響。在一定的通貨膨脹率區間內,貨幣政策非對稱效應為正向(緊縮性貨幣政策效應大於擴張性貨幣政策效應);否則可能出現逆向的貨幣政策非對稱性(擴張性貨幣政策效應大於緊縮性貨幣政策效應)。王立勇、張代強、劉文(2010)則認為這種差異性來源於經濟週期的影響,經濟低速增長時期貨幣政策具有非對稱性,但在經濟高速增長階段貨幣政策具有對稱性。劉金全、隋建利、李楠(2009)基於非線性VAR模型實證研究了中國貨幣政策的非對稱性效應,結論表明貨幣政策衝擊對產出和通貨膨脹具有明顯的非對稱效應。當經濟處於低速增長階段時,貨幣政策的緊縮效應要明顯大於擴張效應。張西徵、劉志遠、王靜(2012)將這種非對稱性理解為貨幣政策的需求效應(q)和供給效應(CFO)對不同融資約束公司的影響強度差異,一般來說,低融資約束公司的需求效應大於供給效應,而高融資約束公司的供給效應大於需求效應。至於產生這種非對稱性的原因,劉金全(2002)認為包括經濟主體的預期機制和作用方式差異,銀行信貸約束作用在不同經濟週期的強度差異,以及經濟中存在的價格黏性和工資剛性現象等。曹永琴(2010)認為菜單成本和扭曲成本是導致貨幣政策傳導機制非對稱的重要原因。降價比漲價要承擔更大的菜單成本。當面臨緊縮性貨幣政策時,公司寧願減少產量也不會降

---

[1] 黃先開,鄧述慧.貨幣政策中性與非對稱性的實證研究[J].管理科學學報,2000(2):34-41.

低價格；當擴張性貨幣政策來臨時，公司寧願提高價格也不會增加產量，從而導致貨幣政策的緊縮效應大於擴張效應。綜上所述，提出本書第三個研究假說。

假說 3：貨幣政策對公司融資約束的效應具有非對稱性，緊縮貨幣政策對公司融資約束的強化效應大於擴張貨幣政策對公司融資約束的緩解效應。

5.2 實證模型設計

5.2.1 模型及變量說明

主要變量的定義及說明見表 5-1，主要包括：公司投資、托賓 Q、現金流、貨幣政策、規模、上市年齡、資產負債率、現金持有及產權性質等。

表 5-1　　　　　　　　　　主要變量定義

變量名稱	變量定義
Invest	固定資產淨額與在建工程淨額變動，用總資產標準化
Tobin's q	（股票總市值+債務帳面價值）/總資產帳面價值，非流通股用淨資產計算①
CFO	公司經營性現金流量淨額，用總資產標準化

---

①　季度 Tobin's q 至少存在兩種處理方式。一種由祝繼高、陸正飛（2009）採用，計算公式為：Tobin's q =（t 年 j 季度末股東權益市場價值+t 年 j 季度末負債帳面價值）/t 年 j 季度末資產帳面價值，其中股東權益市場價值是指 T 年 12 月末的股票市場價值（=流通股股數×12 月的收盤價+非流通股股數×每股淨資產）。另一種由張西徵、劉志遠等（2012）採用，計算公式為：Tobin's q =（按月度股東權益市價均值計算股東權益市價+季度初與季度末負債均值）/季度初與季度末總資產均值。本書採用祝繼高、陸正飛（2009）的處理方法。

表5-1(續)

變量名稱	變量定義
Monetary	用實際貸款利率變動和信貸增長率變動表示的貨幣政策
MP	根據中國人民銀行發布的貨幣政策執行報告對貨幣政策的描述表示貨幣政策的類型，寬鬆取0，緊縮取1
M2	用廣義貨幣發行量 M2 增長率表示的貨幣政策
Size	公司規模，用總資產的自然對數表示
Lever	資產負債率，總負債/總資產
Age	公司上市年限
Cash	公司現金持有，用現金及現金等價物表示①
State	公司產權性質變量，最終控制人為國有取0，非國有取1②
IndustryDummies	行業虛擬變量，本行業取1，其餘取0
QuarterDummies	季度虛擬變量，當季度取1，其餘取0

為檢驗假說1，借鑑 Stein（2003）、Chen 等（2011）以及靳慶魯、孔祥、侯青川等人（2012）的研究，設計如下實證模型。

$$Investment_{i,t}=\beta_0+\beta_1\times CFO_{i,t-1}+\beta_2\times Monetary_{i,t-1}+\beta_3\times CFO_{i,t-1}\times Monetary_{i,t-1}+\lambda Controls_{i,t-1}+IndustryDummies+QuarterDummies+\varepsilon \quad 式(5.1)$$

式（5.1）中 Investment 為企業投資，用固定資產與在建工

---

① 本書借鑑連玉君、蘇治（2008）的做法利用「現金及現金等價物/總資產」表示公司現金持有；另外還有胡國柳和王化成（2007）利用「（貨幣資金+短期投資）/總資產」來表示現金持有。

② 以 CSMAR 數據庫中數據為依據，實際控制人明確為國有企業的取值0，其餘則為非國有，包括地方政府和相關事業單位。

程淨額總和（PPE）的變動來反應①，並用總資產進行標準化。CFO 為經營性現金流量，用總資產標準化。Monetary 表示貨幣政策，貨幣政策的代理變量較為複雜且多樣化②，此處為了研究貨幣政策對融資約束的傳遞渠道，特別借鑑喻坤、李治國等（2014）的研究，採用實際貸款利率變動（RL）和信貸增長率變動（Credit）③代表貨幣政策調整，之所以採用貨幣變量的變化值是因為這種處理方式可以盡量減少內生性影響，更好反應貨幣政策的外生性衝擊，同時還可以消除時間序列的非平穩性問題。Controls 為控制變量集合，包括資產負債率（Lever）、公司規模（Size）、上市年齡（Age）、Tobin'q、現金持有（Cash）。IndustryDummies 和 QuarterDummies 分別為行業虛擬變量和季度虛擬變量。我們關注交乘項④的參數 β_3，如果 β_3 符號顯著說明貨幣政策對融資約束有顯著影響，假說1得到證實。

為檢驗假說2，借鑑以往的研究文獻如 Chen 等（2011）、陸正飛、楊德明（2011）及祝繼高、陸正飛（2011）等對相關變量的處理，設計如下實證模型。

---

① 有些研究採用「購建固定資產、無形資產和其他長期資產支付的現金（總資產標準化）」來代表企業投資，如靳慶魯、孔祥、侯青川（2012）；肖珉（2010）；連玉君、蘇治、丁志國（2008）等。

② 本書為了研究的需要，在不同的模型中可能採用不一樣的貨幣政策代理變量，經檢驗並不影響研究結論的穩健性。饒品貴、姜國華（2011）認為2004年、2006年及2007年為貨幣緊縮時期，其餘年度為貨幣寬鬆時期。祝繼高、陸正飛（2009）基於企業家信心指數對貨幣政策進行定義。本書借鑑前人的經驗設計三種貨幣政策度量方式：一是實際貸款利率變動和信貸增長率變動（喻坤、李治國，等，2014）；二是根據央行發布的貨幣政策執行報告描述貨幣政策類型；三是用廣義貨幣發行量 M2 增長率或增長率變動度量貨幣政策（靳慶魯、孔祥、侯青川，2012；喻坤、李治國，等，2014）。

③ 信貸增長率定義為：截至本季度末的信貸存量相對於上年同季度末的信貸存量的增長率；信貸增長率變動則為該增長率的同比變化或差分。

④ 引入交叉項容易導致多重共線性問題，一般採用中心化（centering）處理方法（Cohen et al.，2003）。

$$Investment_{i,t} = \beta_0 + \beta_1 \times CFO_{i,t-1} + \beta_2 \times State_{i,t-1} + \beta_3 \times M2_{i,t-1}$$
$$+ \beta_4 \times CFO_{i,t-1} \times State_{i,t-1} + \beta_5 \times CFO_{i,t-1} \times M2_{i,t-1}$$
$$+ \beta_6 \times CFO_{i,t-1} \times State_{i,t-1} \times M2_{i,t-1} + \lambda Controls_{i,t-1}$$
$$+ IndustryDummies + QuarterDummies + \varepsilon \quad 式(5.2)$$

式（5.2）中的變量定義與（5.1）中相同，State 為產權性質變量，根據 CSMAR 數據庫最終控制人是國有為 0，非國有（民營）為 1。國內大多數研究將產權性質作為融資約束分類標準，一般認為國有企業由於特殊的產權結構而存在預算軟約束，即國有企業以國家和政府為擔保往往能夠獲得更多的資金支持，不論是股票市場還是信貸市場都是如此。而非國有企業則往往受到「信貸歧視」，存在較大程度的融資約束（葉康濤、祝繼高，2009；盧峰、姚洋，2004；陸正飛、祝繼高、樊錚，2008；江偉、李斌，2006；喻坤、李治國，等，2014）。

為進一步深入檢驗貨幣政策對融資約束的差異性效應，根據相關的已有研究，基於多元變量採用 Logistic 迴歸模型和多元判別分析方法構建融資約束指數①②。其基本思路是，首先利用先驗融資約束指標將樣本進行預分組，分為高融資約束組和低融資約束組，然後選取相應的多個財務變量進行 Logistic 迴歸，利用迴歸系數構造融資約束指數。之後分別對高低融資約束公司組利用式（5.1）檢驗貨幣政策對融資約束的影響強度是否存在顯著差異。另外，對貨幣政策影響融資約束進而影響投資規模的這種差異性進一步延伸，初步考察了基於行業特徵的差異性，為信貸資源配置失衡，資金「脫實向虛」等現象提供數據支持，進而為貨幣政策的改進提供依據。

---

① 另一些常用的公司融資約束指標為 KZ=-1.002Cashflow+0.283Q+3.139Lev+39.367Div-1.315Cashholdings；以及 WW = -0.091CF - 0.062DIV + 0.021LDEBT - 0.044LNTA+0.102ISG-0.035SG。

② KAPLAN S N, ZINGALES L. Do investment-cash flow sensitivities provide useful measures of financing constraints? [J]. The quarterly journal of economics, 1997: 169-215.

為檢驗假說 3，需要將樣本按貨幣政策類型劃分為緊縮時期和寬鬆時期。設計如下實證模型：

$$Investment_{i,t} = \beta_0 + \beta_1 \times CFO_{i,t-1} + \beta_2 \times MP_{i,t-1} + \beta_3 \times CFO_{i,t-1} \times MP_{i,t-1}$$
$$+ \lambda Controls_{i,t-1} + IndustryDummies + QuarterDummies + \varepsilon$$

式(5.3)

式（5.3）中變量定義與模型（5.1）中相似，只是 MP 表示貨幣政策類型（緊縮和寬鬆），其數據來源於中國人民銀行發布的季度《貨幣政策執行報告》，採用手工收集方式獲取報告中關於貨幣政策基調的描述，如穩健、適度寬鬆、適度從緊、從緊等。我們期望緊縮貨幣政策對融資約束的強化效應顯著大於寬鬆貨幣政策對融資約束的緩解效應，即利用緊縮時期的樣本所估計的 β_3 與利用寬鬆時期的樣本所估計的 β_3 存在顯著差異[①]，緊縮時期 β_3 為正且顯著，寬鬆時期 β_3 為負且不顯著。

5.2.2 樣本選取及描述性統計

公司財務數據來源於 CSMAR 數據庫，樣本包括 2003—2013 年所有 A 股市場上市公司。選擇這樣的時間區段是由於證監會從 2003 年起開始強制要求披露最終控制人，此後數據可以更準確認定公司所有權性質。另外，CSMAR 數據庫從 2003 年開始披露上市公司季度數據，與貨幣政策數據匹配性較好。為保證研究有效性，剔除以下樣本：①ST 和 PT 的上市公司；②金融類的上市公司；③數據缺失的公司；④IPO 當年的公司。

根據以往文獻，還剔除了淨資產小於 0、虧損公司以及資產負債率大於 1 的公司樣本，最終得到 41,000 個樣本。需要說明的是，在一些模型中涉及滯後變量，可能導致最終參與迴歸的樣本數會少於 41,000，如表 5-2、表 5-3 及表 5-4 所示。

---

① 一種方法是連玉君等（2008）提出的 bootstrap 檢驗組間係數差異顯著性，另外一種方法參考靳慶魯、孔祥、侯青川（2012）採用的 SUE 檢驗係數差異顯著性。

表 5-2　　　　　　　　　　分年度樣本分佈

年度	樣本數量	比例(%)	年度	樣本數量	比例(%)
2004	2,332	5.69	2009	3,681	8.98
2005	3,019	7.36	2010	4,360	10.63
2006	3,129	7.63	2011	5,273	12.86
2007	3,325	8.11	2012	5,986	14.60
2008	3,568	8.70	2013	6,327	15.43
			合計	41,000	100

表 5-3　　　　　　　　　　分行業樣本分佈

行業名稱	樣本數量	比例（%）
採礦業	1,237	3.02
電力、熱力、燃氣及水生產和供應業	1,540	3.76
房地產業	2,536	6.19
建築業	1,032	2.52
交通運輸、倉儲和郵政業	1,560	3.80
科學研究和技術服務業	121	0.30
農、林、牧、漁業	672	1.64
批發和零售業	2,572	6.27
水利、環境和公共設施管理業	418	1.02
衛生和社會工作	25	0.06
文化、體育和娛樂業	288	0.70
信息傳輸、軟件和信息技術服務業	1,426	3.48
製造業	26,573	64.81
住宿和餐飲業	216	0.53
綜合類	378	0.92
租賃和商務服務業	406	0.99
合計	41,000	100

表 5-4　　　　　　　主要變量描述性統計

變量	樣本數量	均值	標準差	最小值	最大值
企業投資	41,000	0.314,587	0.200,615	0.004,119	0.850,891
現金流	41,000	0.022,38	0.069,45	-0.173,27	0.236,823
總資產	41,000	5.54E+09	1.10E+10	3.00E+08	7.64E+10
實際利率變動	36,975	0.000,438	0.009,879	-0.020,4	0.022,846
信貸增長率變動	41,000	-0.061,1	0.830,169	-2.198,54	1.787,401
M2 增長率	41,000	0.175,61	0.038,158	0.130,747	0.291,391
Tobin's q	41,000	0.671,43	0.178,963	0.157,562	0.948,489
現金持有	41,000	-0.007,57	0.077,51	-0.238,33	0.268,366
資產負債率	41,000	0.447,862	0.202,698	0.040,63	0.847,91
規模	41,000	21.648,67	1.111,412	19.519,57	25.059,16
上市年齡	41,000	4.286,899	0.809,171	1.791,759	5.433,722

註：總資產數值巨大，採用科學計數法，E+09 表示 1×10^9，其餘類似。

由於 2003 年數據中某些變量大量缺失，因此該年被剔除，實際樣本期間為 2004—2013 年。從表 5-2 可知，樣本數量逐年增加，這與中國資本市場的快速發展狀況相吻合；從表 5-3 可以看出，製造業占比最大，達到全部樣本的 64% 以上；表 5-4 中企業投資、現金流、現金持有等變量通過總資產標準化，規模為總資產的自然對數，上市年齡為距離上市當年的時間間隔，單位為月並取自然對數。

5.3　實證結果分析

5.3.1　假說 1 的檢驗

假說 1 主要檢驗貨幣政策傳導渠道的有效性，貨幣政策通

過改變公司外部融資環境，從而改變融資約束程度，並對投資產生影響。

表 5-5 利率貨幣政策（名義利率）對公司融資約束及投資規模的影響

因變量：investment	model（1）	model（2）	model（3）
CFO	0.995*** (36.73)	1.528*** (41.60)	0.992*** (35.67)
RN	−0.990*** (−5.04)	−0.921*** (−4.59)	0.030,8 (0.02)
CFO×RN	23.01*** (7.64)	15.35 (0.72)	12.81 (1.26)
Controls	否	是	是
Fixed effect	是	是	是
Inudstry and quarter Dummy	否	否	是
GMM	是	是	是
Adjusted-R^2	0.072,1	0.054,28	0.345,1
n	30,064	30,064	30,064

註：表中數據為各自變量迴歸係數，括號內為 t 值，*、**、*** 分別表示在10%、5%、1%水準下顯著。RN 為名義利率。以上模型利用 GMM 估計方法控制內生性問題。

從表 5-5 可以看出，不論是否控制其他變量，現金流的係數都是顯著為正，說明中國上市公司存在融資約束。名義利率對投資具有顯著的負向影響，即投資對名義利率的調整是較敏感的，這與尚煜、王慧（2008）的結論有差異[①]，他們認為利率調整對投資總量及增長率的影響不顯著，方先明等（2005）也

[①] 尚煜，王慧.利率作用不對稱性對投資的影響研究 [J]. 經濟問題，2008 (11)：103−105.

認為中國貨幣政策的利率傳導效率很低[①]。而現金流與名義利率的交乘項幾乎都不顯著，說明名義利率調整對公司融資約束狀況並沒有實質性作用，這也從側面反應了中國貨幣政策的利率機制還不夠健全。例如周英章、蔣振聲（2002）就認為中國貨幣政策通過貨幣渠道和信用渠道共同發揮作用，並不完全否認利率渠道的效應，只是強調信用渠道占主導地位。

表 5-6　利率貨幣政策（實際利率）對企業融資約束及投資規模的影響

因變量：investment	molde（1）	model（2）	model（3）
CFO	1.013*** （37.23）	1.541*** （41.98）	0.992*** （35.70）
RL	0.174 （1.46）	0.008,40 （0.07）	-4.109*** （-2.35）
CFO×RL	18.11*** （9.96）	20.06*** （10.24）	10.56*** （6.70）
Controls	否	是	是
Fixed effect	是	是	是
Inudstry and quarter Dummy	否	否	是
GMM	是	是	是
Adjusted-R^2	0.071,6	0.053,7	0.345,6
n	30,064	30,064	30,064

註：表中數據為各自變量迴歸系數，括號內為 t 值，*、**、*** 分別表示在 10%、5%、1%水準下顯著。以上模型利用 GMM 估計方法控制內生性問題。

從表 5-6 可以看出，不論是否考慮控制變量（包括控制行業和季度）的影響，實際貸款利率的迴歸系數都顯著為負，表明投資會受到實際利率的負向影響，這與李廣眾（2000）的研

[①] 方先明，孫鏃，等.中國貨幣政策利率傳導機制有效性的實證研究［J］.當代經濟科學，2005（4）：35-43.

究結論相吻合①。現金流的係數都顯著為正，表明中國上市公司的確存在融資約束問題，與大多數的已有研究結論相似。而現金流與實際貸款利率的交乘項顯著為正，初步表明緊縮貨幣政策會強化公司的融資約束程度（利率越高，表明貨幣政策趨於緊縮），意味著貨幣政策可以通過利率政策傳導到實體經濟。

表 5-7　信貸政策對公司融資約束及投資規模的影響②

因變量：investment	model（1）	model（2）	model（3）
CFO	0.094,9*** (6.69)	0.147*** (10.13)	0.144*** (8.90)
$Credit$	0.003,89*** (3.77)	0.002,61*** (2.51)	0.005,84*** (5.97)
$CFO \times Credit$	-0.071,8*** (-4.48)	-0.050,3*** (-3.26)	-0.031,4* (-1.96)
Controls	否	是	是
Fixed effect	是	是	是
Inudstry and quarter Dummy	否	否	是
Firm cluster	是	是	是
$Adjusted-R^2$	0.005,1	0.088,1	0.133,2
n	36,975	36,975	36,975

註：表中數據為各自變量迴歸係數，括號內為 t 值，並經 Cluster 修正，*、**、*** 分別表示在 10%、5%、1% 水準下顯著。

經 Hausman 檢驗發現，p 值為 0.004,2，拒絕原假設，應採用固定效應模型。從表 5-7 可見，不論是否加入控制變量，現金流對投資都是敏感的，說明中國上市公司的確存在融資約束問題。信貸增長率（credit）係數均顯著為正，說明信貸增長的

---

① 李廣眾. 中國的實際利率與投資分析 [J]. 中山大學學報（社會科學版），2000（1）：89-95.

② 考慮內生性問題後，係數值有一定變動，但並不改變係數的符號和顯著性。

確可以促進公司投資。而現金流與信貸變量的交乘項均顯著為負，其中引入包括行業和季節因素的所有控制變量後的系數在10%顯著性水準下顯著，說明擴張性貨幣政策（信貸增長率較高）的確能夠緩解公司的融資約束。

上面的實證結果表明，中國貨幣政策整體是有效的，貨幣渠道和信貸渠道共同發揮作用，而信貸渠道仍然占主導地位，利率渠道的作用逐漸開始發揮（盛朝暉，2006）[①]，只有將兩者有效結合起來共同作用才能發揮貨幣政策的良好效果（田敏、邱長溶，2009）[②]。因此，假說1得到驗證。

5.3.2 假說2的檢驗

利用全樣本數據對式（5.2）進行估計，得到如下結果，如表5-8所示。

1. 按所有權性質劃分

國內很多研究將公司的產權性質作為劃分融資約束分組的標準，尤其是在中國特有的社會經濟體制下，金融機構對民營企業長期存在信貸配給方面的歧視（葉康濤、祝繼高，2009；盧峰、姚洋，2004；江偉、李斌，2006；喻坤、李治國，等，2014），而國有企業則存在天然的融資優勢。

表5-8 貨幣政策對公司融資約束及投資規模（全樣本）的影響

因變量：investment	model(1)	model(2)	model(3)	model(4)	model(5)	model(6)
CFO	0.094,6*** (6.72)	0.037,5*** (2.21)	0.090,9*** (6.43)	0.034,6*** (2.04)	0.092,4*** (5.56)	0.105*** (6.36)
state	-0.020,2*** (-3.49)	-0.020,3*** (-3.51)	-0.020,2*** (-3.49)	-0.020,2*** (-10.73)	-0.008,49*** (-4.62)	-0.005,92*** (-3.26)

[①] 盛朝暉. 中國貨幣政策傳導渠道效應分析：1994—2004 [J]. 金融研究，2006（7）：22-29.

[②] 田敏，邱長溶. 貨幣政策傳導渠道比較分析 [J]. 經濟經緯，2009（1）：142-145.

表5-8(續)

因變量:investment	model(1)	model(2)	model(3)	model(4)	model(5)	model(6)
CFO×state		0.069,1*** (2.06)		0.068,7*** (3.72)	0.064,7*** (3.63)	0.045,5*** (2.60)
M2			0.046,4*** (5.72)	0.049,7*** (6.56)	0.020,9*** (2.84)	—
CFO×M2				−0.165 (−0.65)	0.023,8 (0.10)	0.025,8 (0.11)
CFO×state×M2				−0.415 (−1.48)	−0.503* (−1.86)	−0.376 (−1.42)
Controls	否	否	否	否	是	是
Fixed effect	是	是	是	是	是	是
Inudstry and quarter Dummy	否	否	否	否	否	是
Firm cluster	是	是	是	否	否	否
Adjusted-R^2	0.006,6	0.006,9	0.007,5	0.038,5	0.033,1	0.074,6
n	44,585	44,585	44,585	44,585	44,585	44,585

註：表中數據為各自變量迴歸系數，括號內為 t 值，並經 Cluster 修正，*、**、*** 分別表示在 10%、5%、1%水準下顯著。

　　從表5-8可知，6個模型中的現金流系數顯著為正，說明上市公司存在融資約束。現金流與所有權性質的交乘項系數均顯著為正，說明非國有企業融資約束程度大於國有企業（表示融資約束的差異程度）。所有權性質（state）系數均顯著為負，說明非國有企業比國有企業投資得更少，這符合理論預期。M2表示的貨幣政策對投資的反應系數顯著為正，說明總體上看擴張性貨幣政策可以增加投資，但M2與現金流的交乘項並不顯著，說明貨幣政策對融資約束的效應並不十分明顯，可能的原因在於國有企業的軟預算導致其融資約束問題不突出或者根本不存在融資約束，而金融機構對民營企業存在嚴重的信貸歧視（葉康濤、祝繼高，2009；盧峰、姚洋，2004；江偉、李斌，2006；喻坤、李治國，等，2014），導致緊縮條件下非國有企業可能很

難獲得充裕的信貸資金，從而難以緩解融資約束。就算擴張性貨幣政策環境下，非國有企業即使能夠得到一些資金以緩解自身融資約束，但國有企業能夠得到的資金可能更多。因此，貨幣政策 M2 並不能有效縮減所有權性質變量對融資約束的效應差異。現金流、貨幣政策與所有權性質的三項交乘項系數均為負，說明寬鬆的貨幣政策能夠縮小國有企業和非國有企業之間的融資約束程度差異，但僅有 model（5）在 10%顯著性水準下顯著，說明這種效應還不是非常的明顯。

從表 5-9 可以看出，現金流系數幾乎都顯著為正，說明中國上市公司存在不同程度的融資約束，而且非國有企業融資約束程度顯著強於國有企業①，這與大多數已有研究結論相似。貨幣政策 M2 對國有企業效應不明顯，但對非國有企業存在顯著正效應，說明擴張的貨幣政策能夠促進公司投資支出，其原因在於擴張的貨幣政策能夠有效緩解非國有企業的融資約束，現金流與貨幣政策交乘項顯著為負進一步證實了該觀點的可信性。對於國有企業，交乘項系數均不顯著，貨幣政策對融資約束並沒有實質性作用，這與以往國有企業預算軟約束或不存在融資約束的研究結論是相吻合的。

表 5-9　貨幣政策對不同所有權性質公司融資約束及投資規模的影響

自變量：investment	model（1）		model（2）		model（3）	
	國有	非國有	國有	非國有	國有	非國有
CFO	0.001,58 (0.09)	0.088,7 *** (10.62)	0.069,6 *** (3.79)	0.134 *** (15.82)	0.063,3 *** (3.22)	0.135 *** (15.09)
M2	0.037,1 (1.63)	0.056,8 *** (6.61)	0.016,0 (0.93)	0.022,0 *** (2.67)	—	—
CFO×M2	−0.124 (−0.52)	−0.564 *** (−4.72)	0.009,04 (0.04)	−0.407 *** (−3.56)	−0.094,8 (−0.40)	−0.297 *** (−2.55)
Controls	否	否	是	是	是	是

① SUE 檢驗結果為拒絕原假設，即國有組和非國有組現金流敏感系數存在顯著差異。

表5-9(續)

自變量：investment	model (1)		model (2)		model (3)	
	國有	非國有	國有	非國有	國有	非國有
Fixed effect	是	是	是	是	是	是
Inudstry and quarter Dummy	否	否	否	否	是	是
Firm cluster	是	是	是	是	是	是
Adjusted-R^2	0.000,3	0.006,1	0.071,1	0.092,5	0.117,1	0.139,3
n	5,871	31,104	5,871	31,104	5,871	31,104

註：表中數據為各自變量迴歸係數，括號內為 t 值，並經 Cluster 修正，*、**、*** 分別表示在 10%、5%、1% 水準下顯著。

另外，國有企業的投資-現金流敏感性是否代表融資約束還存在一定爭議，例如何金耿、丁加華（2001）通過實證分析發現中國上市公司支付較低股利的動機並非由於具有良好的投資機會或存在「融資約束」問題，而是管理者機會主義行為的結果。連玉君、程建（2007）[①] 發現在控制了投資機會衡量偏誤的情形下，上市公司的投資支出仍然對現金流非常敏感，他們認為該敏感性可能源於信息不對稱和代理問題共同作用的結果。因此，本書進一步地借鑑 Vogt（1994）[②] 的研究方法，利用現金流與投資機會（Tobin's q）交乘項來檢驗投資-現金流敏感性是代表融資約束還是代理成本。如果現金流與投資機會的交乘項係數為正，則表明現金流的增加會提高投資價值，此時投資-現金流敏感性預示著存在融資約束；如果現金流與投資機會的交乘項係數為負，則表明現金流的增加反而會降低投資價值，此時投資-現金流敏感性意味著存在代理成本［或何金耿、丁加華（2001）所謂的「管理者機會主義行為」］，檢驗結果如表 5-10 所示。

[①] 連玉君，程建. 投資-現金流敏感性：融資約束還是代理成本？[J]. 財經研究，2007（2）：37-46.

[②] VOGT S C. The cash flow investment relationship: evidence form U.S. manufacturing firms [J]. Financial management, 1994, 23 (2): 3-20.

表 5-10　利用 Vogt（1994）模型檢驗代理成本還是融資約束

自變量：investment	model（1）		model（2）		model（3）	
	國有	非國有	國有	非國有	國有	非國有
CFO	-0.005,61 (-0.18)	0.085,8 *** (5.61)	0.065,8 *** (2.29)	0.132 *** (8.39)	0.056,3 * (1.67)	0.132 *** (7.29)
M2	0.038,6 * (1.67)	0.056,3 *** (5.99)	0.016,9 (0.78)	0.022,0 *** (2.37)	—	—
CFO×M2	-0.135 (-0.37)	-0.605 *** (-4.73)	0.003,68 (0.01)	-0.434 *** (-3.55)	-0.101 (-0.28)	-0.325 *** (-2.66)
CFO×q	0.214 (0.93)	0.410 *** (4.31)	0.106 (0.51)	0.250 *** (2.90)	0.164 (0.78)	0.232 *** (2.72)
Controls	否	否	是	是	是	是
Fixed effect	是	是	是	是	是	是
Inudstry and quarter Dummy	否	否	否	否	是	是
Firm cluster	是	是	是	是	是	是
Adjusted-R^2	0.001,2	0.009,4	0.071,2	0.093,7	0.117,5	0.140,2
n	5,871	31,104	5,871	31,104	5,871	31,104

註：表中數據為各自變量迴歸係數，括號內為 t 值，並經 Cluster 修正，*、**、*** 分別表示在 10%、5%、1%水準下顯著。

表 5-10 與表 5-9 之間的差異僅僅是表 5-10 的模型中都加入了現金流與 Tobin's q 的交乘項，其餘設置均相同。可以看到，國有企業組在任何情況下該係數都不顯著，說明現金流對投資價值並無顯著作用，也進一步否定了國有企業存在較強的融資約束（此處並沒有檢測到明顯的代理衝突問題）；而非國有企業組則在任何情況下該交乘項係數都顯著為正，說明現金流對非國有企業投資價值具有顯著的正面作用，也進一步肯定了其融資約束的存在性。

2. 按融資約束指數劃分

以上關於按所有權性質劃分融資約束分組方式是一種間接方式，迴歸結果初步驗證了提出的假說，為進一步深入檢驗假說 2，即貨幣政策對不同融資約束程度的公司的影響存在差異性，需要構造或設計直觀的融資約束指標，然後檢測貨幣政策

對不同融資約束分組的效應差異。

根據以往的文獻研究（況學文、施臻懿、何恩良，2010；魏峰、劉星，2004），首先按照利息保障倍數①和公司規模對樣本（Bhattacharya，1979）② 進行預分組，方法為按照兩個指標進行降序排列，選取前面 33% 的樣本作為低融資約束組，後面 33% 的樣本作為高融資約束組。按兩個指標分組的樣本均在低融資約束組及均在高融資約束組的樣本為研究樣本。然後基於多元變量利用 Logistic 迴歸模型構造融資約束指數，具體採用的指標包括：資產負債率（leverage）、淨營運資本（NWC）③、淨資產收益率（ROE）、Tobin's q、現金持有（cash）④ 以及主營業務收入增長率（Sales_gr）（Cleary，1999；Bhattacharya，1979；魏峰、劉星，2004）。國外一些類似文獻的模型中往往還包含現金股利支付率，但考慮到中國關於上市公司強制分紅等特殊的制度安排可能扭曲股利支付的信號顯示，而且正如何金耿、丁加華（2001）等研究表明股利支付並不能表現公司的融資約束，同時中國上市公司股利支付率的連續性較差，隨意性較大。因此，本書沒有考慮股利支付率⑤。按照 Lamont, Polk 和 Saa-Requejo（2001）思路⑥，利用五個變量指標的 Logistic 迴歸估計系數構造如下融資約束指數，該值越大，表明融資約束程度越大：

---

① 利息保障倍數能夠直接反應公司流動性狀況，反應公司支付債務利息的保障程度，而且也是反應公司盈利能力的重要指標。

② BHATTACHARYA S. Imperfect information, dividend policy, and「the bird in the hand」fallacy [J]. The bell journal of economics, 1979: 259-270.

③ 淨營運資本等於營運資本減去貨幣資金和短期投資。

④ 有些模型中會包含財務冗餘變量。B runer（1988）認為現金持有量是負的負債，以此研究財務鬆弛的計量。Choi（1995）認為現金以及有價證券、淨營運資本均可以作為財務鬆弛的替代變量。本書將現金持有和淨營運資本都包含進來。

⑤ 另一個重要的原因在於，CSMAR 數據庫中的公司樣本缺失大量的股利支付數據。

⑥ LAMONT O, POLK C, SAA-REQUEJO J. Financial constraints and stock returns [J]. Review of financial studies, 2001, 14 (2): 529-554.

$$FC = 1.715,7 - 2.360,6 * Leverage - 1.620,9 * NWC - 84.390,1$$
$$* ROE + 1.146,4 * q - 5.977,4 * Cash + 0.031,2 * Sales\_gr$$
式(5.4)

式（5.4）中系數除了 q 值在10%顯著性水準下顯著外，其餘變量系數均在1%顯著性水準下顯著。對估計值進行分類統計其預測正確率，如表5-11所示。

表5-11　基於 Logistic 迴歸的融資約束指數構造

		預分組		合計	正確率
		融資約束	無融資約束		
Logistic 預測結果	融資約束	1,021	257	1,278	79.89%
	無融資約束	172	3,183	3,355	94.87%
合計		1,193	3,440	4,633	90.74%

利用式（5.4）構造的融資約束指數將樣本公司分為三組，前1/3作為低融資約束組，後1/3作為高融資約束組，中間1/3的融資約束狀況不確定。然後檢驗貨幣政策對不同組別樣本公司的融資約束影響，檢驗結果如表5-12所示。

表5-12　貨幣政策對不同融資約束公司的差異性影響

因變量：investment	model (1)		model (2)		model (3)	
	高融資約束組	低融資約束組	高融資約束組	低融資約束組	高融資約束組	低融資約束組
CFO	0.104*** (4.14)	0.048,2*** (2.58)	0.154*** (5.88)	0.095,9*** (4.98)	0.170*** (6.36)	0.088,8*** (4.28)
M2	0.058,3*** (4.38)	0.055,4*** (4.14)	0.053,5*** (4.13)	0.039,4*** (3.10)	—	—
state	−0.016 1*** (−2.86)	−0.009,92* (−1.77)	−0.010,8* (−1.95)	−0.001,39 (−0.26)	−0.000,620 (−0.11)	−0.001,70 (−0.32)
CFO×M2	−1.063*** (−2.86)	−0.422** (−2.04)	−1.189*** (−3.30)	−0.398** (−2.04)	−0.905*** (−2.40)	−0.330 (−1.58)

表5-12(續)

因變量: investment	model (1) 高融資約束組	model (1) 低融資約束組	model (2) 高融資約束組	model (2) 低融資約束組	model (3) 高融資約束組	model (3) 低融資約束組
Controls	否	否	是	是	是	是
Fixed effect	是	是	是	是	是	是
Industry and quarter Dummy	否	否	否	否	是	是
Firm cluster	是	是	是	是	是	是
Adjusted-R^2	0.282,4	0.200,4	0.213,9	.0,757	0.115,7	0.047,3
n	5,717	5,282	5,871	5,282	5,871	5,282

註：表中數據為各自變量迴歸係數，括號內為 t 值，並經 Cluster 修正，*、**、*** 分別表示在10%、5%、1%水準下顯著。

從表5-12的迴歸結果可以看出，全部樣本均表現出融資約束，從直觀感覺可以發現高融資約束組的現金流敏感性高於低融資約束組，說明融資約束分組比較有效。貨幣政策 M2 係數全部顯著為正，說明寬鬆的貨幣政策（M2 增長率越高）能夠刺激公司增加投資支出。state 係數雖然並非完全顯著，但是可以基本判斷在高融資約束組中，非國有企業比國有企業投資得更少，因為相對於低融資約束組來說，高融資約束組中的非國有企業面臨更大的融資約束，這從邏輯上是可以理解的。現金流與貨幣政策的交乘項全部顯著為負，說明寬鬆的貨幣政策（M2 增大）可以有效緩解公司面臨的融資約束，而且直觀上看，貨幣政策對高融資約束組公司的融資約束緩解效力更大。為了使結論具有更嚴謹的統計學意義，進一步對高低融資約束組的 CFO 係數、CFO 和 M2 交乘項係數的差異性進行 SUE 檢驗，結果均拒絕原假設，說明高低融資約束組的現金流敏感性以及貨幣政策對不同融資約束組的緩解效應存在顯著差異。假說2基本得到驗證。

3. 進一步考察：行業特徵及信貸資源配置不平衡

貨幣政策對融資約束影響具有行業特徵差異性，表現為貨幣政策調整對某些行業影響較大，而對另一些行業影響較小，導致信貸資源在不同行業之間配置失衡，出現諸如經濟局部過熱和局部冷淡同時並存、資金「脫實就虛」等異象，最終導致實體經濟長期萎靡，資金利用效率低下，貨幣政策效果欠佳等不良後果。以下利用數據進行說明和檢驗。

為了更清楚地說明問題並呈現結果，僅選擇代表性行業進行論證，以代表虛擬經濟的房地產業[①]和代表實體經濟的製造業為對比樣本，分析貨幣政策對其融資約束的影響差異，以及信貸資源在實體經濟與虛擬經濟中配置的不平衡。表 5-13 及表 5-14 為貨幣政策對兩個行業融資約束及投資規模的檢驗結果。

表 5-13　貨幣政策對房地產業和製造業融資約束及投資規模的影響

因變量：investment	model（1）房地產業	model（1）製造業	model（2）房地產業	model（2）製造業	model（3）房地產業	model（3）製造業
CFO	-0.007,77 (-0.98)	-0.051,1*** (-3.88)	-0.006,60 (-0.77)	-0.085,9*** (-6.17)	-0.009,45 (-1.07)	-0.086,0 (-1.29)
M2	0.005,97 (0.55)	0.033,6*** (2.71)	0.006,86 (0.63)	0.022,6* (1.82)	—	—
CFO×M2	-0.070,7 (-0.60)	-0.584*** (-3.23)	-0.077,7 (-0.66)	-0.516*** (-2.86)	-0.067,8 (-0.55)	-0.646 (-1.19)
Controls	否	否	是	是	是	是
Fixed effect	是	是	是	是	是	是
Quarter Dummy	否	否	否	否	是	是
Adjusted-R^2	0.000,6	0.001,5	0.003,7	0.009,0	0.014,0	0.046,7
n	1,916	21,364	1,916	21,364	1,916	21,364

註：表中數據為各自變量迴歸係數，括號內為 t 值，並經 Cluster 修正，*、**、*** 分別表示在 10%、5%、1%水準下顯著。

[①] 成思危（2009）；楊桂英（2014）；周建軍，鞠方（2008）。房地產業具有虛擬經濟的典型特性。

表5-13並沒有發現房地產業和製造業存在強烈的融資約束，製造業現金流敏感性系數顯著為負，貨幣政策調整能促進製造業投資規模，但對現金流敏感性具有顯著負影響（現金流與貨幣政策交乘項系數均在1%水準顯著），而對房地產業不存在影響。表5-14進一步按產權性質分組檢驗，仍然沒有發現房地產業存在融資約束，而製造業不論產權性質如何其現金流敏感性系數仍然顯著為負，說明現金流越多投資反而越少，且國有企業少得更多，意味著大量的資金並沒有被用到固定投資以擴大規模。非國有製造公司與國有房地產公司的現金流與貨幣政策交乘項系數顯著為負，說明擴張貨幣政策可以進一步降低其現金流敏感係數，更多資金被用於固定投資以外的用途。表5-15按融資約束程度劃分，未檢測到強烈的融資約束，也未見貨幣政策對融資約束和投資規模有顯著影響。

表5-16以2008年發生國際金融危機並實施緊縮貨幣政策為對照，分析2009年擴張性貨幣政策導致各行業的融資約束程度及投資規模的變化。從表5-16可以發現，貨幣政策調整對製造業和房地產業的影響非常顯著（2008年和2009年的各變量系數有顯著變化），而對其他行業的影響則非常微弱[1]。2008年緊縮貨幣政策的確降低了製造業公司的投資規模（$M2$系數顯著為負），但製造業公司並不存在明顯的融資約束（CFO系數不顯著），貨幣政策調整降低了其現金流敏感性系數（交乘項顯著為負），一個可能的原因在於該時期處於經濟低谷，缺乏良好的投資機會，雖然貨幣政策處於相對緊縮水準，但公司仍然不缺乏資金。2009年極度寬鬆的貨幣政策的確刺激了製造業投資規模擴大（$M2$系數顯著為正），但同時也導致大量的資金無法有效利用（CFO系數變為顯著負），被轉移至除固定投資之外的其他

---

[1] 文化、體育和娛樂業也受到很大影響，但是該行業公司數量非常少，僅16家。

表 5-14 按所有權性質分組檢驗貨幣政策對房地產業和製造業的融資約束與投資規模的影響

因變量: investment	Model (1)					Model (2)					Model (3)			
	房地產業		製造業		房地產業		製造業		房地產業		製造業	
	國有	非國有	國有	非國有	國有	非國有	國有	非國有	國有	非國有	國有	非國有
CFO	-0.001,98 (-0.15)	-0.003,44 (-0.63)	-0.032,3*** (-3.80)	-0.014,0*** (-3.77)	-0.003,25 (-0.22)	-0.002,10 (-0.36)	-0.042,9*** (-4.63)	-0.011,4*** (-2.92)	-0.013,3 (-0.77)	-0.001,99 (-0.33)	-0.032,1*** (-3.13)	0.000,771 (0.18)
M2	-0.010,3 (-0.60)	0.002,50 (0.34)	0.002,23 (0.28)	0.004,49 (1.28)	-0.006,85 (-0.40)	0.002,25 (0.30)	0.002,31 (0.28)	0.001,69 (0.48)	—	—	—	—
CFO×M2	-0.335*** (-2.05)	-0.073,4 (-0.90)	0.036,7 (0.32)	-0.146*** (-2.85)	-0.276* (-1.75)	-0.066,4 (-0.82)	0.033,3 (0.29)	-0.152*** (-2.97)	-0.568*** (-2.88)	-0.066,7 (-0.78)	0.061,2 (0.52)	-0.178*** (-3.38)
Controls	否	否	否	否	是	是	是	是	是	是	是	是
Fixed effect	是	是	是	是	是	是	是	是	是	是	是	是
Quarter Dummy	否	否	否	否	否	否	否	否	是	是	是	是
Firm cluster	是	是	是	是	是	是	是	是	是	是	是	是
Adjusted-R^2	0.361,1	0.275,7	0.194,6	0.178,5	0.319,8	0.237,5	0.129,6	0.169,2	0.190,7	0.218,0	0.145,8	0.135,1
n	156	1,713	514	4,928	156	1,713	514	4,928	156	1,713	514	4,928

註：表中數據為各自變量迴歸係數，括號內為 t 值，並經 Cluster 修正，*、**、*** 分別表示在 10%、5%、1% 水準下顯著。

表 5-15　不同貨幣時期貨幣政策調整對房地產業和製造業融資約束及投資規模的影響

因變量: investment	Model (1)				Model (2)				Model (3)			
	房地產業		製造業		房地產業		製造業		房地產業		製造業	
	高融資 約束組	低融資 約束組	高融資 約束組	低融資 約束組	高融資 約束組	低融資 約束組	高融資 約束組	低融資 約束組	高融資 約束組	低融資 約束組	高融資 約束組	低融資 約束組
CFO	0.018,8 (0.51)	−0.018,4 (−1.09)	−0.085,2 (−1.62)	−0.019,2 (−0.55)	−0.009,61 (−0.22)	0.018,9 (0.82)	−0.096,0* (−1.74)	−0.063,9* (−1.74)	−0.038,2 (−0.55)	−0.011,0 (−0.43)	−0.089,7 (−1.49)	−0.121*** (−2.93)
M2	0.000,317 (0.01)	0.003,07 (0.17)	0.050,9* (1.66)	0.017,6 (0.69)	−0.020,5 (−0.43)	0.013,0 (0.62)	0.038,9 (1.22)	−0.002,34 (−0.09)	—	—	—	—
CFO×M2	0.004,17 (0.01)	−0.345 (−1.62)	0.751 (1.15)	−0.100 (−0.36)	0.302 (0.67)	−0.552*** (−2.36)	0.653 (1.00)	−0.068,3 (−0.26)	−0.026,7 (−0.06)	−0.323 (−1.26)	0.525 (0.77)	0.009,23 (0.04)
Controls	否	否	否	否	是	是	是	是	是	是	是	是
Fixed effect	是	是	是	是	是	是	是	是	是	是	是	是
Quarter Dummy	否	否	否	否	否	否	否	否	是	是	是	是
Firm cluster	是	是	是	是	是	是	是	是	是	是	是	是
Adjusted-R^2	0.361,1	0.275,7	0.194,6	0.178,5	0.319,8	0.237,5	0.129,6	0.169,2	0.190,7	0.218,0	0.145,8	0.135,1
n	156	1,713	514	4,928	156	1,713	514	4,928	156	1,713	514	4,928

註：表中數據為各自變量迴歸係數，括號內為 t 值，並經 Cluster 修正，*、**、*** 分別表示在 10%、5%、1% 水準下顯著。

表 5-16 貨幣政策由緊縮過度到擴展時不同行業融資約束與投資規模變化

行業		農,林,牧,漁業	採礦業	制造業	電力,熱力,燃氣及水生產和供應業	建築業	批發和零售業	交通運輸,倉儲和郵政業	住宿和餐飲業	信息傳輸、軟件和信息技術服務業	房地產業	租賃和商務服務業	科學研究和技術服務業	水利,環境和公共設施管理業	文化,體育和娛樂業	綜合類
2008	CFO	-0.029	-0.304	0.000,98	-1.31	-0.125	-0.039,2	-0.246	-0.619	-0.127	-0.098,9*	0.2	—	-0.199	1.39	0.209
		(-0.40)	(-1.27)	(0.05)	(-0.94)	(-0.61)	(-0.80)	(-0.56)	—	(-1.21)	(-1.73)	(0.68)	—	—	(0.51)	(1.26)
	M2	0.074,4	0.191	-0.231***	-1.396	0.491	0.116	-1.041	-4.287	0.137	0.777***	-0.448	-0.081,3	—	-13.92	0.800*
		(0.29)	(0.15)	(-3.43)	(-0.36)	(0.88)	(0.56)	(-0.67)	—	(0.28)	(2.76)	(-0.57)	—	—	(-1.49)	(2.27)
	CFO×M2	-3.797	-12.45	-2.080***	-9.503	2.527	2.602	-0.707	—	1.198	5.666***	1.013	—	—	92.32	2.813
		(-1.36)	(-1.44)	(-2.42)	(-0.14)	(-0.2)	(-1.13)	(-0.03)	—	(0.24)	(2.48)	(0.1)	—	—	(0.91)	(0.85)
2009	CFO	0.043,5	0.16	-0.136***	-0.278	0.14	0.17	-0.11	0.86	0.021,9	0.005,17	-0.001,74	0.497	-0.486	-0.917***	0.101*
		(0.51)	(0.57)	(-2.08)	(-1.26)	(1.15)	(0.71)	(-0.92)	(0.3)	(0.29)	(0.1)	(-0.01)	—	(-0.04)	(-3.60)	(2.1)
	M2	0.139	0.488	0.214***	0.068,2***	-0.185*	0.218	-0.098	0.11	0.078,5	0.049,4	0.032,4	-0.338	-0.337	-0.840***	0.04
		(1.62)	(0.96)	(3.33)	(0.45)	(-1.97)	(0.82)	(-0.71)	(0.07)	(0.76)	(0.73)	(0.23)	—	(-0.11)	(-3.48)	(0.39)
	CFO×M2	-0.658	0.348	0.938	4.885***	-0.929	-0.257	0.856	-6.827	-0.539	-0.387	-0.201	-2.734	7.71	10.36***	0.627
		(-0.67)	(0.13)	(1.58)	(2.17)	(-0.83)	(-0.11)	(0.64)	(-0.34)	(-0.66)	(-0.87)	(-0.11)	—	(0.09)	(3.46)	(1.03)

註：表中數據為各自變量回歸系數，括號內為 t 值，並經 Cluster 修正。*、**、*** 分別表示在 10%、5%、1% 水準下顯著。各迴歸模型包含的控制變量有：Tobin's q，現金持有，規模，上市年齡，資產負債率等。行業分類標準按照上市公司行業分類指引（2012 年中國證監會修訂）。

用途。房地產業在 2008 年金融危機期間有大量的資金也未被用於固定投資（CFO 係數顯著為負），而且在此緊縮時期，貨幣政策調整能夠顯著刺激其投資增加（M2 係數顯著為正）[1]，反而到了 2009 年寬鬆時期貨幣政策對其已無影響，此時也不存在明顯的融資約束或資金閒置（被消耗掉）[2]。表 5-17 進一步分析了兩個不同時期製造業和房地產業相關財務指標的變化情況。

表 5-17　貨幣緊縮時期過渡到貨幣寬鬆時期製造業和房地產業相關財務指標變化　　平均值單位：億元

	製造業				房地產業			
	2008 年		2009 年		2008 年		2009 年	
	數量	平均值	數量	平均值	數量	平均值	數量	平均值
固定投資	578	20.20	644	20.60	67	2.940	80	2.970
存貨	578	8.490	644	8.400	67	51.10	81	56.70
現金流	578	3.600	644	4.090	67	-5.410	81	4.950
主營業務收入	578	47.10	644	42.2	67	21.2	81	26.2
毛利潤	578	7.700	644	7.460	67	8.100	80	9.060
營業利潤	578	2.580	644	2.830	67	3.900	81	5.410
淨利潤	578	2.370	644	2.610	67	3.030	81	4.090
投資收益	578	0.293	644	0.548	67	0.501	81	0.701
總債務	578	26.70	644	29.80	67	50.10	81	64.70
財務費用	578	0.682	644	0.510	67	0.374	81	0.338

從表 5-17 可以看出，從 2008 年貨幣緊縮到 2009 年貨幣擴張，兩個行業的現金流都大幅增加，房地產行業尤為明顯，固定投資增加均不明顯，但是房地產業存貨大幅增加，而製造業存貨幾乎沒有變化，說明製造業的大量資金被用於非經營性投

---

[1] 實際上，2008 年第四季度貨幣政策已經開始放寬。
[2] 於博. 價格衝擊、貨幣政策與房地產行業融資約束——基於營運資本平滑過程的實證分析 [J]. 經濟問題, 2014 (10): 35-42.

資。製造業的主營業務收入及毛利潤顯著下降，但營業利潤和淨利潤增加，投資收益顯著增加，很可能是大量資金被用於金融產品投資或短期投資；債務水準有較明顯增加，但是財務費用卻明顯下降，有可能資金被用於分子公司的委託貸款等表外融資[1]。而房地產業卻是主營業務收入、毛利潤、營業利潤和淨利潤全線大幅上升，投資收益大幅上升，債務水準大幅上升(平均每家公司增加負債 14.6 億元)，財務費用下降。這些現象都說明大量的資金很可能通過金融機構又回流到虛擬經濟中。但總的說來，房地產業在貨幣政策調整後吸收了大量的資金，且市場和財務表現都非常樂觀，與製造業形成鮮明對比。種種跡象表明，貨幣政策在行業之間的效應差異導致信貸資源配置失衡，假說 2b 基本被驗證。

5.3.3 假說 3 的檢驗

假說 3 實際上是檢驗貨幣政策對融資約束影響的非對稱性，即緊縮效應大於擴張效應。主流觀點認為緊縮貨幣政策對融資約束的強化效應大於寬鬆貨幣政策對融資約束的緩解效應（閆力、劉克宮、張次蘭，2009；劉金全，2002；陳建斌，2006；陸軍、舒元，2002；劉斌，2001），但也存在相反觀點認為貨幣政策的正向衝擊強於負向衝擊（黃先開、鄧述慧，2000）。有些學者認為這種非對稱性還受到經濟週期或經濟增速的影響（曹永琴，2010；王立勇、張代強、劉文，2010）。

從表 5-18 可以看出，不論緊縮還是寬鬆，樣本公司總體表現為具有融資約束，M2 系數顯著為正，說明寬鬆貨幣政策能夠促進公司投資支出。現金流與貨幣政策的交乘項系數在緊縮時期和寬鬆時期具有明顯的差異性，緊縮時期顯著為正，說明緊

---

[1] 寬鬆貨幣政策時期，利息率降低，也會導致財務費用下降，此處只做定性判斷。

縮的貨幣政策的確能夠強化公司的融資約束程度；而寬鬆時期係數均為負，但均不顯著，說明寬鬆的貨幣政策對於緩解融資約束的效應較小，同時也證明寬鬆貨幣政策通過促進公司投資來刺激低迷經濟的作用相當有限。

表 5-18　貨幣政策對公司融資約束影響的非對稱性

因變量：investment	model（1）緊縮	model（1）寬鬆	model（2）緊縮	model（2）寬鬆	model（3）緊縮	model（3）寬鬆
CFO	0.019,9 (1.02)	0.018,2* (1.85)	0.058,0*** (2.71)	0.061,4*** (6.09)	0.059,4*** (2.44)	0.057,3*** (5.24)
M2	0.177*** (9.60)	0.021,6*** (5.17)	0.047,8 (1.61)	0.016,5*** (4.07)	—	—
CFO×M2	1.743*** (3.28)	−0.087,4 (−1.60)	1.266*** (2.53)	−0.035,8 (−0.69)	1.174*** (2.20)	−0.071,4 (−1.30)
Controls	否	否	是	是	是	是
Fixed effect	是	是	是	是	是	是
Industry and quarter Dummy	否	否	否	否	是	是
Firm cluster	是	是	是	是	是	是
Adjusted-R^2	0.232,3	0.168,6	0.065,8	0.035,2	0.065,8	0.032,2
n	2,820	8,118	2,820	8,118	2,820	8,118

註：表中數據為各自變量迴歸係數，括號內為 t 值，並經 Cluster 修正，*、**、*** 分別表示在 10%、5%、1% 水準下顯著。

因此，表 5-19 檢驗結果初步證明了假說 3，即貨幣政策的緊縮效應大於擴張效應。為進一步證明該假說，將樣本分為高低融資約束組（按所有權性質和融資約束指數兩種標準），分別檢驗不同貨幣政策對融資約束影響的差異性。

表 5-19 不同貨幣政策對按所有權性質分組公司的融資約束影響

因變量: investment	Model (1) 緊縮 國有	Model (1) 緊縮 非國有	Model (1) 寬鬆 國有	Model (1) 寬鬆 非國有	Model (2) 緊縮 國有	Model (2) 緊縮 非國有	Model (2) 寬鬆 國有	Model (2) 寬鬆 非國有	Model (3) 緊縮 國有	Model (3) 緊縮 非國有	Model (3) 寬鬆 國有	Model (3) 寬鬆 非國有
CFO	0.075,5* (1.68)	0.006,21 (0.24)	-0.025,1 (-0.96)	0.023,2** (2.21)	0.060,6 (1.41)	0.047,6* (1.88)	0.039,3 (1.45)	0.066,7*** (6.23)	0.051,7 (1.08)	0.057,2** (2.03)	0.019,4 (0.65)	0.061,2*** (5.26)
M2	0.209*** (3.48)	0.286*** (7.44)	0.027,7** (2.43)	-0.004,85 (-1.04)	0.127* (1.83)	0.067,0 (1.43)	0.022,2** (2.02)	0.004,77 (1.06)	—	—	—	—
CFO×M2	1.618 (1.63)	1.882*** (2.83)	-0.083,0 (-0.57)	-0.045,2 (-0.76)	0.919 (1.01)	1.448** (2.35)	-0.023,4 (-0.17)	-0.024,1 (-0.43)	0.546 (0.58)	1.344*** (2.09)	0.005,42 (0.04)	-0.072,8 (-1.24)
Controls	否	否	否	否	是	是	是	是	是	是	是	是
Fixed effect	是	是	是	是	是	是	是	是	是	是	是	是
Industry and quarter Dummy	否	否	否	否	否	否	否	否	是	是	是	是
Firm cluster	是	是	是	是	是	是	是	是	是	是	是	是
Adjusted-R^2	0.250,4	0.261,0	0.202,5	0.180,8	0.019,7	0.068,0	0.043,6	0.043,4	0.017,8	0.068,2	0.037,6	0.039,2
n	631	2,189	1,495	6,623	631	2,189	1,495	6,623	631	2,189	1,495	6,623

註：表中數據為各自變量迴歸系數，括號內為 t 值，並經 Cluster 修正，*、**、*** 分別表示在 10%、5%、1% 水準下顯著。

從表 5-19 可知，無論貨幣政策是在緊縮時期還是寬鬆時期，非國有企業都表現出更加明顯的融資約束，而且貨幣政策的調整對國有企業更加有利，無論是緊縮還是寬鬆，國有企業投資得更多，可能是因為國有企業在獲取信貸資金方面具有更多的天然優勢，也從側面證明了銀行的確存在對民營企業的信貸歧視。現金流與貨幣政策變量的交乘項系數呈現明顯的一致性特徵，一方面，在緊縮時期，非國有企業的交乘項系數均顯著為正，而國有企業不顯著，說明緊縮貨幣政策的確能夠強化具有較強融資約束公司的融資約束程度[1]；另一方面，在寬鬆時期，無論是國有企業還是非國有企業，貨幣變量與現金流的交乘項系數雖然均為負但均不顯著，說明寬鬆貨幣政策對公司融資約束的緩解效應並不明顯。該檢驗結果進一步證明了不同貨幣政策對於公司融資約束影響的非對稱性，假說 3 得到進一步證明。

表 5-20 利用本書構建的融資約束指標對樣本公司進行分組，檢驗貨幣政策對公司融資約束影響的非對稱性，與表 5-19 按所有權性質分組的結果基本吻合。可以發現，緊縮貨幣政策時期高融資約束公司的投資現金流敏感系數在 10% 水準上顯著，低融資約束組不顯著；寬鬆時期均無明顯融資約束。另外，緊縮貨幣時期高融資約束公司的現金流與貨幣政策交乘項系數均在 1% 水準顯著為正，低融資約束公司不顯著，說明高融資約束公司對緊縮貨幣政策的反應更加敏感，緊縮效應更強。而寬鬆貨幣政策對公司融資約束的緩解效應並不十分明顯，但是 Model（2）和 Model（3）中對低融資約束公司卻具有一定程度的緩解效應。究其原因，可能是由於低融資約束公司具有某些融資方面的「天然優勢」，如財務狀況良好，有較高知名度，或者具有國有產權性質等，導致

---

[1] 假設非國有企業存在更嚴重的融資約束，這在之前很多研究以及本書之前的檢驗中已得到證實，如靳慶魯、孔祥、侯青川（2012）；葉康濤、祝繼高（2009）；盧峰、姚洋（2004）；陸正飛、祝繼高、樊錚（2008）等。

表 5-20　不同貨幣政策對公司融資約束影響的非對稱性

因變量: investment	Model (1) 緊縮 高融資約束組	Model (1) 緊縮 低融資約束組	Model (1) 寬鬆 高融資約束組	Model (1) 寬鬆 低融資約束組	Model (2) 緊縮 高融資約束組	Model (2) 緊縮 低融資約束組	Model (2) 寬鬆 高融資約束組	Model (2) 寬鬆 低融資約束組	Model (3) 緊縮 高融資約束組	Model (3) 緊縮 低融資約束組	Model (3) 寬鬆 高融資約束組	Model (3) 寬鬆 低融資約束組
CFO	0.030,6 (0.30)	-0.037,3 (-0.36)	-0.016,5 (-0.42)	0.004,25 (0.16)	0.193* (1.73)	0.133 (1.44)	0.003,82 (0.10)	0.043,1 (1.54)	0.269* (1.98)	0.126 (1.10)	-0.008,55 (-0.21)	0.005,27 (0.17)
M2	0.382*** (3.90)	0.326* (1.79)	0.007,00 (0.49)	0.037,6*** (2.71)	0.045,0 (0.29)	-0.209 (-0.87)	0.010,1 (0.74)	0.032,2*** (2.61)	—	—	—	—
CFO×M2	11.04*** (5.23)	0.584 (0.23)	0.178 (0.80)	-0.207 (-1.48)	7.576*** (3.18)	-2.835 (-1.43)	0.353 (1.47)	-0.342** (-2.30)	6.679*** (2.60)	-2.422 (-1.15)	0.418 (1.64)	-0.359*** (-2.18)
Controls	否	否	否	否	是	是	是	是	是	是	是	是
Fixed effect	是	是	是	是	是	是	是	是	是	是	是	是
Industry and quarter Dummy	否	否	否	否	否	否	否	否	是	是	是	是
Firm cluster	是	是	是	是	是	是	是	是	是	是	是	是
Adjusted-R^2	0.847,7	0.950,1	0.813,5	0.542,4	0.740,1	0.099,7	0.407,7	0.198,2	0.768,0	0.119,5	0.370,7	0.175,2
n	283	270	1,060	1,178	283	270	1,060	1,178	283	270	1,060	1,178

註：表中數據為各自變量迴歸係數，括號內為 t 值，並經 Cluster 修正，*、**、*** 分別表示在 10%、5%、1% 水準下顯著。

其在寬鬆時期能夠獲得更多的貨幣信貸資源，從而顯著改善其融資約束狀況。

對貨幣政策影響融資約束的非對稱特性進行以下理論分析：當實施緊縮貨幣政策時，利率提高，信貸規模縮減，對企業資產負債表造成至少兩個方面的影響：一是降低了權益價值，從而降低企業的淨財富水準，意味著企業外部融資的信息成本增加，外部融資溢價增加，導致企業融資成本提高甚至無法完成融資任務，最終不得不縮減投資支出，引起宏觀經濟產出減少；二是緊縮貨幣政策可以降低企業內部現金流，進而降低內外部融資能力，導致投資支出減少。貨幣政策為擴張時情形正好相反。但是，Mishkin（1995）也同時強調[1]，心理因素的作用不容忽視，甚至非常重要。當面臨擴張貨幣政策時，雖然利率下降，信貸擴張，但企業往往對未來經濟和市場的預期不樂觀，預感未來一段時間內的財務狀況可能不佳，面對低迷的經濟更多是觀望而非盲目擴張，對追加投資保持謹慎態度。因此，擴張性貨幣政策的擴張效應往往並不明顯。相反，當面臨緊縮性貨幣政策時，利率提高，信貸緊縮，雖然經濟預期良好，但對於對外部融資依賴程度較高的企業來說，突然的資金收緊會導致融資約束加劇，不得不縮減投資支出。對於外部融資依賴度不高的企業來說，也會由於預期經濟可能出現下滑而減少投資。因此，緊縮貨幣政策在短期內的緊縮效應往往會比較明顯。曹永琴（2010）[2] 也指出企業對未來的預期及調節成本對貨幣政策的效力起著至關重要的作用，擴張性貨幣政策時期企業預期短期內市場並不會迅速恢復，因此寧願提高價格也不增加產量；而緊縮貨幣政策時期企業預期短期內需求可能下降較多，因此寧願減少產量也不願降低價格。由此導致貨幣政策的緊縮效應大於擴張效應，

---

[1] MISHKIN F S. Symposium on the monetary transmission mechanism [J]. The journal of economic perspectives, 1995: 3-10.

[2] 曹永琴, 李澤祥. 貨幣政策非對稱性效應形成機理的理論述評 [J]. 經濟學家, 2007 (4): 76-82.

即表現為貨幣政策的非對稱效應。

5.4 穩健性檢驗

按照靳慶魯、孔祥、侯青川（2012），以及肖珉（2010），連玉君、蘇治、丁志國（2008）等人的做法，將公司投資變量設定為「購建固定資產、無形資產和其他長期資產支付的現金（總資產標準化）」，現金流設定為「淨利潤加折舊和攤銷」（於博，2014；郭麗虹、馬文杰，2009），利用 KZ 指數作為融資約束指數，進行穩健性檢驗，結果如表 5-21 及表 5-22 所示。

表 5-21　貨幣政策對不同融資約束公司的差異性影響（穩健性檢驗）

因變量：INVEST	model (1) 高融資約束組	model (1) 低融資約束組	model (2) 高融資約束組	model (2) 低融資約束組	model (3) 高融資約束組	model (3) 低融資約束組
CF	-0.052,5 (-0.85)	0.054,3 (1.54)	0.104* (1.65)	0.087,9*** (2.37)	0.043,3 (0.64)	0.068,8* (1.75)
M2	-0.104* (-1.73)	-0.173*** (-4.78)	0.018,1 (0.26)	0.013,2 (0.31)	—	—
CF×M2	-1.430*** (-1.97)	-0.292 (-0.65)	-1.538*** (-2.19)	0.139 (0.31)	-1.686*** (-2.46)	0.092,7 (0.21)
Controls	否	否	是	是	是	是
Fixed effect	是	是	是	是	是	是
Industry and quarter Dummy	否	否	否	否	是	是
Firm cluster	是	是	是	是	是	是
Adjusted-R^2	0.282,4	0.200,4	0.213,9	0.075,7	0.115,7	0.047,3
n	5,717	5,282	5,871	5,282	5,871	5,282

註：表中數據為各自變量迴歸係數，括號內為 t 值，並經 Cluster 修正，*、**、*** 分別表示在 10%、5%、1% 水準下顯著。上表中用 INVEST 表示「購建固定資產、無形資產和其他長期資產支付的現金（總資產標準化）」；用 CF 表示「淨利潤加折舊和攤銷」；融資約束分組基於 KZ 指數。

表 5-22　貨幣政策對公司融資約束影響的非對稱性（穩健性檢驗）

因變量：INVEST	model (1) 緊縮	model (1) 寬鬆	model (2) 緊縮	model (2) 寬鬆	model (3) 緊縮	model (3) 寬鬆
CF	0.023,5 (1.13)	0.033,5*** (3.50)	0.058,7*** (2.90)	0.080,8*** (8.30)	0.067,9*** (3.08)	0.075,6*** (7.26)
M2	0.240*** (8.16)	−0.009,02** (−2.16)	0.075,2** (2.07)	−0.000,606 (−0.15)	—	—
CF×M2	1.185*** (2.26)	−0.026,4 (−0.48)	0.836* (1.70)	−0.008,99 (−0.17)	0.689 (1.36)	−0.025,8 (−0.48)
Controls	否	否	是	是	是	是
Fixed effect	是	是	是	是	是	是
Industry and quarter Dummy	否	否	否	否	是	是
Firm cluster	是	是	是	是	是	是
Adjusted-R^2	0.233,0	0.144,6	0.072,2	0.022,5	0.069,9	0.019,6
n	3,290	10,066	3,290	10,066	3,290	10,066

註：表中數據為各自變量迴歸係數，括號內為 t 值，並經 Cluster 修正，*、**、*** 分別表示在 10%、5%、1% 水準下顯著。上表中用 INVEST 表示「購建固定資產、無形資產和其他長期資產支付的現金（總資產標準化）」；用 CF 表示「淨利潤加折舊和攤銷」。

表 5-21 及表 5-22 表明，貨幣政策調整對高融資約束公司具有更顯著的影響，而且貨幣政策對融資約束的緊縮效應強於對融資約束的擴張效應，即非對稱性效應仍然十分明顯。穩健性結果進一步證明本章結論的可靠性。

5.5　本章研究結論

本章主要研究了貨幣政策調整對公司融資約束產生影響，進而影響公司投資支出的路徑渠道、強度特徵以及方向差異等。

通過利用2003—2013年相關的宏微觀數據進行實證檢驗，得到如下的一些研究結論：

①對於假說1的檢驗結果。該假說主要檢驗貨幣政策影響公司融資約束與投資支出的傳導渠道。本書發現中國貨幣政策的傳導渠道並不如之前某些研究那樣認為是單一性的，而是利率渠道和信貸渠道共同作用的結果。利率渠道中的名義利率調整對投資具有影響，但對公司融資約束卻沒有顯著的作用，說明名義利率調整並不能從本質上改變公司的外部融資環境；相反，扣除通貨膨脹因素的實際利率不僅能夠顯著影響投資支出，而且與現金流的交乘項系數顯著為正，說明實際利率的上升的確能夠顯著改變公司的外部融資環境，並強化公司的融資約束程度，導致投資支出減少。這與李廣眾（2000）[①]，以及周英章、蔣振聲（2002）[②] 等人的研究結論是近似的，但與尚煜、王慧（2008）[③]、方先明等（2005）[④] 的結論存在差異。另外，本書還發現以信貸增長率為代表的信貸渠道發揮了更為明顯的傳導作用，信貸增長率的提高不僅能夠顯著刺激投資增長，而且能夠明顯改變公司的外部融資環境，對公司融資約束產生強烈的影響，進而影響公司投資支出。由此可見，貨幣政策以信貸渠道為主，通過利率渠道和信貸渠道的共同作用影響公司外部融資環境，對公司投資支出產生影響，進而影響社會經濟總產出。假說1的觀點基本得到證實。

②對於假說2的檢驗結果。該假說主要檢驗貨幣政策對融

---

① 李廣眾. 中國的實際利率與投資分析 [J]. 中山大學學報（社會科學版），2000（1）：89-95.

② 周英章，蔣振聲. 貨幣渠道、信用渠道與貨幣政策有效性——中國1993—2001年的實證分析和政策含義 [J]. 金融研究，2002（9）：34-43.

③ 尚煜，王慧. 利率作用不對稱性對投資的影響研究 [J]. 經濟問題，2008（11）：103-105.

④ 方先明，孫鏇，熊鵬，等. 中國貨幣政策利率傳導機制有效性的實證研究 [J]. 當代經濟科學，2005（4）：35-43.

资约束影响的差异性。本书首先对全样本公司进行检验，发现不论是否加入控制变量，现金流的系数都显著为正，说明中国上市公司的确存在不同程度的融资约束，产权性质变量均显著为负说明非国有企业比国有企业投资得更少，现金流与产权性质变量的交乘项系数均显著为正，说明非国有企业存在更严重的融资约束。货币政策对公司投资支出仍然具有显著的刺激作用，但是没有检测到货币政策对融资约束具有明显影响，但宽松货币政策能够缩小国有企业和非国有企业融资约束的差异（模型在10%水准显著），这与喻坤、李治国等（2014）的结论相似①。当对样本按所有权性质进行分组检验时，发现非国有企业的确比国有企业存在更明显的融资约束，非国有企业投资支出对货币政策的调整也更为敏感，同时货币政策调整能够明显缓解非国有企业的融资约束，但对国有企业的影响不明显。进一步的检验（Vogt，1994）发现，投资现金流敏感性的确能够代表融资约束，只是非国有企业更加突出，因为现金流与投资机会交乘项系数均显著为正，说明现金流的增加能够显著提高其投资价值，大多数非国有企业存在投资不足问题。而国有企业则不显著，但此处也没有检测到明显的代理冲突问题。

对样本按照所有权性质划分融资约束程度是国内很多文献的惯常做法，也得到了很多实证研究的验证，但是这种划分毕竟是一种比较间接的分类标准，不具有直观性。因此本书利用Logistic回归方法对先验样本构造直观的融资约束指数，并基于该指数划分高低融资约束分组，对不同融资约束分组进行货币政策的效应检验。检验结果发现与按所有权性质分组的结果基本相同。高融资约束组比低融资约束的确具有更大的投资现金流敏感系数，在高融资约束组中非国有企业与国有企业的投资

---

① 喻坤，李治国，张晓蓉，等. 企业投资效率之谜：融资约束假说与货币政策冲击[J]. 经济研究，2014（5）：106-120.

率差異也更大，高融資約束公司的現金流與貨幣政策交乘項系數顯著為負且明顯大於低融資約束組，說明貨幣政策調整對高融資約束組的緩解效應明顯大於低融資約束組，這符合我們的理論預期。經過對相關係數的 SUE 檢驗發現以上變量的迴歸系數在不同分組之間的確存在顯著差異。假說 2 得到實證數據的支持。

進一步對貨幣政策的行業效應進行分析發現，貨幣政策對製造業和房地產業的影響非常顯著。但兩者似乎並不存在明顯的融資約束，房地產業會迅速吸收很大一部分的信貸資金，而製造業則由於盈利性問題而將大量資金用於非經營性投資，並導致其自身投資規模難以擴大，從而抵消貨幣政策的擴張效應。這為理解中國目前貨幣政策效應的現狀提供了一個視角。

③對於假說 3 的檢驗結果。該假說主要檢驗貨幣政策對融資約束影響的非對稱性，主要表現為緊縮貨幣政策的負向效應強於擴張政策的正向效應。本書發現全樣本迴歸時，緊縮和寬鬆貨幣政策對投資均有較顯著影響，現金流與貨幣政策的交乘項系數呈一致性特徵，緊縮時期均顯著為正，說明緊縮貨幣時期的貨幣政策的確能夠強化公司融資約束（即使此時期 $M2$ 的增長率上升也是如此），而寬鬆貨幣時期的交乘項系數均為負但不顯著，說明寬鬆貨幣時期的貨幣政策的確能夠緩解融資約束，但是作用並不明顯。對樣本按所有權性質進行分組檢驗時（分經濟週期），仍然發現非國有企業在任何時期都具有明顯的融資約束，貨幣政策調整在任何時期對國有企業來說都更加有利，能促進其投資增長。這符合大多數前人的研究結果，例如葉康濤、祝繼高（2009）[1] 研究指出，即使在緊縮時期，國有企業也能獲得更多的信貸資源。現金流與貨幣政策的交乘項系數呈現

---

① 葉康濤, 祝繼高. 銀根緊縮與信貸資源配置 [J]. 管理世界, 2009（1）：22-28.

一致性特徵，即緊縮時期非國有企業顯著而國有企業不顯著，說明即使在緊縮時期貨幣政策的調整對國有企業的融資約束也不會產生根本的影響。這再次印證了葉康濤、祝繼高（2009）的結論，但卻能顯著強化非國有企業的融資約束。寬鬆時期基本為負但不顯著，說明擴張貨幣政策對於公司融資約束的效應並不明顯，國有企業可能吸收了大部分的貨幣政策效應。基於融資約束指數分組的檢驗表明（分經濟週期），寬鬆貨幣政策並不能明顯促進高融資約束公司的投資支出，反而能促進低融資約束公司投資支出（例如國有企業）。這也許是因為在經濟增長較緩慢的寬鬆時期，低融資約束公司擁有更具優勢的內部財務指標（例如高成長性公司），或者具有某些天然的融資優勢（例如國有產權、知名大型公司等），從而吸收了大部分的信貸資源，並顯著促進其投資支出。現金流與貨幣政策的交乘項系數呈規律的一致性，與按所有權性質分組的檢驗結果類似。在緊縮時期，貨幣政策調整明顯改變了高融資約束公司融資約束程度，而對低融資約束公司並沒有顯著的效應。在寬鬆時期，貨幣政策對低融資約束的緩解效應非常顯著，對高融資約束公司卻不顯著，進一步說明中國貨幣政策的效應可能大部分被一些「優勢」企業所吸收。總體來說，假說3關於貨幣政策的非對稱特徵被基本證實。

通過本章的實證檢驗，基本理清了貨幣政策通過融資約束影響公司投資的內在機理及主要特徵。貨幣政策通過利率渠道和信貸渠道的共同作用影響實體經濟，其中名義利率的影響似乎並不顯著，實際利率對公司融資約束和投資支出具有實質性的影響。貨幣政策對公司融資約束的效應具有顯著的差異性，貨幣政策對非國有企業和高融資約束公司的效應要分別強於國有企業和低融資約束公司，因為後兩者的融資約束程度較低，外部融資環境的改變對其融資的影響要弱得多。貨幣政策對融

資約束的影響具有非對稱性，緊縮貨幣政策對融資約束的負向效應顯著強於擴張貨幣政策對融資約束的正向效應（正向效應甚至根本不顯著），這與主流觀點一致（閆力、劉克宮、張次蘭，2009；劉金全，2002；陳建斌，2006；陸軍、舒元，2002；劉斌，2001），而不同於黃先開、鄧述慧（2000）等人的結論，然而這些結論幾乎都是基於宏觀累積數據直接考察貨幣政策與社會投資規模。本書從公司融資約束的微觀財務視角進行分析，發現緊縮時期高融資約束公司受到的緊縮效應更強（例如非國有企業），而寬鬆時期低融資約束公司吸收的擴張效應更強（例如國有企業），從而導致投資的非對稱性。

6
貨幣政策、融資約束及公司投資效率的實證研究

6.1 理論分析及研究假說

貨幣政策是貨幣當局或央行通過調節或控制貨幣供給來影響利率,進而影響投資需求和總需求,達到最終影響經濟增長、就業和價格水準的政策。傳統貨幣經濟學認為,貨幣政策對貨幣供給即流動性的調節最終會通過利率和銀行信貸渠道傳遞給市場主體,影響公司外部融資成本或資金稀缺性,進而影響公司投資支出水準。例如,當經濟發展過熱且通貨膨脹勢頭較嚴重之時,央行一般會採用緊縮的貨幣政策,此時社會資金減少,利率上升,企業融資成本增加,導致投資縮減。同時,銀行可貸資金減少,出於控制風險和利益最大化原則銀行會對有限的信貸資源進行配給,此時很多公司無法獲得所需全部資金,甚至無法獲得任何資金,融資約束問題突顯,最終導致公司不得不放棄某些正淨現值項目,投資支出減少。相反,寬鬆的貨幣政策則可以增加貨幣供應,緩解企業面臨的融資約束,外部資金成本降低或者信貸資源充裕,所有淨現值項目都能得到實施,投資支出也自然會增加。國內一些學者都對貨幣政策通過影響公司融資約束進而影響公司投資效率進行了研究。寧宇新、薛芬(2012)[①] 基於 Richardson(2006)模型研究了貨幣政策對房地產上市公司投資效率的影響,他們發現相對於民營企業,國有控股企業的過度投資行為更加嚴重(模型殘差),投資效率更低,緊縮的貨幣政策能夠較為顯著地縮小兩者投資效率的差異,但仍然無法改變國有控股企業投資效率較低的局面。原因可能

---

① 寧宇新,薛芬. 房地產上市公司投資效率研究——基於 2008—2009 年貨幣政策調控背景的分析 [J]. 山西財經大學學報,2012(S3):68-70.

在於國有控股企業並不存在融資約束問題，資金供應充裕，固有的體制問題促使其並不十分關注利潤和效率，可能更加追求政治目標和社會效應。隋姍姍、趙自強、王建將（2010）[1] 以2007年緊縮貨幣政策為背景考察了不同融資約束公司的短期融資券發行情況，研究顯示未發行短期融資券的公司融資約束問題更加突出，發行短期融資券有利於抑制過度投資，從而提高投資效率（Vogt，1994）。由此提出本書第四個假說。

假說4：不同融資約束公司的投資效率存在顯著差異，融資約束程度越高，投資效率越高。

寬鬆的貨幣政策的確可以增加貨幣供給從而緩解融資約束，並進一步提高投資支出水準（或投資率），但是充裕的資金能否提高公司的投資效率呢？李廣眾（2000）研究認為實際利率的降低可以有效提高投資支出或投資率，但似乎對投資效率的影響並不十分顯著，原因在於金融體制不完善導致利率機制無法發揮對投資項目的篩選作用。靳慶魯、孔祥、侯青川（2012）認為具體結果依賴於公司是否面臨良好的投資機會。如果公司面臨較好的投資機會，那麼寬鬆貨幣政策帶來的充裕資金可以保證所有正淨現值的項目得以實施，從而提高投資效率；但是如果公司面臨的投資機會較差，在經理人與股東之間存在代理衝突，經理人可能追求個人利益最大化，在追求規模並建立個人帝國的背景下，充裕的資金很可能導致大量的過度投資，負淨現值的項目也會被盲目實施，從而降低公司的投資效率。喻坤、李治國等（2014）通過研究發現近年來非國有企業的投資效率反而低於國有企業，原因在於政府和銀行的信貸扶持支持了國有企業的低效率，但同時也損害了非國有企業的效率，這支持了國有企業的雙重效率損失假說（劉瑞明、石磊，2010）。

---

[1] 隋姍姍，趙自強，王建將. 緊縮貨幣政策下中國上市公司投資效率研究 [J]. 經濟與管理研究，2010（8）：67-73.

而貨幣政策能夠顯著影響兩者差異，貨幣緊縮時差距會增大，而貨幣寬鬆時差距會縮小，這與寧宇新、薛芬（2012）的結論似乎相反（他們認為緊縮貨幣政策能夠縮小兩者之間投資效率的差異）。結合第四章的理論分析，提出本書第五個假說。

假說 5a：貨幣政策通過融資約束影響公司投資效率，且對不同融資約束公司的投資效率影響強度存在顯著差異，融資約束程度越高，貨幣政策對其投資效率的影響越大。

假說 5b：不同經濟週期背景下，貨幣政策調整通過融資約束影響公司投資效率存在差異性，經濟發展速度較快時期（緊縮貨幣政策），貨幣政策調整對低融資約束公司的投資效率影響較大，經濟發展速度較慢時期（寬鬆貨幣政策），貨幣政策調整對高融資約束公司的投資效率影響更大。

6.2 實證模型設計

為驗證假說 4，設計如下基本模型：
$$Investment_{i,t} = \beta_0 + \beta_1 q_{i,t-1} + \beta_2 FC_{i,t-1} + \beta_3 q_{i,t-1} * FC_{i,t-1}$$
$$+ \lambda Controles_{i,t-1} + IndustryDummies$$
$$+ QuarterDummies + \varepsilon \qquad 式(6.1)$$

式（6.1）中 q 為基於季度數據的投資機會變量，彈性係數 β_1 即為投資效率[1]，FC 為融資約束指數，其他變量同第五章，另外，也可以根據融資約束指數 FC 將樣本劃分為高低融資約束組進行分組檢驗，然後比較其彈性係數是否具有顯著差異性。

---

[1] 投資效率的測度方法：一是投資-投資機會反應係數（喻坤，等，2014）；二是投資-盈利能力敏感性（靳慶魯，等，2012）。本書參照喻坤等（2014）的方法以投資-投資機會敏感性作為投資效率的測度指標。

為驗證假說 5，設計如下基本模型：

$$Investment_{i,t} = \beta_0 + \beta_1 q_{i,t-1} + \beta_2 M2_{i,t-1} + \beta_3 q_{i,t-1} * M2_{i,t-1}$$
$$+ \lambda Controles_{i,t-1} + IndustryDummies$$
$$+ QuarterDummies + \varepsilon \qquad 式(6.2)$$

式（6.2）中檢驗貨幣政策在不同分組中對投資效率的影響差異。寬鬆的貨幣政策雖然可以緩解融資約束，但是對公司投資效率的影響並非是簡單的正向性，而是要取決於公司是否面臨良好的投資機會。我們關注系數 β_3 正負及其顯著性，以此判斷貨幣政策是否影響投資效率。

本章實證分析涉及的公司財務數據來源於 CSMAR 數據庫，樣本包括 2003—2013 年所有 A 股市場上市公司。為保證研究有效性，剔除以下樣本：①ST 和 PT 的上市公司；②金融類的上市公司；③數據缺失的公司；④IPO 當年的公司。根據以往文獻，還剔除了淨資產小於 0、虧損公司以及資產負債率大於 1 的公司樣本，最終得到 41,000 個樣本，不同模型最終的樣本數存在差異。

6.3 實證結果分析

6.3.1 假說 4 的檢驗

假說 4 主要檢驗貨幣政策通過公司融資約束影響投資效率的特徵、條件以及差異性等。如下為迴歸結果。

1. 按照產權性質分組

從表 6-1 可知，q 的系數均顯著為負，說明中國上市公司普遍面臨投資效率不高的問題，可能的原因是投資不足或投資過度，也可能是兩者兼而有之。$State$ 的系數顯著為負，說明非國

有上市公司的確投資得更少（投資率更低），原因就在於可能面臨較為嚴重的融資約束，不得不縮減投資支出。但是 q 和 State 的交乘項系數均顯著為正，說明非國有企業的投資效率高於國有企業，雖然兩者都處於無效率狀態。這驗證了之前一些學者的研究結論，比如寧宇新、薛芬（2012）的研究，與喻坤、李治國等（2014）的結論相反①。

表 6-1　　　不同所有權性質公司的投資效率差異

因變量：investment	model（1）	model（2）	model（3）
q	-0.170*** (-10.66)	-0.168*** (-9.63)	-0.133*** (-7.18)
State	-0.101*** (-7.61)	-0.101*** (-7.60)	-0.105*** (-7.96)
$q \times State$	0.167*** (9.71)	0.168*** (9.80)	0.175*** (10.19)
Controls	否	是	是
Fixed effect	是	是	是
Inudstry and quarter Dummy	否	否	是
Firm cluster	是	是	是
Adjusted-R^2	0.101,1	0.298,2	0.014,0
n	10,938	10,938	10,938

註：表中數據為各自變量迴歸系數，括號內為 t 值，並經 Cluster 修正，*、**、*** 分別表示在 10%、5%、1% 水準下顯著。

2. 按照融資約束指數分組

按照第五章所構建的融資約束指數對樣本進行劃分，按融資約束指數的大小升序排列，前 1/3 作為低融資約束組，後 1/3 作為高融資約束組，中間部分不做分析。然後考察融資約束差

---

① 喻坤，李治國，張曉蓉，等. 企業投資效率之謎：融資約束假說與貨幣政策衝擊 [J]. 經濟研究，2014（5）：106-120.

異對投資效率的影響。迴歸結果如表 6-2 所示。

表 6-2　　融資約束差異對投資效率的影響

因變量：*investment*	model（1）	model（2）	model（3）
q	−0.050,2*** (−3.53)	−0.052,5*** (−2.75)	−0.037,5* (−1.84)
DFC	−0.019,7*** (−3.43)	−0.020,9*** (−3.71)	−0.019,7*** (−3.10)
q×*DFC*	0.013,3 (1.53)	0.014,7* (1.71)	0.019,2*** (2.09)
Controls	否	是	是
Fixed effect	是	是	是
Inudstry and quarter Dummy	否	否	是
Firm cluster	是	是	是
Adjusted-R^2	0.417,3	0.300,7	0.281,4
n	2,791	2,791	2,791

　　註：表中數據為各自變量迴歸系數，括號內為 *t* 值，並經 *Cluster* 修正，*、**、*** 分別表示在 10%、5%、1% 水準下顯著。表中 *DFC* 為融資約束程度的啞變量，融資約束程度高取 1，融資約束程度低取 0。

　　從表 6-2 可以看出，*q* 系數仍然為負，說明投資效率很低。*DFC* 的系數均顯著為負，說明高融資約束公司投資得更少，且 *q* 與 *DFC* 的交乘項系數均顯著為正，說明融資約束較高的公司擁有較高的投資效率。一方面，由於在融資約束較高的情況下，公司雖然會由於資金匱乏而捨棄某些有價值的項目，導致局部投資不足，從而損失一部分投資效率，但是同時也會更加重視有限資金的配置和運用，對項目進行認真嚴謹的篩選和甄別，控制風險的同時保證收益最大，這在一定程度上又會使投資效率增加。因此，融資約束反而有可能促進投資效率的提高。另一方面，低融資約束組的公司很可能由於並不缺乏資金，而對

投資項目的篩選和甄別不夠嚴謹，管理層對資金和資源的支配有更多主觀性和隨意性，代理問題更為嚴重，導致較多的過度投資行為，從而損失投資效率。

為進一步驗證上文融資約束對投資效率的解釋，本書繼續採用Richardson（2006）的模型測度上市公司投資效率損失的具體情形。其實證模型設定為如下：

$$Investment_{i,t} = \beta_0 + \beta_1 Sales\_gr_{i,t-1} + \beta_2 Leverage_{i,t-1}$$
$$+ \beta_3 Cashholding_{i,t-1} + \beta_4 Age_{i,t-1} + \beta_5 Size_{i,t-1}$$
$$+ \beta_6 Return_{i,t-1} + \beta_7 Investment_{i,t-1} + \varepsilon \quad 式(6.3)$$

式（6.3）為 Richardson（2006）模型。Richardson（2006）[1] 模型是用於測度非效率投資的經典模型，其優點是不僅能夠測度單個樣本公司的非效率是屬於投資不足還是過度投資，同時還可以反應投資不足或過度投資的程度，因此得到了廣泛的應用。然而，由於該模型是動態面板數據模型，所以本書採用Arellano-Bond（1991）的估計方法[2]，對高融資約束組公司樣本和低融資約束組公司樣本進行分組估計，發現高融資約束組樣本中37.88%的公司存在投資不足現象，低融資約束組樣本中35.72%的公司存在過度投資行為。

基於該測度結果，綜合考慮無效投資（變量為 inefficiency）對投資效率的影響，主要關注的問題是投資不足損失效率多一些，還是過度投資損失效率多一些。設計如下的實證模型：

$$Investment_{i,t} = \beta_0 + \beta_1 q_{i,t-1} + \beta_2 inefficiency_{i,t-1} + \beta_3 q_{i,t-1}$$
$$* inefficiency_{i,t-1} + \lambda Controls_{i,t-1} + \varepsilon \quad 式(6.4)$$

式（6.4）中 inefficiency 為無效投資的啞變量，其取值方法

---

[1] RICHARDSON S. Over-investment of free cash flow [J]. Review of accounting studies, 2006, 11 (2-3): 159-189.

[2] ARELLANO M, BOND S. Some tests of specification for panel data: monte Carlo evidence and an application to employment equations [J]. The review of economic studies, 1991, 58 (2): 277-297.

為：基於 Richardson（2006）模型測算迴歸方程的殘差，殘差大於 0 表示公司投資過度，殘差小於 0 表示公司投資不足。將高融資約束組中投資不足的樣本和低融資約束組中投資過度的樣本綜合考慮，投資不足時 inefficiency 為 1，投資過度時 inefficiency 為 0。其餘變量同前文定義，控制變量（Controls）包括現金持有、資產負債率、公司規模以及公司上市年齡。對於式（6.4）的檢驗結果如表 6-3 所示。

表 6-3 不同融資約束條件下無效投資對投資效率的影響

因變量：investment	model（1）	model（2）	model（3）
q	−0.046,9* (−1.70)	0.004,34 (0.15)	0.006 15 (0.20)
inefficiency	−0.138*** (−5.44)	−0.337*** (−12.92)	−0.331*** (−12.50)
q×inefficiency	0.029,2 (0.70)	0.075,3*** (2.17)	0.075,4*** (2.13)
Controls	否	是	是
Fixed effect	是	是	是
Inudstry and quarter Dummy	否	否	是
Firm cluster	是	是	是
Adjusted-R^2	0.343,5	0.091,4	0.090,1
n	556	556	556

註：表中數據為各自變量迴歸系數，括號內為 t 值，並經 Cluster 修正，*、**、*** 分別表示在 10%、5%、1% 水準下顯著。

從表 6-3 可以看出，不論是投資不足還是投資過度，公司投資對投資機會反應均不敏感，意味著投資效率不高。但是 inefficiency 的系數均顯著為負，表明相對於投資過度的公司來說，投資不足的公司的確投資得更少，而投資不足的原因在於公司面臨較高融資約束，因此實際上是因為融資約束造成資金

短缺而迫使公司減少投資支出。投資機會和無效投資變量的交乘項系數在5%水準顯著為正,說明投資不足情況下的投資效率高於過度投資情況下的投資效率,或者說投資不足導致的投資效率損失程度小於過度投資對投資效率的損失程度。其原因在上文已有論及,即企業由於融資約束造成資金短缺,促使公司對投資項目的甄選鑑別更加謹慎,保證風險可控的條件下收益盡量最大化,因此雖然可能損失部分投資機會,但代理成本卻可以相對降低,使得投資效率的降低程度減少。但低融資約束或無融資約束公司則可能由於資金充裕而盲目過度投資,管理層的自利動機會強化這種委託代理衝突,淨現值為負的項目也可能會被實施,很多項目的投資收益率極低,導致投資效率大幅降低。最終的結果是相對於過度投資,投資不足反而損失效率較少。這進一步驗證了表6-2的檢驗結果,同時驗證了假說4。

6.3.2 假說5的檢驗

在模型中加入貨幣政策因素,考慮貨幣政策對投資效率的影響,迴歸結果如表6-4所示。

表6-4　　貨幣政策調整對公司投資效率的影響

因變量: investment	model (1)	model (2)	model (3)
q	-0.016,2*** (-5.91)	-0.016,0*** (-4.56)	-0.012,7*** (-3.30)
$M2$	0.002,73 (0.78)	0.002,28 (0.63)	—
$q \times M2$	0.035,2* (1.89)	0.035,6* (1.91)	0.015,5 (0.83)
Controls	否	是	是
Fixed effect	是	是	是

表6-4(續)

因變量：*investment*	model（1）	model（2）	model（3）
Inudstry and quarter Dummy	否	否	是
Firm cluster	是	是	是
Adjusted-R²	0.124,9	0.121,9	0.092,6
n	10,472	10,472	10,472

註：表中數據為各自變量迴歸係數，括號內為 *t* 值，並經 *Cluster* 修正，*、**、*** 分別表示在10%、5%、1%水準下顯著。

從表6-5可以發現，國有企業 q 係數顯著為負，說明投資效率較低，而非國有企業 q 係數顯著為正，說明投資效率較高，也說明存在較強的融資約束。寬鬆貨幣政策雖然可以促進非國有企業投資，但同時又會顯著降低非國有企業的投資效率，而對國有企業的影響卻不顯著。

表6-5　貨幣政策調整對不同產權性質的公司的投資效率影響

自變量：*investment*	model（1） 國有	model（1） 非國有	model（2） 國有	model（2） 非國有	model（3） 國有	model（3） 非國有
q	-0.029,0*** (-2.18)	0.039,8*** (5.74)	-0.094,5*** (-5.81)	0.030,2*** (3.44)	-0.109*** (-6.16)	0.008,81 (0.92)
M2	0.026,3* (1.68)	0.016,7** (1.98)	0.029,9* (1.94)	0.006 12 (0.73)	—	—
q×M2	-0.125 (-1.46)	-0.093,7** (-2.15)	-0.083,1 (-1.00)	-0.117*** (-2.77)	-0.061,1 (-0.73)	-0.084,0** (-1.97)
Controls	否	否	是	是	是	是
Fixed effect	是	是	是	是	是	是
Inudstry and quarter Dummy	否	否	否	否	是	是
Firm cluster	是	是	是	是	是	是
Adjusted-R²	0.118,3	0.111,1	0.042,9	0.042,2	0.035,2	0.032,7
n	2,681	10,675	2,681	10,675	2,681	10,675

註：表中數據為各自變量迴歸係數，括號內為 *t* 值，並經 *Cluster* 修正，*、**、*** 分別表示在10%、5%、1%水準下顯著。

從表 6-6 可以發現低融資約束組具有較低的投資效率，q 和 M2 交乘項系數呈現一致性特徵，高融資約束組系數均顯著為負，而低融資約束組系數均不顯著，說明貨幣政策降低了高融資約束組公司的投資效率，而對低融資約束組公司的投資效率無明顯影響。其原因可能是低融資約束組公司本身不缺乏資金，寬鬆的貨幣政策對其資金供給不會產生本質影響，不會僅僅因為資金問題而放棄或實施某些項目，從而也難以對其投資效率產生實質性的作用。然而，寬鬆貨幣政策對高融資約束公司的融資約束具有較強的緩解作用，促使其在資金充裕的情況下大量增加投資支出，而短期內大量增加投資項目反而可能降低投資效率，因為在經濟低迷時期可能並沒有真正良好的投資機會，假說 5a 基本得到證實。

表 6-6　貨幣政策對不同融資約束公司投資效率的影響

自變量：investment	model (1) 高融資約束組	model (1) 低融資約束組	model (2) 高融資約束組	model (2) 低融資約束組	model (3) 高融資約束組	model (3) 低融資約束組
q	0.003,58 (0.11)	−0.207*** (−2.35)	−0.014,1 (−0.32)	−0.328*** (−3.10)	0.005,80 (0.13)	−0.153 (−1.36)
$M2$	−0.011,8 (−0.45)	0.060,4*** (2.94)	−0.027,3 (−1.03)	0.021,6 (1.12)	—	—
$q \times M2$	−0.364*** (−3.16)	−0.085,1 (−0.83)	−0.381*** (−3.43)	−0.102 (−1.12)	−0.296*** (−2.61)	−0.124 (−1.36)
Controls	否	否	是	是	是	是
Fixed effect	是	是	是	是	是	是
Inudstry and quarter Dummy	否	否	否	否	是	是
Firm cluster	是	是	是	是	是	是
Adjusted-R^2	0.597,4	0.437,4	0.475,4	0.132,1	0.453,3	0.129,6
n	1,343	1,448	1,343	1,448	1,343	1,448

註：表中數據為各自變量迴歸系數，括號內為 t 值，並經 Cluster 修正，*、**、*** 分別表示在 10%、5%、1%水準下顯著。

进一步考虑不同货币政策时期不同融资约束条件下货币政策对公司投资效率的影响，首先是按产权性质分组，然后按融资约束指数分组，其回归结果分别见表6-7及表6-8。

从表6-7可以发现，紧缩时期的投资效率比较正常，但国有企业仍然表现出轻微的低效率（不显著），非国有企业投资效率仍然稍高（也不显著）；而宽松时期所有企业的投资效率都比较低，国有企业更低（系数均在1%水准显著为负）；从 $M2$ 的系数发现，紧缩时期货币政策降低了国有企业的投资效率，但是并不十分显著［仅 model（2）中系数在10%水准显著］；而宽松时期的货币政策显著提高了公司投资规模，但是降低了公司的投资效率，国有企业不显著，对非国有企业的影响非常明显。

从表6-8可以看出，不论是高融资约束公司还是低融资约束公司，在宽松货币政策时期，都表现出更加明显的非效率投资。相对而言，高融资约束公司受到宽松货币政策的影响更大一些。投资机会和货币政策交乘项系数呈现出较一致的特征，在货币紧缩时期高融资约束组的系数为较小负数但不显著，低融资约束组的系数也为负且均十分显著，绝对弹性值也远大于高组，说明紧缩时期低融资约束公司的投资效率损失要远远低于高融资约束公司，原因在于紧缩时期的货币政策迅速减少了投资机会，而低融资约束公司仍然具有相对充足的资金，代理成本上升，投资效率下降，这与叶康涛、祝继高（2009）的结论相似[1]，即紧缩时期大量信贷资源被分配到低效率的低融资约束公司，例如国有企业和劳动密集型企业。货币宽松时期的情形则刚好相反，高融资约束公司由于融资约束缓解得到充裕的资金，但有效的投资机会并没有增加，导致投资效率迅速下降，意味着宽松货币政策对其投资支出和投资效率均具有显著冲击，

---

[1] 叶康涛，祝继高. 银根紧缩与信贷资源配置［J］. 管理世界，2009（1）：22-28。他们认为，紧缩货币政策实质上降低了信贷资源配置效率。

但對低融資約束公司則無明顯影響,這與於博、吳娜(2014)的研究結論相似①,也契合張西徵、劉志遠、王靜(2012)的觀點②,即低融資約束公司的需求效應大於供給效應,而高融資約束公司的供給效應大於需求效應,寬鬆貨幣政策增加了信貸供給,對高融資約束公司具有更強的效應。從表6-8可以發現,寬鬆時期兩者的絕對彈性值之差小於緊縮時期兩者絕對值彈性之差,因此最終表現出的綜合結果是高融資約束組損失的投資效率反而低於低融資約束組,這進一步印證了表6-2及表6-4所檢驗的結果,也基本驗證了假說5b。

進一步考慮按投資機會分組,考察貨幣政策對公司投資效率的影響。迴歸結果見表6-9。

從表6-9可以發現,總體看來,高融資約束公司的投資效率比低融資約束公司要高一些。投資機會與貨幣政策的交乘項系數呈現較一致的特徵,低融資約束組的系數均不顯著,說明貨幣政策調整對低融資約束公司並無本質影響;而高融資約束公司在面臨高投資機會時,寬鬆貨幣政策不會損害投資效率($Tobin's\ q$與貨幣政策的交乘項系數均不顯著),當面臨低投資機會時,寬鬆貨幣政策則可能降低投資效率(在10%水準上顯著為負),這與靳慶魯、孔祥、侯青川(2012)的研究結論相似,即當投資機會較差時寬鬆貨幣政策會降低其投資效率;當投資機會較好時可以提高投資效率,這一點與本書有所差異,本書發現即使高融資約束公司面臨較好的投資機會,貨幣政策調整只是不會損害其投資效率,因為寬鬆時期整個社會的投資機會都處於較低水準。這基本符合之前的檢驗結果,這從另一角度驗證了假說5b。

---

① 於博,吳娜. 貨幣政策、異質效應與房地產企業投資效率——附加營運資本平滑效應的實證分析 [J]. 經濟體制改革,2014 (3): 166-170.
② 張西徵,劉志遠,王靜. 貨幣政策影響公司投資的雙重效應研究 [J]. 管理科學,2012 (5): 108-119.

表 6-7 不同貨幣政策時期產權性質與貨幣政策對公司投資效率的影響

因變量: investment	Model (1) 緊縮時期 國有	Model (1) 緊縮時期 非國有	Model (1) 寬鬆時期 國有	Model (1) 寬鬆時期 非國有	Model (2) 緊縮時期 國有	Model (2) 緊縮時期 非國有	Model (2) 寬鬆時期 國有	Model (2) 寬鬆時期 非國有	Model (3) 緊縮時期 國有	Model (3) 緊縮時期 非國有	Model (3) 寬鬆時期 國有	Model (3) 寬鬆時期 非國有
q	-0.119*** (-2.02)	0.014,2 (0.58)	-0.079,4*** (-5.05)	-0.022,5*** (-3.07)	0.048,4 (0.66)	0.048,2 (1.57)	-0.102*** (-5.83)	-0.002,74 (-0.34)	-0.009,89 (-0.13)	0.043,6 (1.40)	-0.108*** (-5.66)	-0.011,9 (-1.35)
$M2$	-0.164 (-1.28)	-0.235*** (-3.41)	0.048,4*** (3.27)	0.038,0*** (5.66)	0.059,1 (0.48)	-0.034,7 (-0.54)	0.042,8*** (2.80)	0.020,5*** (2.88)	—	—	—	—
$q \times M2$	-1.128 (-1.21)	-0.191 (-0.38)	-0.082,5 (-1.02)	-0.067,8** (-1.98)	-1.512* (-1.72)	-0.091,2 (-0.20)	-0.065,5 (-0.86)	-0.106*** (-3.24)	-1.202 (-1.37)	-0.046,1 (-0.10)	-0.065,7 (-0.85)	-0.099,6*** (-3.01)
Controls	否	否	否	否	是	是	是	是	是	是	是	是
Fixed effect	是	是	是	是	是	是	是	是	是	是	是	是
Industry and quarter Dummy	否	否	否	否	否	否	否	否	是	是	是	是
Firm cluster	是	是	是	是	是	是	是	是	是	是	是	是
Adjusted-R^2	0.279,1	0.276,3	0.146,9	0.147,7	0.126,0	0.055,1	0.028,0	0.041,0	0.109,1	0.054,2	0.030,4	0.038,6
n	737	2,553	1,944	8,122	737	2,553	1,944	8,122	737	2,553	1,944	8,122

註：表中數據為各自變量迴歸係數，括號內為 t 值，並經 Cluster 修正，*、**、*** 分別表示在 10%、5%、1% 水準下顯著。

表 6-8　不同貨幣政策時期融資約束及貨幣政策對公司投資效率的影響

因變量: investment	Model (1) 緊縮時期 高融資約束組	Model (1) 緊縮時期 低融資約束組	Model (1) 寬鬆時期 高融資約束組	Model (1) 寬鬆時期 低融資約束組	Model (2) 緊縮時期 高融資約束組	Model (2) 緊縮時期 低融資約束組	Model (2) 寬鬆時期 高融資約束組	Model (2) 寬鬆時期 低融資約束組	Model (3) 緊縮時期 高融資約束組	Model (3) 緊縮時期 低融資約束組	Model (3) 寬鬆時期 高融資約束組	Model (3) 寬鬆時期 低融資約束組
q	−0.110 (−1.32)	−0.355*** (−2.68)	−0.175*** (−8.94)	−0.056,2*** (−3.22)	−0.021,9 (−0.21)	0.199 (1.22)	−0.085,2*** (−3.63)	−0.077,6*** (−4.01)	−0.002,06 (−0.02)	0.164 (0.98)	−0.116*** (−4.35)	−0.049,3** (−2.40)
$M2$	0.200 (0.80)	0.114 (0.26)	−0.000,558 (−0.02)	0.075,9*** (4.41)	0.124 (0.49)	0.235 (0.71)	−0.018,8 (−0.78)	0.027,1 (1.55)	—	—	—	—
$q \times M2$	−0.972 (−0.42)	−4.682 (−1.37)	−0.312*** (−3.14)	−0.062,9 (−0.74)	−0.321 (−0.14)	−5.057* (−1.96)	−0.327*** (−3.50)	−0.083,1 (−1.09)	−0.288 (−0.13)	−5.233** (−2.01)	−0.257*** (−2.69)	−0.114 (−1.50)
Controls	是	否	否	否	是	是	是	是	是	是	是	是
Fixed effect	是	是	是	是	是	是	是	是	是	是	是	是
Industry and quarter Dummy	否	否	否	否	否	否	否	否	是	是	是	是
Firm cluster	是	是	是	是	是	是	是	是	是	是	是	是
Adjusted-R^2	0.312,7	0.918,5	0.571,1	0.504,5	0.028,9	0.082,9	0.381,4	0.211,5	0.921,5	0.091,5	0.361,0	0.182,1
n	283	270	1,060	1,178	283	270	1,060	1,178	283	270	1,060	1,178

註：表中數據為各自變量迴歸係數，括號內為 t 值，並經 Cluster 修正，*、**、*** 分別表示在 10%、5%、1% 水準下顯著。

表 6-9 不同貨幣政策時期融資約束及貨幣政策對公司投資效率的影響

因變量: investment	Model (1) 高融資約束組 高投資機會	Model (1) 高融資約束組 低投資機會	Model (1) 低融資約束組 高投資機會	Model (1) 低融資約束組 低投資機會	Model (2) 高融資約束組 高投資機會	Model (2) 高融資約束組 低投資機會	Model (2) 低融資約束組 高投資機會	Model (2) 低融資約束組 低投資機會	Model (3) 高融資約束組 高投資機會	Model (3) 高融資約束組 低投資機會	Model (3) 低融資約束組 高投資機會	Model (3) 低融資約束組 低投資機會
q	-0.108 (-0.70)	0.003,54 (0.22)	-0.777*** (-5.25)	0.001,87 (0.06)	0.228 (0.94)	0.049,0** (2.25)	-0.697*** (-4.55)	-0.082,6** (-2.15)	0.197 (0.80)	0.039,4* (1.73)	-0.670*** (-4.14)	-0.084,9* (-1.85)
M2	0.203 (1.14)	-0.071,0 (-0.88)	0.208 (1.15)	-0.148 (-1.36)	0.154 (0.86)	-0.086,8 (-1.32)	0.021,0 (0.13)	-0.075,0 (-0.82)	—	—	—	—
q×M2	-0.978 (-0.92)	-0.305 (-1.38)	-0.868 (-0.92)	-0.621** (-2.05)	-0.704 (-0.67)	-0.351* (-1.95)	-0.245 (-0.30)	-0.207 (-0.78)	-0.248 (-0.23)	-0.352* (-1.76)	-0.191 (-0.23)	-0.400 (-1.38)
Controls	否	否	否	否	是	是	是	是	是	是	是	是
Fixed effect	是	是	是	是	是	是	是	是	是	是	是	是
Industry and quarter Dummy	否	否	否	否	否	否	否	否	是	是	是	是
Firm cluster	是	是	是	是	是	是	是	是	是	是	是	是
Adjusted-R^2	0.236,3	0.594,3	0.504,2	0.676,9	0.697,8	0.043,5	0.085,5	0.156,1	0.882,1	0.035,0	0.090,9	0.173,7
n	213	407	400	269	213	407	400	269	213	407	400	269

註：表中數據為各自變量迴歸系數，括號內為 t 值，並經 Cluster 修正，*、**、*** 分別表示在 10%、5%、1%水準下顯著。

6.4 穩健性檢驗

按照靳慶魯、孔祥、侯青川（2012）和肖珉（2010），以及連玉君、蘇治、丁志國（2008）等人的做法，將公司投資變量設定為「購建固定資產、無形資產和其他長期資產支付的現金（總資產標準化）」，利用 KZ 指數作為按融資約束分組的指數，按照靳慶魯、孔祥、侯青川（2012）的方法用投資與 ROE 的敏感性作為投資效率，進行穩健性檢驗，檢驗結果如表 6-10 及表 6-11 所示。

表 6-10　貨幣政策對不同融資約束公司投資效率的影響
（穩健性檢驗）

自變量：INVEST	model（1）高融資約束組	model（1）低融資約束組	model（2）高融資約束組	model（2）低融資約束組	model（3）高融資約束組	model（3）低融資約束組
ROE	0.007,46*** (2.55)	0.000,694 (0.52)	0.005,94** (2.02)	0.000,695 (0.52)	0.003,40 (1.24)	-0.000,342 (-0.29)
M2	-0.047,2*** (-5.11)	-0.023,5** (-2.30)	-0.046,0*** (-4.84)	-0.023,1** (-2.11)	—	—
ROE×M2	-0.079,6** (-2.22)	-0.007,49 (-0.51)	-0.073,7** (-2.06)	-0.007,73 (-0.53)	-0.060,9* (-1.84)	0.002,31 (0.18)
Controls	否	否	是	是	是	是
Fixed effect	是	是	是	是	是	是
Inudstry and quarter Dummy	否	否	否	否	是	是
Firm cluster	是	是	是	是	是	是
Adjusted-R^2	0.349,5	0.420,1	0.330,0	0.416,2	0.110,5	0.120,1
n	2,018	1,873	2,018	1,873	2,018	1,873

註：表中數據為各自變量迴歸系數，括號內為 t 值，並經 Cluster 修正，*、**、*** 分別表示在 10%、5%、1% 水準下顯著。上表中 INVEST 表示「購建固定資產、無形資產和其他長期資產支付的現金（總資產標準化）」；ROE 為淨資產收益率。

從表 6-10 可以發現，高融資約束公司具有相對較高的投資效率，而且寬鬆的貨幣政策會降低高融資約束公司的投資效率，表 6-11 進一步證明了該觀點，對低融資約束公司的投資效率也具有負面影響，但不顯著。這與本章之前的檢驗結果基本吻合。

6.5　本章研究結論

本章主要對貨幣政策通過融資約束影響公司投資效率的內在機理、路徑及主要特徵進行研究，利用 2003—2013 年貨幣政策數據及上市公司數據進行實證檢驗，以下是檢驗結果小結。

①對假說 4 的檢驗結果。該假說主要檢驗融資約束對公司投資效率的影響存在差異性。首先按所有權性質分組的檢驗表明非國有企業的確比國有企業投資得更少（State 的系數均在 1% 水準顯著為負），但是國有企業和非國有企業的投資效率都不理想，相對而言，國有企業具有更低的投資效率，托賓 Q 與所有權性質變量的交乘項系數顯著為正可以證明這一點，表明非國有企業的投資效率較高。引入融資約束指數的虛擬變量後，基本結論仍然成立，即高融資約束公司比低融資約束公司具有相對較高的投資效率，其原因可能是高融資約束公司由於融資約束缺乏資金，對投資項目的篩選和評估更加謹慎，股東對管理層的投資決策行為監督更為嚴密，使得投資項目的質量有一定保障，這一定程度上可以減輕投資不足導致的效率損失。本書還基於 Richardson（2006）的非效率投資測度模型構造了一個檢測投資效率損失的評估模型，結果表明投資不足〔(Richardson, 2006) 的負殘差〕的公司比過度投資的公司投資得更少，這說明模型的正確性，而托賓 Q 與投資效率的交乘項系數在 1% 水準

表 6–11　不同貨幣政策時期融資約束及貨幣政策對公司投資效率的影響（穩健性檢驗）

因變量：INVEST	Model (1) 緊縮時期 高融資約束組	Model (1) 緊縮時期 低融資約束組	Model (1) 寬鬆時期 高融資約束組	Model (1) 寬鬆時期 低融資約束組	Model (2) 緊縮時期 高融資約束組	Model (2) 緊縮時期 低融資約束組	Model (2) 寬鬆時期 高融資約束組	Model (2) 寬鬆時期 低融資約束組	Model (3) 緊縮時期 高融資約束組	Model (3) 緊縮時期 低融資約束組	Model (3) 寬鬆時期 高融資約束組	Model (3) 寬鬆時期 低融資約束組
ROE	0.000,930 (0.13)	-0.003,68 (-0.33)	0.007,99*** (2.29)	0.001,59 (0.64)	-0.002,41 (-0.30)	-0.009,01 (-0.83)	0.007,48** (2.15)	0.001,73 (0.71)	-0.004,89 (-0.64)	0.003,18 (0.31)	0.003,73 (1.17)	-0.001,48 (-0.68)
M2	0.180 (1.53)	0.656*** (4.32)	-0.052,1*** (-5.12)	-0.027,4*** (-2.75)	0.204 (1.62)	0.740*** (4.98)	-0.054,2*** (-4.84)	-0.040,3*** (-3.56)	—	—	—	—
ROE×M2	-0.925 (-1.44)	-0.030,2 (-0.06)	-0.085,7** (-2.12)	-0.017,4 (-0.63)	-0.875 (-1.34)	-0.185 (-0.35)	-0.090,0** (-2.23)	-0.019,2 (-0.70)	-0.630 (-1.02)	-0.365 (-0.76)	-0.063,7* (-1.72)	0.015,1 (0.62)
Controls	否	否	否	否	是	是	是	是	是	是	是	是
Fixed effect	是	是	是	是	是	是	是	是	是	是	是	是
Industry and quarter Dummy	否	否	否	否	否	否	否	否	是	是	是	是
Firm cluster	是	是	是	是	是	是	是	是	是	是	是	是
Adjusted-R^2	0.849,1	0.809,3	0.419,5	0.496,4	0.846,0	0.635,9	0.404,1	0.476,2	0.352,8	0.352,8	0.154,1	0.138,2
n	391	326	1,627	1,547	391	326	1,627	1,547	391	326	1,627	1,547

註：表中數據為各自變量回歸係數，括號內為 t 值，並經 Cluster 修正，***、**、* 分別表示在 10%、5%、1%水準下顯著。上表中 INVEST 表示「購建固定資產、無形資產和其他長期資產支付的現金（總資產標準化）」；ROE 為淨資產收益率。

顯著為正，說明相對於過度投資，投資不足的確能夠緩解投資效率的損失，而過度投資雖然投資得更多，卻損失了較多的投資效率。由此可見，融資約束的確會導致投資效率損失，高融資約束公司信息成本較高，導致投資不足而損失效率，但是代理成本相對較低，這又會在一定程度上緩解效率的損失；低融資約束公司信息成本較低，資金充裕可以保證所有正淨現值項目都得以實施從而使投資效率升高，但是代理成本可能相對較高，這又會在一定程度上降低投資效率。最終的實證結果表明高融資約束公司和非國有企業損失的效率更少，與靳慶魯、孔祥、侯青川（2012）[1]，以及寧宇新、薛芬（2012）[2] 的結論相似，但與喻坤、李治國等（2014）[3] 的結論相反。假說 4 得到驗證。

②對於假說 5a 的檢驗結果。該假說主要檢驗貨幣政策對不同融資約束公司投資效率影響的差異性。檢驗結果表明，總體上高融資約束公司和低融資約束公司都存在投資效率較低的現象，高融資約束公司的 $Tobin's\ q$ 與貨幣政策的交乘項系數在 1% 水準顯著為負，說明貨幣政策擴張反而降低了高融資約束公司的投資效率，這似乎與直覺不相符合，但是當我們考慮擴張性貨幣政策實施的背景後就可以得到合理的解釋。一般說來，當經濟處於低谷，發展緩慢時政府會採取擴張性貨幣政策，降低利率，增加信貸，高融資約束公司可能會得到一些信貸資金來緩解融資約束，但是此時社會經濟並不景氣，市場前景也未必樂觀，可能缺乏真正有較高投資價值的項目，此時增加的大量

---

[1] 靳慶魯，孔祥，侯青川. 貨幣政策、民營企業投資效率與公司期權價值 [J]. 經濟研究，2012（5）：96-106.
[2] 寧宇新，薛芬. 房地產上市公司投資效率研究——基於 2008—2009 年貨幣政策調控背景的分析 [J]. 山西財經大學學報，2012（S3）：68-70.
[3] 喻坤，李治國，張曉蓉，徐劍剛. 企業投資效率之謎：融資約束假說與貨幣政策衝擊 [J]. 經濟研究，2014（5）：106-120.

资金可能并不会用於投资经营性资产，或者投入的项目难以产生良好的回报率，代理成本增加，过度投资出现，反而会降低投资效率。然而，低融资约束公司的交乘项系数虽为负但并不显著，表明货币政策的调整不会影响其投资效率，原因在於货币政策调整没有实质上影响低融资约束公司的资金供给状况，这与张西徵、刘志远、王静（2012）[①] 的观点契合，即低融资约束公司的需求效应大於供给效应，即使外部货币量供给增加，但由於其融资活动基於投资需求，可能并不会大量增加融资；而高融资约束公司的供给效应大於需求效应，当外部资金供给增加时，则往往倾向於过度融资，并因此对投资效率产生显著的差异性影响。

③对於假说 5b 的检验结果。该假说主要检验货币政策对公司投资效率影响的经济週期效应。检验结果表明，总体上高融资约束公司比低融资约束公司具有相对较高的投资效率，在宽鬆货币时期，高融资约束与低融资约束公司都表现出明显的低投资效率，高融资约束公司尤甚，高融资约束公司的 Tobin's q 与货币政策的交乘项系数显著为负，再次说明高融资约束的投资效率并不会仅仅因为融资约束缓解而大幅提高，原因前文已阐述，这一点与叶康涛、祝继高（2009）的观点有差异，他们认为紧缩货币政策降低了信贷资源配置效率，而本书的研究显示宽鬆货币政策显著降低了公司投资效率，宽鬆时期信贷资源显著增加，但投资机会并没有明显增加，信贷资源配置具有更大的代理成本。而在紧缩货币时期，货币政策调整可以显著降低低融资约束公司的投资效率，其原因在於低融资约束公司不缺乏资金，代理成本较高，损失了投资效率；而高融资约束公司在紧缩时期更加缺乏资金，对投资更加谨慎，代理成本较低，

---

① 张西徵, 刘志远, 王静. 货币政策影响公司投资的双重效应研究 [J]. 管理科学, 2012 (5): 108-119.

從而減輕了投資效率的損失，這與葉康濤、祝繼高（2009）的結論相似，即緊縮時期大量的信貸資源仍被低融資約束公司大量獲取（例如國有企業和勞動密集型企業），而這類企業的效率往往非常低下[①]。這與之前的檢驗結果相吻合，基本驗證了假說5b。進一步地劃分投資機會分組（表6-9），發現貨幣政策調整仍然沒有影響低融資約束公司的投資效率（表6-9中托賓Q與貨幣政策的交乘項系數均不顯著），但是卻降低了高融資約束公司的投資效率（表6-8中在低投資機會時托賓Q與貨幣政策的交乘項系數均顯著為負），不過其前提條件是高融資約束公司不具有良好的投資機會，一旦面臨較好的投資機會時，貨幣政策調整並不會損害公司的投資效率，這與靳慶魯、孔祥、侯青川（2012）的研究結論相似但也有差異，相似之處在於寬鬆貨幣政策可以緩解高融資約束公司（靳文中主要指民營企業）的資金緊張狀況，當投資機會較差時會降低其投資效率，這是相似的，當投資機會較好時可以提高投資效率，這一點與本書有所差異，本書發現即使高融資約束公司面臨較好的投資機會，資金供給增加只是不會損害其投資效率，不一定會明顯改善其投資效率，因為寬鬆時期整個社會的投資機會都處於較低水準，而流動性卻相對充裕，現金流代理成本上升，投資效率下降。這進一步說明了假說5b。

---

① 葉康濤，祝繼高. 銀根緊縮與信貸資源配置［J］. 管理世界，2009（1）：22-28.

7
研究結論與政策建議

7.1 研究結論

本書首先對國內國外相關文獻進行綜述，闡述了貨幣政策通過融資約束影響公司投資的內在機理，並利用微觀公司數據進行實證檢驗，根據理論分析及實證檢驗結果得到如下結論：

結論1：經典的 MM 融資結構無關論在現實世界中很難成立，很多公司都會面臨不同程度的融資約束。融資約束產生的內在機理在於資本市場不完美或者說存在不同程度的信息不對稱，從而導致公司外部融資成本高於內部融資成本，一般認為這種外部融資溢價與信息不對稱程度成正比例變化。貨幣政策主要通過影響融資約束來影響公司投資政策。在傳統經濟學框架下，當貨幣政策緊縮時，會加劇公司融資約束程度，從而降低投資支出水準；當貨幣政策寬鬆時，會緩解公司融資約束程度，從而提高投資支出水準。

結論2：貨幣政策影響公司融資約束具有普遍性及差異性。當貨幣政策趨於緊縮時，流動性減少，外部融資成本增加，銀行甚至會根據自身利益最大化原則實施信貸配給，很多公司難以完全獲得所需要的外部信貸資金，甚至無法獲得任何資金，導致公司不得不縮減投資支出水準；當貨幣政策趨於寬鬆時，社會並不缺乏流動性，各種渠道的資金比較充裕，公司很容易從外部獲得所需資金，因此公司可以輕易增加投資支出。但同時，如果公司面臨的融資約束程度存在差異，那麼貨幣政策對其投資支出的影響也具有差異性。例如，基於多種原因非國有企業往往比國有企業具有更大的融資約束，不論是緊縮貨幣政策對非國有企業融資約束的強化程度還是寬鬆貨幣政策對非國

有企業融資約束的緩解程度都要明顯高於國有企業。產生這種差異性的原因在於貨幣政策調整雖然改變了外部融資環境，但並沒有從根本上改變公司的信息不對稱地位或信息成本大小的狀況。

　　結論3：貨幣政策通過利率渠道和信貸渠道共同作用來影響融資約束進而影響公司投資決策。很多國內研究認為中國貨幣政策的主要傳導渠道是信貸渠道，利率渠道幾乎沒有發揮作用。這主要是由於中國長期實行利率管制，更多依賴於信貸控制來影響實體經濟。但同時也有學者認為實際利率與信貸渠道一樣對投資具有實質影響，利率渠道的作用逐漸開始發揮（盛朝暉，2006）。Bernanke 和 Mark Gertler（1995）也認為信貸渠道並不是一種獨立於傳統貨幣傳導渠道（利率渠道）的機制，而僅僅是對利率渠道的一種強化機制，利率渠道才是最根本最關鍵的貨幣傳導渠道。因此，長期來看，推進利率市場化改革並建立規範化的利率傳導機制是完善貨幣政策傳導機制的根本任務（宋立，2002；童穎，2005）。這與中國政府近年來一直推行的利率市場化改革趨勢是相吻合的。

　　結論4：貨幣政策通過融資約束影響公司投資率及投資效率並不一致。以往大多研究僅僅關注貨幣政策對投資率即投資數量方面的影響，較少研究對投資效率即投資質量方面的影響。理論上看，貨幣政策影響公司外部融資環境以及其融資約束程度，進而能夠影響其投資支出水準，但貨幣政策是否能夠同時提高公司投資效率呢？這依賴於公司是否面臨良好的投資機會以及自身代理成本的高低。貨幣政策緊縮時，如果公司沒有良好的投資機會，雖然投資可能減少，但投資效率可能不會有過度損失；貨幣政策擴張時，如果公司沒有良好的投資機會，雖然投資可能增加，但投資效率則可能降低（代理成本較高）。因此，貨幣政策對兩者的影響具有差異性，需要視具體情況分析。

结论 5：通过利用宏观经济数据及微观公司财务数据对与本书主题相关的几个假说进行实证检验，可以得出如下一些结果。

①中国货币政策的传导渠道仍以信贷渠道为主，与利率渠道共同作用影响企业外部融资环境，进而影响公司融资约束，导致投资支出发生变化。实证结果支持以上理论观点，名义利率的效果不显著（表 5-5），扣除通货膨胀因素的实际利率和信贷增长能够显著改变公司的融资约束，对投资具有重要的调节作用（表 5-6、表 5-7），这与李广众（2000）[1] 和周英章、蒋振声（2002）[2] 等人基于宏观数据的研究结论吻合。

②货币政策对公司融资约束的效应具有差异性。通过两种标准对样本进行分组检验：一是按产权性质划分，发现非国有企业比国有企业具有更强的融资约束（表 5-8、表 5-10），货币政策调整对非国有企业融资约束的调节效应非常明显，且显著强于对国有企业的调节效应（表 5-9），而宽松货币政策能够缩小国有企业和非国有企业融资约束的差异，与喻坤、李治国等（2014）的结论相似；二是按构建的融资约束指数划分（表 5-11），发现高融资约束公司具有更强的投资现金流敏感性，说明该指数的正确性（表 5-12），货币政策对高融资约束公司的融资约束具有更强的影响，与对低融资约束公司的影响具有较大差异（表 5-12），SUE 检验证实了该差异的显著性，这与按产权性质分组检验结果相似。另外，货币政策的效应还具有行业差异性，主要体现在对制造业和房地产业的显著影响上，房地产业吸引了大量资金流入，而制造业的很多资金并没有被用于经营性投资，导致有效投资规模难以扩大，影响实体经济健康发展（表 5-13 至表 5-17）。

---

[1] 李广众. 中国的实际利率与投资分析 [J]. 中山大学学报（社会科学版），2000（1）：89-95.

[2] 周英章，蒋振声. 货币渠道、信用渠道与货币政策有效性——中国1993—2001 年的实证分析和政策含义 [J]. 金融研究，2002（9）：34-43.

③貨幣政策對融資約束具有非對稱特性。總的來說，緊縮時期貨幣政策會顯著強化公司融資約束，寬鬆時期貨幣政策則對公司的融資約束無明顯作用（表5-18），即貨幣政策對融資約束的非對稱性引起了投資的非對稱性，這與基於宏觀實證的主流觀點也是相一致的①。按兩種標準對樣本進行分組檢驗：一是按所有權性質劃分，發現非國有企業無論在任何時期都面臨較嚴重的融資約束問題，而貨幣政策的調整在任何時期都對國有企業更為有利，緊縮時期貨幣政策會顯著強化非國有企業的融資約束，因為緊縮時期大量的信貸資源會傾向於國有企業（葉康濤、祝繼高，2009）②，寬鬆時期貨幣政策對國有和非國有公司融資約束的影響均不明顯（表5-19），貨幣政策的非對稱特性明顯；二是按融資約束指數劃分，發現緊縮時期貨幣政策僅對高融資約束公司具有明顯的緊縮效應，寬鬆時期貨幣政策僅對低融資公司具有較微弱的擴張效應，這可能是由於低融資約束公司具有某些天然的優勢，而能夠在緊縮時期抵禦缺乏流動性的外部環境，同時在寬鬆時期更容易吸收外部流動性（表5-20）。因此，可以理解為正是因為公司之間存在導致融資約束的信息成本差異，才導致貨幣政策傳導的非對稱特性（其內在機理為：信息成本差異→非對稱性→融資約束差異→強化非對稱性）。

④公司融資約束與投資效率成正方向變化關係。實證上仍然按照兩種標準分組檢驗：一是按所有權性質劃分，發現國有

---

① 閆力，劉克宮，張次蘭. 貨幣政策有效性問題研究 [J]. 金融研究，2009 (12)：59-71；劉金全. 貨幣政作用的有效性和非對稱性研究 [J]. 管理世界，2002 (3)：43-51；陳建斌. 政策方向、經濟週期與貨幣政策效力非對稱性 [J]. 管理世界，2006 (9)：6-12；陸軍，舒元. 貨幣政策無效性命題在中國的實證研究 [J]. 經濟研究，2002 (3)：21-26；劉斌. 貨幣政策衝擊的識別及中國貨幣政策有效性的實證分析 [J]. 金融研究，2001 (7)：1-9.

② 葉康濤，祝繼高. 銀根緊縮與信貸資源配置 [J]. 管理世界，2009 (1)：22-28.

企業和非國有企業的投資效率均不理想，但前者相對後者具有更低的投資效率（表6-1）；二是引入融資約束指數的虛擬變量，發現高融資約束公司反而具有較高的投資效率，或者說高融資約束公司損失的效率較少，對基於 Richardson（2006）模型測算的非效率投資指標進行檢驗發現，高融資約束導致的投資不足會緩解投資效率的損失，而低融資約束導致的過度投資會阻礙投資效率的增加（表6-2、表6-3）。實證結果表明高融資約束公司與非國有企業損失的投資效率更少一些，當高融資約束公司面臨的投資機會較低時（此時融資約束程度也很強），其投資甚至可能非常有效率，低融資約束公司（如國有企業）則不論投資機會如何似乎都損失了較多的投資效率（表6-8），與靳慶魯、孔祥、侯青川（2012）[1]，寧宇新、薛芬（2012）[2] 等人的結論吻合。

⑤貨幣政策通過融資約束影響公司投資效率具有差異性。實證結果表明，不論公司融資約束狀況如何，寬鬆貨幣時期損失的投資效率更多，而緊縮時期的投資效率總體上比較正常（表6-7、表6-8），與葉康濤、祝繼高（2009）的結論有差異，可能的原因是寬鬆時期充裕的流動性導致代理成本上升，過度投資增加，導致效率損失嚴重。緊縮時期的貨幣政策調整僅對低融資約束公司的投資效率有顯著的阻礙效應，契合葉康濤、祝繼高（2009）的結論[3]，即緊縮時期信貸資金傾向於低效率的國有企業；寬鬆時期的貨幣政策調整僅對高融資約束公司的投資效率有明顯的損害（表6-8）。究其原因，可能是寬鬆時期貨

---

[1] 靳慶魯，孔祥，侯青川. 貨幣政策、民營企業投資效率與公司期權價值［J］. 經濟研究，2012（5）：96-106.
[2] 寧宇新，薛芬. 房地產上市公司投資效率研究［J］. 山西財經大學學報，2012（S3）：68-70.
[3] 葉康濤，祝繼高. 銀根緊縮與信貸資源配置［J］. 管理世界，2009（1）：22-28.

幣政策能夠有效緩解高融資約束公司的資金緊張，但此時低迷的經濟增速與不景氣的市場前景並不會產生大量的有價值的投資機會，導致現金流的代理成本上升，過度投資現象出現，從而損失投資效率，這也可以用張西徵、劉志遠、王靜（2012）[①]的融資供需觀點進行解釋，即高融資約束公司的融資供給效應大於需求效應，一旦外部資金供給增加，則往往會傾向於過度融資，代理成本上升，並導致投資效率下降。尤其是當高融資約束公司面臨的投資機會較低時，其初始投資效率較高，擴張性貨幣政策能夠緩解其融資約束，卻無益於其投資效率的改善（表6-8、表6-9），這一點與靳慶魯、孔祥、侯青川（2012）[②]的研究結論頗為相似，然而即使面臨較好的投資機會，也不會明顯改善，只是不會進一步損害其投資效率而已。

7.2　政策建議

本書主要研究了貨幣政策如何通過影響公司外部融資環境，改變公司融資約束，進而對投資支出和投資效率產生影響的內在機理、實現路徑及主要特徵。經過理論分析和實證檢驗，得到了一些有益的結論和啟示，基於這些結論和啟示，本書提出一些相應的政策建議供參考。

①政府應進一步推進利率市場化改革，疏通貨幣政策的利率傳導渠道，與信貸渠道緊密配合，更好發揮貨幣政策的宏觀調控作用。

[①] 張西徵, 劉志遠, 王靜. 貨幣政策影響公司投資的雙重效應研究［J］. 管理科學, 2012（5）: 108-119.

[②] 靳慶魯, 孔祥, 侯青川. 貨幣政策、民營企業投資效率與公司期權價值［J］. 經濟研究, 2012（5）: 96-106.

②政府在制定或調整貨幣政策時，應該注重宏觀調控和局部調節相結合，充分考慮不同行業和領域的實際狀況，不搞一刀切，也不必面面俱到，尤其要重視製造業和房地產業的信貸資金管理和監控，使金融市場更好地支持實體經濟發展。

③政府在調整貨幣政策時，要考慮貨幣政策的非對稱特徵，由於緊縮效應明顯強於擴張效應，經濟降溫容易而重新恢復較難。因此，在經濟過熱時，緊縮貨幣政策應該把握好度的問題，實現經濟平穩軟著陸；在經濟低迷時，擴張性貨幣政策要有力度和針對性，並配合諸如財政政策等共同發揮效力。

④政府在制定和調整貨幣政策時，不僅僅要關注數量方面的政策效果（投資規模），還應從效率角度關注質量方面的效果（投資效率），尤其注意對國有企業資金運用及投資決策的監督和管理，以此最大化貨幣投入的產出比，提高整個社會經濟運行效率。

⑤由於貨幣政策對融資約束的差異性和非對稱性，公司應該根據自身的融資約束狀況及所處的外部融資環境變化（經濟週期及貨幣政策調整情況）及時調整融資策略，充分利用內外部融資條件，平衡成本收益，做出最佳的融資決策；另外，高融資約束公司在寬鬆時期應盡量抑制融資衝動，避免盲目的過度融資，降低代理成本和效率損失；而低融資約束公司在寬鬆時期盡量減少不必要的融資行為，注重資金的使用效率。低融資約束公司在緊縮時期應盡量抑制投資衝動，避免過度投資，以減少投資效率的損失；而高融資約束公司在緊縮時期更應關注資金使用效率，盡量保持較高的投資效率。

⑥根據實證結果，當貨幣政策緊縮時，高融資約束公司傾向於儲備更多的現金，這對緩解融資約束保證投資持續性具有重要的意義和價值。在貨幣政策寬鬆時，高融資約束公司儲備現金的動機減少。因此，對於高融資約束公司來說，應緊密關

注外部融資環境變化，從自身內部資金角度做好現金流的預防性儲備，盡可能減少外部衝擊對融資約束的影響。

⑦公司應該根據自身財務狀況和外部融資環境，適時適當調整資產負債率，對現金流狀況作周密的規劃和預估。當貨幣政策緊縮時，可適當降低資產負債率水準，保證一定的融資空間；當貨幣政策寬鬆時，可適當提高資產負債率水準，充分利用充足流動性以促進公司發展。

7.3 研究局限與展望

7.3.1 研究局限

本書將宏觀貨幣政策與微觀公司財務相結合研究，無論從理論層面還是從實證層面看都具有一定難度，由於作者能力和理論累積有限，該項研究不可避免存在一些問題和缺陷，現對其做如下總結：

①本書僅考慮貨幣政策影響融資約束進而影響公司投資支出和投資效率的機理和路徑，而沒有考慮公司財務決策對貨幣政策的反作用力。這種相互作用的機制是非常複雜的，但也是客觀存在的，具有很好的研究價值。

②本書的理論分析基於一般化的公司，但實證分析卻基於上市公司數據，並沒有將非上市公司數據納入分析模型。而實際上，上市公司占所有公司的比例是比較小的，基於其數據得出的結論是否具有普適性需要進一步分析考察。當然，非上市公司的財務數據較難獲取，增加了研究難度。

③本書主要從信息不對稱角度研究貨幣政策對公司投資的影響，更多關注公司投資本身，而忽略公司投資決策的行為因

素，即沒有考慮公司投資行為中決策者的心理和行為因素，而這在公司實際營運中可能具有重要影響。當然，如果考慮這類因素會大大增加研究難度和深度，可以作為進一步研究的方向。

7.3.2 研究展望

公司投資方面的實證研究為公司淨財富與不完美市場中投資行為之間的基本關係提供了強有力的經驗證據。對於大多數公司來說，現有研究表明：①內外部融資成本的確存在差異；②保持潛在的投資機會不變，借款人淨財富與支出之間具有顯著的正相關關係。大多數文獻是分析工廠和設備投資的影響因素，但這些方法和思路很容易拓展至如存貨投資、R&D 投資、勞動力雇傭，商業形成和生存，定價及市場份額投資，以及公司風險管理。

關於財務摩擦對公司投資決策存在重要影響這一觀點已達成廣泛的一致，而至於這種影響的強度卻存在不同見解。有三個方向的研究：①分析公司或行業的內部資源與外部融資影子成本之間的關係；②估計金融加速器對總體投資波動的重要性；③將融資約束與不可逆投資相結合以研究其對投資回報率的加速效應（incremental effect）。

這些模型保持投資機會不變，強調內部資金對投資支出的作用，旨在描述單一公司的投資決策過程。這裡討論的大多數經驗研究利用公司層面面板數據分析模型的適應性。爭議的焦點是這些研究是否充分控制了投資機會，盡量剝離內部淨財富與投資機會之間的關係，拓展的第一個領域是尋找大量單一公司或某行業公司投資決策的證據。對於前者，關於公司層面回報率（hurdle rates）的相關研究可能是有益的方向；對於後者，關於融資約束對於行業發展的作用的研究也是一個有價值的方向。

第二個未來研究的主要領域是內部資金對總量投資波動的影響。這些模型的大量應用研究是由行業經濟學家或公共經濟學家所做出的，而宏觀經濟學家長久以來就對投資過程的加速效應深感興趣。近期經驗研究表明大部分製造業固定投資及存貨投資是由融資約束公司所做出的①②③。未來研究可以考察金融因素對除了製造業公司以外的影響——住房、建造或者批發和零售（早期研究如 Bernanke 和 Gertler，1995）。

第三個未來研究是方法論。研究資本市場不完美對投資的效應的經驗文獻幾乎都是以新古典投資模型為基礎，即假定資本存量的調整成本是凸性的。給定關於技術、競爭和調整成本的一般假設，q、資本使用成本和歐拉方程等都可以從同樣的跨期最大化問題中導出。近期一個重要的方向是建模和檢驗不可逆性與不確定性對公司投資決策的效應（Robert Pindyck 做了一個很好的綜述文獻）。新古典模型暗含存在一個有效的資本品二級市場的假定，因此不可逆性不是一個問題。另外，新古典公司所面臨的投資機會是一次且完全機會（once-and-for-all）。就投資不可逆來說，做出投資決策就消除了延遲所帶來的買方期權價值。這種方法中，損失期權的價值是投資決策的一種機會成本。在 Q 模型框架中，投資的盈利標準要求 q 超過投資期權價值。因此，管理層做出投資決策可能要求獲得更高的投資回報率。

在經驗研究中期權投資模型的一個問題是投資對 q 變化或資本使用成本變化的效應過於微弱（implausibly small），或者說調

---

① FAZZARI S, HUBBARD R G, PETERSEN B C. Financing constraints and corporate investment [J]. Brookings papers on economic activity, 1988 (1): 141-195.
② BERNANKE B, GERTLER M, GILCHRIST S. The financial accelerator and the flight to quality [J]. The review of economics and statistics, 1996, 78 (1): 1-15.
③ GILCHRIST S, HIMMELBERG C P. Evidence on the role of cash flow for investment [J]. Journal of monetary economics, 1995, 36 (3): 541-572.

整成本太大。引入融資約束的期權投資模型預測了一個不行動（inaction，即無投資區域）範圍，即是說，q會在一個對投資無反應或微弱反應的區域波動。無行動範圍可以這樣解釋，對於擁有大量淨財富的公司，新古典投資模型認為q或資本使用成本變化會改變合意投資水準。對於低淨財富公司，外部融資成本與淨財富水準反向變動：當借款人淨財富增加時，貸款人更願意貸出，更多的項目被融入資金。因此，淨財富變化會影響公司投資，但q或資本使用成本變化則不會。

公司層面投資決策研究可以進一步擴展至區分引入不對稱信息的新古典模型與基於期權模型之間的差異。這種整合可以分為兩個步驟：①分析融資約束對基於期權理論的連續時間隨機過程模型的影響；②區分兩種模型關於不行動區域預測的經驗研究。後一種情形，我們可以研究投資大部分不可逆的行業，並考察公司要求回報率是否按照融資約束投資模型所預測的那樣變動。相反，我們也可以考察投資不可逆的行業中，回報率是否按照此處討論的模型預測那樣變動（行業中設備投資存在有效的二手市場）。最後，將工廠層面（plant-level）和公司層面（firm-level）數據結合使得研究者能夠區分不可逆投資模型與融資約束模型預測的不行動區域之間的差異。

總之，目前研究財務因素影響投資決策的經驗文獻得到大量有價值的結論，尤其強調資本市場不完美對公司決策的重要性。然而，需要更多的研究來分離那些影響公司決策的資本市場不完美性根源，這需要對單一公司決策做更細緻的分析。

參考文獻

[1] A A. How sensitive is investment to cash flow when financing is frictionless? [J]. The journal of finance, 2003, 58 (2): 707-722.

[2] ABEL A B, EBERLY J C. Optimal investment with costly reversibility [J]. The review of economic studies, 1996, 63 (4): 581-593.

[3] ABEL A B, EBERLY J C. Q theory without adjustment costs and cash flow effects without financing constraints [J]. University of pennsylvania mimeo, 2002.

[4] ABEL A B, EBERLY J C. How q and cash flow affect investment without frictions: an analytic explanation [J]. The review of economic studies, 2011, 78 (4): 1179-1200.

[5] AĞCAŞ, MOZUMDAR A. The impact of capital market imperfections on investment - cash flow sensitivity [J]. Journal of banking & finance, 2008, 32 (2): 207-216.

[6] AIVAZIAN V A, GE Y, QIU J. The impact of leverage on

firm investment: Canadian evidence [J]. Journal of corporate finance, 2005, 11 (1-2): 277-291.

[7] AKERLOF G A. the market of lemons quality uncertainty and the market mechanism [J]. The quarterly journal of economics, 1970, 84 (3): 488-500.

[8] ALLAYANNIS G, MOZUMDAR A. The impact of negative cash flow and influential observations on investment - cash flow sensitivity estimates [J]. Journal of banking & finance, 2004, 28 (5): 901-930.

[9] ALMEIDA H, CAMPELLO M. Financial constraints and investment - cash flow sensitivities: new research directions [C]. Twelfth Annual Utah Winter Finance Conference, 2001.

[10] ALMEIDA H, CAMPELLO M, GALVAO A F. Measurement errors in investment equations [J]. Review of financial studies, 2010, 23 (9): 3279-3328.

[11] ALMEIDA H, CAMPELLO M. Financial constraints, asset tangibility, and corporate investment [J]. Review of financial studies, 2007, 20 (5): 1429-1460.

[12] ALMEIDA H C M, GALVAO A F. Measurement errors in investment equations [J]. Review of financial studies, 2010, 23 (9): 3279-3328.

[13] ASCIOGLU A, HEGDE S P, MCDERMOTT J B. information asymmetry and investment-cash flow sensitivity [J]. Journal of banking & finance, 2008, 32 (6): 1036-1048.

[14] ATTIG N C S. Organizational capital and investment-cash flow sensitivity: the effect of management quality practices [J]. Financial management, 2012, 43 (4): 473-504.

[15] AUDRETSCH D B, ELSTON J A. Does firm size matter?

Evidence on the impact of liquidity constraints on firm investment behavior in Germany [J]. International journal of industrial organization, 2002, 20 (1): 1-17.

[16] BAGHIYAN F. Working capital management, investment and financing constraints in companies listed on the tehran, iran stock exchange [J]. International journal of business and economics research, 2013, 2 (6): 130.

[17] BAKER M SJ, WURGLER J. When does the market matter stock prices and the investment of equity-dependent firms [J]. The quarterly journal of economics, 2003: 969-1005.

[18] BAKKE T E, WHITED T M. Which firms follow the market? an analysis of corporate investment decisions [J]. The review of financial studies, 2010, 23 (5): 1941-1980.

[19] BASU P, GUARIGLIA A. Liquidity constraints and firms' investment return behaviour [J]. Economica, 2002, 69 (276): 563-581.

[20] BAUM C F, THIES CF. Cash flow and investment: an econometric critique [J]. Review of quantitative finance and accounting 1999, 12 (1): 35-48.

[21] BAUMOL W J HP, MALKIEL B G, et al. Efficiency of corporate investment: reply [J]. The review of economics and statistics, 1973, 55 (1): 128-131.

[22] BERKOVITCH E K E. Financial contracting and leverage induced over- and under-investment incentives [J]. The journal of finance, 1990, 45 (3): 765-794.

[23] BERNANKE B. Gertler Mark agency cost net worth and business fluctuations [J]. The american economic review, 1989, 79 (1): 14-31.

[24] BERNANKE B, GERTLER M, GILCHRIST S. The financial accelerator and the flight to quality [J]. The review of economics and statistics, 1996, 78 (1): 1-15.

[25] BERNANKE B S, GERTLER M. Financial fragility and economic performance [J]. The quarterly journal of economics, 1990, 105 (1): 87-114.

[26] BERNANKE B S, GERTLER M, GILCHRIST S. The financial accelerator in a quantitative business cycle framework [J]. Handbook of macroeconomics, 1999 (1): 1341-1393.

[27] BIDDLE G C, HILARY G, VERDI R S. How does financial reporting quality relate to investment efficiency? [J]. Journal of accounting and economics, 2009, 48 (2-3): 112-131.

[28] BIERLEN R, FEATHERSTONE A M. Fundamental q, cash flow, and investment: evidence from farm panel data [J]. Review of economics and statistics, 1998, 80 (3): 427-435.

[29] BOND S, MEGHIR C. Dynamic investment models and the firm's financial policy [J]. The review of economic studies, 1994, 61 (2): 197-222.

[30] BUSHMAN R M, SMITH A J, ZHANG X F. Investment-cash flow sensitivities are really investment – investment sensitivities [R]. Working paper, University of North Carolina, 2007.

[31] BUSHMAN R M, SMITH A J, ZHANG F. Investment cash flow sensitivities really reflect related investment decisions [J]. Available at SSRN 842085, 2011.

[32] CAGGESE A. Testing financing constraints on firm investment using variable capital [J]. Journal of financial economics, 2007, 86 (3): 683-723.

[33] CAI J F. Does corporate governance reduce the overinvest-

ment of free cash flow: empirical evidence from China [J]. Journal of finance and investment analysis, 2013, 2 (3): 97-126.

[34] CARLSTROM C T, FUERST T S. Agency cost net worth and business fluctuations a computable general equilibrium [J]. The american economic review, 1997, 87 (5): 893-910.

[35] CARPENTER R E. Finance constraints or free cash flow the impact of asymmetric information on Investment [R]. EconWPA, 1994.

[36] CARPENTER R E, FAZZARI S M, PETERSEN B C. Financing constraints and inventory investment: a comparative study with high-frequency panel data [J]. Review of economics and statistics, 1998, 80 (4): 513-519.

[37] CARPENTER R E, PETERSEN B C. Is the growth of small firms constrained by internal finance? [J]. Review of economics and statistics, 2002, 84 (2): 298-309.

[38] CARPENTER R E, GUARIGLIA A. Cash flow, investment, and investment opportunities: new tests using UK panel data [J]. Journal of banking & finance, 2008, 32 (9): 1894-1906.

[39] CHAVA S RMR. How does financing impact investment? the role of debt covenants [J]. The journal of finance, 2008, 63 (5): 2085-2121.

[40] CHEN H, CHEN S. Investment-cash flow sensitivity cannot be a good measure of financial constraints: evidence from the time series [J]. Journal of financial economics, 2012, 103 (2): 393-410.

[41] CHEN S, LIAO Z. Free cash flow and over-investment: the moderating role of the characteristics of independent director [J]. International journal on advances in information sciences and service

sciences, 2012, 4 (3): 147-158.

[42] CHEN S, SUN Z, et al. Government intervention and investment efficiency: evidence from China [J]. Journal of corporate finance, 2011, 17 (2): 259-271.

[43] CHENG Z, CULLINAN C P, ZHANG J. Free cash flow, growth opportunities, and dividends: does cross – listing of shares matter [J]. Journal of applied business research (JABR), 2014, 30 (2): 587-598.

[44] CHIRINKO R S. Business fixed investment spending: modeling strategies, empirical results, and policy implications [J]. Journal of economic literature, 1993, 31 (4): 1875-1911.

[45] CHIRINKO R S, SCHALLER H. Why does liquidity matter in investment equations? [J]. Journal of money, credit and banking, 1995, 27 (2): 527-548.

[46] CHUNG K H, PRUITT S W. A simple approximations of Tobin's q [J]. Financial management, 1994, 23 (3): 70-74.

[47] CICCOLO J, FROMM G. Q and the theory of investment [J]. The journal of finance, 1978, 34 (2): 535-547.

[48] CLEARY S. The relationship between firm investment and financial status [J]. The journal of finance, 1999, 54 (2): 673-692.

[49] COLOMBO M G, CROCE A, GUERINI M. The effect of public subsidies on firms' investment – cash flow sensitivity: Transient or persistent? [J]. Research policy, 2013, 42 (9): 1605-1623.

[50] CONNOLL R A. Assessing the importance of measurement error in capital investment models [J]. Managerial and decision economics, 1986, 7 (3): 177-185.

[51] CUMMINS J G, HASSETT K A, OLINER S D. Investment behavior, observable expectations, and internal funds [J]. The american economic review, 2006, 96 (3): 796-810.

[52] DANG V A. Leverage, debt maturity and firm investment: an empirical analysis [J]. Journal of business finance & accounting, 2011, 38 (1-2): 225-258.

[53] DE MEZA D WDC. Too much investment: a problem of asymmetric information [J]. The quarterly journal of economics, 1987, 102 (2): 281-292.

[54] DENG L, LI S, et al. Dividends, investment and cash flow uncertainty: evidence from China [J]. International review of economics & finance, 2013, 27: 112-124.

[55] DENIS D J, DENIS D K, SARIN A. The information content of dividend changes: cash flow signaling, overinvestment, and dividend clienteles [J]. Journal of financial and quantitative analysis, 1994, 29 (4): 567-587.

[56] DITTMAR A, MAHRT-SMITH J. Corporate governance and the value of cash holdings [J]. Journal of financial economics, 2007, 83 (3): 599-634.

[57] EISNER R. Capital expenditures, profits, and the acceleration principle [J]. Models of income determination, NBER, 1964: 137-176.

[58] EKLUND J E. Q-theory of investment and earnings retentions—evidence from Scandinavia [J]. Empirical economics, 2009, 39 (3): 793-813.

[59] ELLIOTT J W. Theories of corporate investment behavior revisited [J]. The american economic review, 1973, 63 (1): 195-207.

[60] ERICKSON T, WHITED T M. Treating measurement error in tobin's q [J]. Review of financial studies, 2012, 25 (4): 1286-1329.

[61] FAMA E F. Agency problems and the theory of the firm [J]. The journal of political economy, 1980, 88 (2): 288-307.

[62] FAMA E F, FRENCH K R. The corporate cost of capital and the return on corporate investment [J]. The journal of finance, 1999, 54 (6): 1939-1967.

[63] FAZZARI S, HUBBARD R G, PETERSEN B C. Financing constraints and corporate investment [J]. Brookings papers on economic activity, 1988 (1): 141-195.

[64] FAZZARI S M PBC. Working capital and fixed investment new evidence on financing constraints [J]. The rand journal of economics, 1993, 24 (3): 328-342.

[65] FAZZARI S M, ATHEY M J. Asymmetric information, financing constraints, and investment [J]. The review of economics and statistics, 1987, 69 (3): 481-487.

[66] FAZZARI S M, HUBBARD R G, PETERSEN B C. Investment-cash flow sensitivities are useful: a comment on kaplan and zingales [J]. Quarterly journal of economics, 2000, 115 (2): 695-705.

[67] FRANCIS B, HASAN I, et al. Corporate governance and investment-cash flow sensitivity: evidence from emerging markets [J]. Emerging markets review, 2013, 15: 57-71.

[68] FRIEND I H F. Efficiency of corporate investment [J]. The review of economics and statistics, 1973, 55 (1): 122-127.

[69] FROOT K A, SCHARFSTEIN D S, STEIN J C. Risk Management: coordinating corporate investment and financing poli-

cies [J]. The journal of finance, 1993, 48 (5): 1629-1658.

[70] GALA V D, GOMES J. Beyond q estimating investment without asset prices [J]. Unpublished manuscript Available at http://ssrn com/abstract, 2012.

[71] GATCHEV V A, PULVINO T, TARHAN V. the interdependent and intertemporal nature of financial decisions: an application to cashflow sensitivitie [J]. The journal of finance, 2010, 65 (2): 725-763.

[72] GEORGE R, KABIR R, QIAN J. Investment – cash flow sensitivity and financing constraints: new evidence from indian business group firms [J]. Journal of multinational financial management, 2010, 21 (2): 69-88.

[73] GILCHRIST S, HIMMELBERG C P. Evidence on the role of cash flow for investment [J]. Journal of monetary economics, 1995, 36 (3): 541-572.

[74] GOMES J F. Financing investment [J]. American economic review, 2001, 91 (5): 1263-1285.

[75] GOULD J P. Adjustment costs in the theory of investment of the firm [J]. The review of economic studies, 1968, 35 (1): 47-55.

[76] GUARIGLIA A, TSOUKALAS J, TSOUKAS S. Investment, irreversibility, and financing constraints: evidence from a panel of transition economies [J]. Economics letters, 2012, 117 (3): 582-584.

[77] HAN S, QIU J. Corporate precautionary cash holdings [J]. Journal of corporate finance, 2007, 13 (1): 43-57.

[78] HARFORD J, MANSI S A, MAXWELL W F. Corporate governance and firm cash holdings in the US [J]. Journal of financial

economics, 2008, 87 (3): 535-555.

[79] HAYASHI F. Tobin's marginal q and average q: a neo-classical interpretation [J]. Econometrica: journal of the econometric society, 1982, 50 (1): 213-224.

[80] HE Z, KONDOR P. Ineffcient investment waves [R]. The National Bureau of Economic Research, 2012.

[81] HENNESSY C A. Tobin's Q, debt overhang, and investment [J]. The journal of finance, 2004, 59 (4): 1717-1742.

[82] HENNESSY C A, LEVY A, WHITED T M. Testing q theory with financing frictions [J]. Journal of financial economics, 2007, 83 (3): 691-717.

[83] HIRTH S, VISWANATHA M. Financing constraints, cash-flow risk, and corporate investment [J]. Journal of corporate finance, 2011, 17 (5): 1496-1509.

[84] HOVAKIMIAN G, TITMAN S. Corporate investment with financial constraints sensitivity of investment to funds from voluntary asset sales [R]. The National Bureau of Economic Research, 2003.

[85] HUANG W, JIANG F, et al. Agency cost, top executives' overconfidence, and investment-cash flow sensitivity — Evidence from listed companies in China [J]. Pacific-basin finance journal, 2011, 19 (3): 261-277.

[86] HUBBARD R G, KASHYAP A K, WHITED T M. Internal finance and firm investment [J]. Journal of money, credit and banking, 1995, 27 (3): 683-701.

[87] HUBBARD R G. Capital-market imperfections and investment [J]. Journal of economic literature, 1998, 36 (1): 193-225.

[88] JAFFEE D M, RUSSELL T. Imperfect information uncertainty and credit rationing [J]. The quarterly journal of economics,

1976, 90 (4): 651-656.

[89] JANKENSGARD H A N. A wall of cash: the investment-cash flow sensitivity when capital becomes abundant [J]. Knut wicksell centre for financial studies working paper series, 2013, 52 (3): 162-168.

[90] JENSEN M C, MECKLING, W H. Theory of the firm managerial behavior, agency costs and ownership structure [J]. Journal of financial economics, 1976, 3 (4): 305-360.

[91] JENSEN M C. Agency costs of free cash flow, corportate finance, and takeovers [J]. American economic review, 1986, 76 (2): 323-329.

[92] JORGENSON D. Capital theory and investment behavior [J]. The American economic review, 1963, 53 (2): 247-259.

[93] JORGENSON D W. A comparison of alternative theories of corporate investment behavior [J]. The american economic review, 1968, 58 (4): 681-712.

[94] JORGENSON D W. A comparison of alternative econometric models of quarterly investment behavior [J]. Econometrica: journal of the econometric society, 1970, 38 (2): 187-212.

[95] JORGENSON D W. Econometric studies of investment behavior: a survey [J]. Journal of economic literature, 1971, 9 (4): 1111-1147.

[96] KADAPAKKAM P R, KUMAR P C, RIDDICK L A. The impact of cash flows and firrm size on investmen: the international evidence [J]. Journal of banking & finance, 1998, 22 (3): 293-320.

[97] KAPLAN S N, ZINGALES L. Do financing constraints explain why investment is correlated with cash flow [R]. The National

Bureau of Economic Research, 1995.

[98] KAPLAN S N, ZINGALES L. Do investment-cash flow sensitivities provide useful measures of financing constraints? [J]. The quarterly journal of economics, 1997: 169-215.

[99] KAPLAN S N, ZINGALES L. Investment-cash flow sensitivities are not valid measures of financing constraints [J]. The quarterly journal of economics, 2000, 115 (2): 707-712.

[100] KASAHARA T. Severity of financing constraints and firms' investments [J]. Review of financial economics, 2008, 17 (2): 112-129.

[101] KHURANA I K, MARTIN X, PEREIRA R. Financial development and the cash flow sensitivity of Cash [J]. Journal of financial and quantitative analysis, 2006, 41 (4): 787-808.

[102] KONINGS J, RIZOV M, VANDENBUSSCHE H. Investment and financial constraints in transition economies: micro evidence from poland, the czech republic, bulgaria and romania [J]. Economics letters, 2003, 78 (2): 253-258.

[103] LANG L O E, STULZ R M. Leverage, investmcmt, and firm growth [J]. Journal of financial economics, 1996, 40 (1): 3-29.

[104] LENSINK R, STERKEN E. Asymmetric information, option to wait to invest and the optimal level of investment [J]. Journal of public economics, 2001, 79 (2): 365-374.

[105] LEWELLEN W G, BADRINATH S G. On the measurement of tobin's q [J]. Journal of financial economics, 1997, 44 (1): 77-122.

[106] LYANDRES E. Costly external financing, investment timing, and investment - cash flow sensitivity [J]. Journal of corpo-

rate finance, 2007, 13 (5): 959-980.

[107] MAKI A. Liquidity constraints: a cross-section analysis of the housing purchase behavior of Japanese [J]. The review of economics and statistics, 1993, 75 (3): 429-443.

[108] MARHFOR A, M'ZALI B, COSSET J C. Firm's financing constraints and investment cash flow sensitivity: evidence from country legal institutions [J]. Journal of finance and risk perspectives, 2012, 1 (1): 50-66.

[109] MCNICHOLS M, RAJAN M V, REICHELSTEIN S. Conservatism correction for the market-to-book ratio and tobin's q [J]. Review of accounting studies, 2014, 19 (4): 1393-1435.

[110] MODIGLIANI F MMH. The cost of capital, corporation finance and the theory of investment [J]. The American economic review, 1958, 48 (3): 261-297.

[111] MOYEN N. Investment - cash flow sensitivities: constrained versus unconstrained firms [J]. The journal of finance, 2004, 59 (5): 2061-2092.

[112] MUELLER D C, REARDON E A. Rates of return on corporate investment [J]. Southern economic journal, 1994: 430-453.

[113] MULIER K, SCHOORS K, MERLEVEDE B. Investment cash flow sensitivity: the role of cash flow volatility [R]. Ghent University, Faculty of Economics and Business Administration, 2014.

[114] MYERS S C. Determinants of corporate borrowing [J]. Journal of financial economics, 1977, 5 (2): 147-175.

[115] MYERS S C, MAJLUF N S. Corporate financing and investment decisions when firms have information that investors do not have [J]. Journal of financial economics, 1984, 13 (2): 187-221.

[116] NOE T H, REBELLO M J. Asymmetric information, managerial opportunism, financing, and payout policie [J]. The journal of finance, 1996, 51 (2): 637-660.

[117] OTTO CA, VOLPIN P F. Marking to market and inefficient investment decisions [J]. City university london woreking paper, 2014.

[118] PAWLINA G, RENNEBOOG L. Is investment-cash flow sensitivity caused by agency costs or asymmetric information? evidence from the UK [J]. European financial management, 2005, 11 (4): 483-513.

[119] RICHARDSON S. Over-investment of free cash flow [J]. Review of accounting studies, 2006, 11 (2-3): 159-189.

[120] RILEY J G. Credit rationing: a further remark [J]. The american economic review, 1987, 77 (1): 224-227.

[121] SMITH C W, WATTS R L. The investment opportunity set and corporate financing, dividend, and compensation policies [J]. Journal of financial economics, 1992, 32 (3): 263-292.

[122] STIGLITZ J E, WEISS A. Credit rationing in markets with imperfect information [J]. The American economic review, 1981, 71 (3): 393-410.

[123] STIGLITZ J E, WEISS A. Incentive effects of terminations: applications to the credit and labor markets [J]. The American economic review, 1983, 73 (5): 912-927.

[124] STULZ R M. Managerial discretion and optimal financing policies [J]. Journal of financial economics, 1990, 26 (1): 3-27.

[125] TOBIN J. A general equilibrium approach to monetary theory [J]. Journal of money, credit and banking, 1969, 1 (1): 15-29.

[126] TOWNSEND R M. Optimal contracts and competitive markets with costly state verification [J]. Journal of economic theory, 1979, 21 (2): 265-293.

[127] TSOUKALAS J D. Time to build capital: revisiting investment-cash-flow sensitivities [J]. Journal of economic dynamics and control, 2011, 35 (7): 1000-1016.

[128] VOGT S C. The cash flow investment relationship: evidence form U. S. manufacturing firms [J]. Financial management, 1994, 23 (2): 3-20.

[129] VOGT S C. Cash flow and capital spending: evidence from capital expenditure announcements [J]. Financial management, 1997, 26 (2): 44-57.

[130] WALKER M D. Industrial groups and investment efficiency [J]. The journal of business, 2005, 78 (5): 1973-2002.

[131] WEI KCJ. Ownership structure, cash flow, and capital investment: evidence from east asian economies before the financial crisis [J]. Journal of corporate finance, 2008, 14 (2): 118-132.

[132] WHITED T M, ERICKSON T. On the information content of different measures of Q [J]. Available at SSRN 279315, 2001.

[133] WONG C. Capital structure and investment behavior [J]. The journal of finance, 1972, 27 (3): 741-742.

[134] WORTHINGTON P R. Investment, cash flow, and sunk costs [J]. The journal of industrial economics, 1995, 43 (1): 49-61.

[135] 曹永琴. 國內貨幣政策非對稱性效應研究述評 [J]. 上海金融, 2007 (12): 34-37.

[136] 曹永琴, 李澤祥. 貨幣政策非對稱性效應形成機理的

理论述评 [J]. 经济学家, 2007 (4): 76-82.

[137] 陈德伟, 徐琼, 孙崎岖. 中国货币政策效果的非对称性实证研究 [J]. 数量经济技术经济研究, 2003 (5): 19-22.

[138] 陈丰. 金融危机下中国货币政策是否陷入流动性陷阱——基于货币政策非对称性的实证研究 [J]. 经济学动态, 2010 (5): 58-64.

[139] 陈鹄飞, 陈鸿飞, 郑琦. 货币冲击、房地产收益波动与最优货币政策选择 [J]. 财经研究, 2010 (8): 58-67.

[140] 陈建斌. 政策方向、经济周期与货币政策效力非对称性 [J]. 管理世界, 2006 (9): 6-12.

[141] 褚晓琳. 中国上市公司股权融资偏好的文献综述 [J]. 首都经济贸易大学学报, 2011 (4): 109-115.

[142] 丁文丽, 冯涛. 货币政策效力非对称性理论研究综述 [J]. 经济学动态, 2004 (8): 91-94.

[143] 范从来. 论通货紧缩时期货币政策的有效性 [J]. 经济研究, 2000 (7): 24-31.

[144] 冯巍, 方向阳. 企业投资理论新进展及其启示 [J]. 经济学动态, 1998 (8): 58-61.

[145] 龚光明, 孟澌. 货币政策调整、融资约束与公司投资 [J]. 经济与管理研究, 2012 (11): 95-104.

[146] 苟小菊, 徐子奕. 货币政策效果非对称性研究综述 [J]. 中国地质大学学报（社会科学版）, 2011 (1): 24-28.

[147] 郭建强, 张建波. 不确定性、融资约束与企业投资新特点——基于上市公司的实证研究 [J]. 当代财经, 2009 (2): 55-60.

[148] 韩冬梅, 屠梅曾, 曹坤. 房地产价格泡沫与货币政策调控 [J]. 中国软科学, 2007 (6): 9-16.

[149] 何国华, 袁仕陈. 货币政策的非对称性：基于前景理

論的解釋[J]. 財經理論與實踐, 2010（5）：8-12.

[150] 黃先開, 鄧述慧. 貨幣政策中性與非對稱性的實證研究[J]. 管理科學學報, 2000（2）：34-41.

[151] 黃志忠, 謝軍. 宏觀貨幣政策、區域金融發展和企業融資約束——貨幣政策傳導機制的微觀證據[J]. 會計研究, 2013（1）：63-69.

[152] 蔣敏. 西方貨幣政策傳導機制理論評述[J]. 南開經濟研究, 2000（2）：53-57.

[153] 靳慶魯, 孔祥, 侯青川. 貨幣政策、民營企業投資效率與公司期權價值[J]. 經濟研究, 2012（5）：96-106.

[154] 況學文, 施臻懿, 何恩良. 中國上市公司融資約束指數設計與評價[J]. 山西財經大學學報, 2010（5）：110-117.

[155] 李廣眾. 中國的實際利率與投資分析[J]. 中山大學學報（社會科學版）, 2000（1）：89-95.

[156] 李小軍. 股權融資偏好亦或過度融資——來自中國上市公司再融資的經驗證據[J]. 財貿研究, 2009（2）：90-95.

[157] 連玉君, 程建. 投資-現金流敏感性：融資約束還是代理成本？[J]. 財經研究, 2007（2）：37-46.

[158] 劉斌. 貨幣政策衝擊的識別及中國貨幣政策有效性的實證分析[J]. 金融研究, 2001（7）：1-9.

[159] 劉傳哲, 聶學峰. 中國貨幣政策通過房地產投資傳遞的實證分析[J]. 統計與決策, 2006（3）：94-96.

[160] 劉金全. 貨幣政策作用的有效性和非對稱性研究[J]. 管理世界, 2002（3）：43-51.

[161] 劉金全, 劉兆波. 中國貨幣政策作用非對稱性和波動性的實證檢驗[J]. 管理科學學報, 2003（3）：35-40.

[162] 劉金全, 張艾蓮. 貨幣政策作用非對稱性離散選擇模型及其檢驗[J]. 南京大學學報（哲學人文科學社會科學版），

2003（4）：146-151.

[163] 劉金霞.中國上市公司融資模式的現實選擇——對上市公司股權融資偏好的思考［J］.社會科學家，2005（S1）：331-332.

[164] 劉康兵.融資約束、營運資本與公司投資：來自中國的證據［J］.復旦學報（社會科學版），2012（2）：43-53.

[165] 劉明.貨幣政策效果非對稱性及「閾值效應」分析［J］.上海金融學院學報，2006（1）：29-34.

[166] 劉明.信貸配給與貨幣政策效果非對稱性及「閾值效應」分析［J］.金融研究，2006（2）：12-20.

[167] 劉明宇.銀行資本水準與貨幣政策非對稱性的實證研究［J］.經濟評論，2013（1）：78-85.

[168] 劉星，張超，郝穎.貨幣政策對企業投資存在需求影響嗎？——一項投資-現金流敏感性的研究［J］.經濟科學，2014（4）：62-79.

[169] 劉志遠，張西徵.投資/現金流敏感性能反應公司融資約束嗎？——基於外部融資環境的研究［J］.經濟管理，2010（5）：105-112.

[170] 陸正飛，葉康濤.中國上市公司股權融資偏好解析——偏好股權融資就是緣於融資成本低嗎？［J］.經濟研究，2004（4）：50-59.

[171] 路妍.中國貨幣政策傳導渠道及貨幣政策有效性研究［J］.財經問題研究，2004（6）：20-23.

[172] 羅健梅，索奇峰.中國上市公司股權融資偏好的行為分析［J］.財經科學，2003（S1）：421-423.

[173] 寧宇新，薛芬.房地產上市公司投資效率研究——基於2008—2009年貨幣政策調控背景的分析［J］.山西財經大學學報，2012（S3）：68-70.

[174] 彭方平, 吳強, 展凱. 基於 STVAR 的貨幣政策效果非對稱性 [J]. 系統工程, 2008 (3): 40-44.

[175] 邱力生. 中國貨幣政策傳導渠道梗阻癥結及對策探索 [J]. 金融研究, 2000 (12): 63-66.

[176] 盛朝暉. 中國貨幣政策傳導渠道效應分析: 1994—2004 [J]. 金融研究, 2006 (7): 22-29.

[177] 宋立. 中國貨幣政策信貸傳導渠道存在的問題及其解決思路 [J]. 管理世界, 2002 (2): 29-38.

[178] 隋姍姍, 趙自強, 王建將. 緊縮貨幣政策下中國上市公司投資效率研究 [J]. 經濟與管理研究, 2010 (8): 67-73.

[179] 田敏, 邱長溶. 貨幣政策傳導渠道比較分析 [J]. 經濟經緯, 2009 (1): 142-145.

[180] 童穎. 中國貨幣政策信貸傳導渠道的有效性分析 [J]. 當代財經, 2005 (12): 47-48.

[181] 汪強, 林晨, 吳世農. 融資約束、公司治理與投資—現金流敏感性——基於中國上市公司的實證研究 [J]. 當代財經, 2008 (12): 104-109.

[182] 王文靜. 貨幣政策傳導的非對稱性效應研究 [J]. 統計與決策, 2012 (14): 127-130.

[183] 王振山, 王志強. 中國貨幣政策傳導途徑的實證研究 [J]. 財經問題研究, 2000 (12): 60-63.

[184] 魏成龍, 楊松賀. 中國公司股權融資偏好的形成機理及治理對策分析 [J]. 經濟學動態, 2010 (11): 50-53.

[185] 仵志忠. 信息不對稱理論及其經濟學意義 [J]. 經濟學動態, 1997 (1): 66-69.

[186] 武康平, 胡諜. 房地產市場與貨幣政策傳導機制 [J]. 中國軟科學, 2010 (11): 32-43.

[187] 謝赤, 鄭嵐. 貨幣政策對房地產市場的傳導效應: 理

論、方法與政策 [J]. 財經理論與實踐, 2006 (1)：24-28.

[188] 謝軍, 黃志忠, 何翠茹. 宏觀貨幣政策和企業金融生態環境優化——基於企業融資約束的實證分析 [J]. 經濟評論, 2013 (4)：116-123.

[189] 徐茂魁, 陳豐, 吳應寧. 中國是否存在貨幣政策非對稱性？——基於當前貨幣政策無效性的探討 [J]. 經濟評論, 2010 (1)：72-79.

[190] 閆紅波, 王國林. 中國貨幣政策產業效應的非對稱性研究——來自製造業的實證 [J]. 數量經濟技術經濟研究, 2008 (5)：17-29.

[191] 嚴太華, 黃華良. 中國貨幣政策的非對稱性問題研究 [J]. 經濟問題, 2005 (8)：64-66.

[192] 於博. 價格衝擊、貨幣政策與房地產行業融資約束——基於營運資本平滑過程的實證分析 [J]. 經濟問題, 2014 (10)：35-42.

[193] 喻坤, 李治國, 張曉蓉, 等. 企業投資效率之謎：融資約束假說與貨幣政策衝擊 [J]. 經濟研究, 2014 (5)：106-120.

[194] 張合金. 略論貨幣政策在擴大投資規模中的調節作用 [J]. 當代財經, 2000 (3)：42-46.

[195] 張明輝, 劉磊, 朱曉語. 貨幣政策效應經濟週期非對稱性實證研究——基於1998年3月—2012年3月的季度數據 [J]. 金融理論與實踐, 2013 (1)：22-26.

[196] 張文君. 貨幣政策衝擊、融資約束與公司現金持有——兼論貨幣政策對房地產市場的有效性 [J]. 財貿研究, 2013 (4)：126-131.

[197] 張西徵, 劉志遠, 王靜. 貨幣政策影響公司投資的雙重效應研究 [J]. 管理科學, 2012 (5)：108-119.

[198] 張穎. 企業投資在貨幣政策傳導機制中的作用 [J].

經濟評論，2003（4）：100-104.

［199］章貴橋，陳志紅. 宏觀貨幣政策、融資約束與現金-現金流敏感性［J］. 金融經濟學研究，2013（3）：43-54.

［200］趙進文，閔捷. 央行貨幣政策操作效果非對稱性實證研究［J］. 經濟研究，2005（2）：26-34.

［201］趙平. 新時期中國財政政策與貨幣政策的配合［J］. 當代財經，2000（7）：37-40.

［202］中國人民銀行營業管理部課題組，姜再勇. 總部經濟對中國貨幣政策傳導渠道影響機制研究［J］. 金融研究，2008（7）：1-3.

［203］周宏，吳桂珍，李繼陶. 融資約束對中國上市公司投資行為影響的實證研究［J］. 財經科學，2012（5）：10-17.

［204］周英章，蔣振聲. 貨幣渠道、信用渠道與貨幣政策有效性——中國1993—2001年的實證分析和政策含義［J］. 金融研究，2002（9）：34-43.

［205］章貴橋，陳志斌. 貨幣政策、預算軟約束與現金—現金流敏感性——來自A股上市公司2003—2011年的經驗證據［J］. 山西財經大學學報，2013（8）：42-54.

［206］張杰. 民營經濟的金融困境與融資次序［J］. 經濟研究，2000（4）：3-10.

［207］袁增霆，蔡真，王旭祥. 中國小企業融資難問題的成因及對策——基於省級區域調查問卷的分析［J］. 經濟學家，2010（8）：70-76.

［208］於博，吳娜. 貨幣政策、異質效應與房地產企業投資效率——附加營運資本平滑效應的實證分析［J］. 經濟體制改革，2014（3）：166-170.

［208］葉康濤，祝繼高. 銀根緊縮與信貸資源配置［J］. 管理世界，2009（1）：22-28.

[210] 閆力, 劉克宮, 張次蘭. 貨幣政策有效性問題研究——基於1998—2009年月度數據的分析 [J]. 金融研究, 2009 (12): 59-71.

[211] 魏鋒, 劉星. 融資約束、不確定性對公司投資行為的影響 [J]. 經濟科學, 2004 (2): 35-43.

[212] 尚煜, 王慧. 利率作用不對稱性對投資的影響研究 [J]. 經濟問題, 2008 (11): 103-105.

[213] 彭方平, 王少平. 中國貨幣政策的微觀效應——基於非線性光滑轉換面板模型的實證研究 [J]. 金融研究, 2007 (9): 31-41.

[214] 彭方平, 王少平. 中國利率政策的微觀效應——基於動態面板數據模型研究 [J]. 管理世界, 2007 (1): 24-29.

[215] 陸正飛, 高強. 中國上市公司融資行為研究——基於問卷調查的分析 [J]. 會計研究, 2003 (10): 16-24.

[216] 陸岷峰. 金融支持中國實體經濟發展的有效性分析 [J]. 財經科學, 2013 (6): 1-9.

[217] 陸軍, 舒元. 貨幣政策無效性命題在中國的實證研究 [J]. 經濟研究, 2002 (3): 21-26.

[218] 劉松. 企業非效率投資研究困境: 概念、機理和度量 [J]. 生產力研究, 2009 (16): 21-23.

[219] 林毅夫, 李永軍. 中小金融機構發展與中小企業融資 [J]. 經濟研究, 2001 (1): 10-18.

[220] 李悅, 熊德華, 張崢, 等. 中國上市公司如何選擇融資渠道——基於問卷調查的研究 [J]. 金融研究, 2008 (8): 86-104.

[221] 何金耿, 丁加華. 上市公司投資決策行為的實證分析 [J]. 證券市場導報, 2001 (9): 44-47.

[222] 國家計委宏觀經濟研究院課題組. 貨幣市場、利率與貨幣政策傳導有效性 [J]. 宏觀經濟研究, 2001 (10): 37-41.

[223] 郭建強, 白銳鋒. 融資約束與企業投資行為——基於證券市場最新數據的實證研究 [J]. 山西財經大學學報, 2007 (12): 85-90.

[224] 方先明, 孫鏃, 熊鵬, 等.中國貨幣政策利率傳導機制有效性的實證研究 [J]. 當代經濟科學, 2005 (4): 35-43.

國家圖書館出版品預行編目（CIP）資料

貨幣政策、融資約束與公司投資研究 / 景崇毅 著. -- 第一版.
-- 臺北市：崧博出版：財經錢線文化發行, 2019.05
　　面；　公分
POD版

ISBN 978-957-735-798-4(平裝)

1.貨幣政策 2.融資 3.中國

561.182　　　　　　　　　　　　　　　　108005595

書　　名：貨幣政策、融資約束與公司投資研究
作　　者：景崇毅 著
發 行 人：黃振庭
出 版 者：崧博出版事業有限公司
發 行 者：財經錢線文化事業有限公司
E - m a i l：sonbookservice@gmail.com
粉 絲 頁：　　　　　　　網　址：
地　　址：台北市中正區重慶南路一段六十一號八樓 815 室
8F.-815, No.61, Sec. 1, Chongqing S. Rd., Zhongzheng
Dist., Taipei City 100, Taiwan (R.O.C.)
電　　話：(02)2370-3310　傳　真：(02) 2370-3210
總 經 銷：紅螞蟻圖書有限公司
地　　址：台北市內湖區舊宗路二段 121 巷 19 號
電　　話：02-2795-3656　傳真：02-2795-4100　　網址：
印　　刷：京峯彩色印刷有限公司（京峰數位）

　　本書版權為西南財經大學所有授權崧博出版事業股份有限公司獨家發行電子
　　書及繁體書繁體字版。若有其他相關權利及授權需求請與本公司聯繫。

定　　價：550元
發行日期：2019 年 05 月第一版
◎ 本書以 POD 印製發行